TAO-TE KING

UMA JORNADA PARA O CAMINHO PERFEITO

Solala Towler

TAO-TE KING
UMA JORNADA PARA O CAMINHO PERFEITO

Prefácio de
Chungliang Al Huang

Tradução
Claudia Gerpe Duarte
Eduardo Gerpe Duarte

Editora
Pensamento
SÃO PAULO

Título do original: *Practicing the Tao Te Ching.*
Copyright © 2016 Solala Towler.
Prefácio © 2016 Chungliang Al Huang.
Esta edição foi publicada mediante acordo com Sounds True, Inc.
Copyright da edição brasileira © 2019 Editora Pensamento-Cultrix Ltda.
1ª edição 2019.

Todos os direitos reservados. Nenhuma parte deste livro pode ser reproduzida ou usada de qualquer forma ou por qualquer meio, eletrônico ou mecânico, inclusive fotocópias, gravações ou sistema de armazenamento em banco de dados, sem permissão por escrito, exceto nos casos de trechos curtos citados em resenhas críticas ou artigos de revista.

A Editora Pensamento não se responsabiliza por eventuais mudanças ocorridas nos endereços convencionais ou eletrônicos citados neste livro.

Editor: Adilson Silva Ramachandra
Gerente editorial: Roseli de S. Ferraz
Preparação de originais: Alessandra Miranda de Sá
Produção editorial: Indiara Faria Kayo
Editoração eletrônica: Mauricio Pareja da Silva
Revisão: Vivian Miwa Matsushita

Dados Internacionais de Catalogação na Publicação (CIP)
(Câmara Brasileira do Livro, SP, Brasil)

Towler, Solala
    Tao-Te King : uma jornada para o caminho perfeito : lições práticas sobre o taoísmo / Solala Towler ; prefácio de Chungliang Al Huang ; tradução Claudia Gerpe Duarte, Eduardo Gerpe Duarte. — São Paulo : Cultrix, 2019.

Título original: Practicing the Tao te Ching
ISBN 978-85-315-2091-4
1. Laozi. Dao de jing 2. Vida religiosa — Taoísmo I. Huang, Chungliang Al. II. Título.

19-28627   CDD-299.514

Índices para catálogo sistemático:
1. Taoísmo : Religião 299.514
Cibele Maria Dias — Bibliotecária — CRB-8/9427

Direitos de tradução para a língua portuguesa adquiridos com exclusividade pela EDITORA PENSAMENTO-CULTRIX LTDA., que se reserva a propriedade literária desta tradução.
Rua Dr. Mário Vicente, 368 — 04270-000 — São Paulo — SP
Fone: (11) 2066-9000
http://www.editorapensamento.com.br
E-mail: atendimento@editorapensamento.com.br
Foi feito o depósito legal.

Ao meu mestre, Hua-Ching Ni, que orientou minha jornada rumo ao Tao com humor, profunda compreensão e sabedoria durante mais de duas preciosas décadas.

Sumário

PREFÁCIO	....	11
INTRODUÇÃO	....	13

1º PASSO	A PRÁTICA	Desenvolvimento da visão interior	21
2º PASSO	A PRÁTICA	Aquecimento do sistema de energia............................	26
3º PASSO	A PRÁTICA	Como encher o Lago de Jade......................................	31
4º PASSO	A PRÁTICA	Meditação do vaso vazio...	35
5º PASSO	A PRÁTICA	Respiração do fole...	38
6º PASSO	A PRÁTICA	Meditação da mãe primordial.....................................	42
7º PASSO	A PRÁTICA	Respiração abdominal	45
8º PASSO	A PRÁTICA	Meditação da água	49
9º PASSO	A PRÁTICA	Conselhos para um estilo de vida taoista	52
10º PASSO	A PRÁTICA	Meditação de defesa da unidade	55
11º PASSO	A PRÁTICA	Respiração *dantian* alquímica....................................	60
12º PASSO	A PRÁTICA	Meditação de equilíbrio dos órgãos	63
13º PASSO	A PRÁTICA	Meditação da expansão	67
14º PASSO	A PRÁTICA	Abraçando a Unidade...	70
15º PASSO	A PRÁTICA	Quietude e movimento	73
16º PASSO	A PRÁTICA	Meditação e esquecimento	76
17º PASSO	A PRÁTICA	A entrega..	80
18º PASSO	A PRÁTICA	Vivência do eu ilimitado	83
19º PASSO	A PRÁTICA	Conhecimento da cabeça *versus* conhecimento da barriga	86
20º PASSO	A PRÁTICA	Meditação da Grande Mãe...	90

21º PASSO	A PRÁTICA Conhecimento interior...	94
22º PASSO	A PRÁTICA Postura da árvore...	96
23º PASSO	A PRÁTICA Os seis sons de cura...	100
24º PASSO	A PRÁTICA Libertação interior	104
25º PASSO	A PRÁTICA O Caminho do Sábio..	106
26º PASSO	A PRÁTICA Lançamento de raízes e estabilização	110
27º PASSO	A PRÁTICA O Caminho do Refinamento	113
28º PASSO	A PRÁTICA Encontro do ponto de equilíbrio.............................	117
29º PASSO	A PRÁTICA Atividade proveitosa *versus* atividade automática	121
30º PASSO	A PRÁTICA Diário da sua jornada...	124
31º PASSO	A PRÁTICA Sem empunhar armas...	127
32º PASSO	A PRÁTICA Avaliação da vida..	130
33º PASSO	A PRÁTICA O conhecimento de si mesmo por meio do *gongfu*	133
34º PASSO	A PRÁTICA A jornada sem palavras...	136
35º PASSO	A PRÁTICA Tornando-se quem se é de verdade	138
36º PASSO	A PRÁTICA A suavidade superando a rigidez	144
37º PASSO	A PRÁTICA Mudança, transformação e a arte da imperfeição	144
38º PASSO	A PRÁTICA O *I Ching*..	147
39º PASSO	A PRÁTICA Meditação da lua cheia...	151
40º PASSO	A PRÁTICA Retorno à Origem..	154
41º PASSO	A PRÁTICA Senso de humor é fundamental...............................	157
42º PASSO	A PRÁTICA A não violência contra si mesmo	160
43º PASSO	A PRÁTICA Regras da estrada..	163
44º PASSO	A PRÁTICA Fortalecimento da energia terrestre do baço.............	166
45º PASSO	A PRÁTICA Meditação tranquila	169
46º PASSO	A PRÁTICA O verdadeiro coração	172
47º PASSO	A PRÁTICA Jornada interior...	175
48º PASSO	A PRÁTICA Abandono do supérfluo..	177
49º PASSO	A PRÁTICA Tornando-se o observador	180
50º PASSO	A PRÁTICA Orvalho Celestial	184
51º PASSO	A PRÁTICA Viver segundo o coração infantil	188
52º PASSO	A PRÁTICA Direcionar a luz para sua origem	191
53º PASSO	A PRÁTICA A dor como remédio	195
54º PASSO	A PRÁTICA O Palácio da Observação Interior.............................	199
55º PASSO	A PRÁTICA Preservação do *jing*...	203
56º PASSO	A PRÁTICA Quietude em meio à atividade.................................	208

57º PASSO	A PRÁTICA Uma coisa de cada vez	211
58º PASSO	A PRÁTICA O Salão de Luz	215
59º PASSO	A PRÁTICA A Árvore do *Chi Gong*	218
60º PASSO	A PRÁTICA Fantasmas famintos	222
61º PASSO	A PRÁTICA Equilíbrio entre *yin* e *yang*	225
62º PASSO	A PRÁTICA Clareza e quiescência	229
63º PASSO	A PRÁTICA O Caminho *wu wei* do Esforço sem Esforço	233
64º PASSO	A PRÁTICA Olhar para cima	236
65º PASSO	A PRÁTICA Jornada rumo à totalidade	241
66º PASSO	A PRÁTICA Recolhendo *chi* da Terra e do sol	245
67º PASSO	A PRÁTICA Respiração lenta	248
68º PASSO	A PRÁTICA Respiração do guerreiro	253
69º PASSO	A PRÁTICA Recolhendo *chi* das quatro direções	256
70º PASSO	A PRÁTICA No jardim	260
71º PASSO	A PRÁTICA Aplicação do conhecimento	263
72º PASSO	A PRÁTICA Trabalho com os espíritos	265
73º PASSO	A PRÁTICA Como engolir o sol e a lua	269
74º PASSO	A PRÁTICA Abraçando as ferramentas do mestre	272
75º PASSO	A PRÁTICA Meditação andando	275
76º PASSO	A PRÁTICA Como permanecer jovem com o *chi gong*	278
77º PASSO	A PRÁTICA O Caminho do Chá	282
78º PASSO	A PRÁTICA *Chi gong* espontâneo	287
79º PASSO	A PRÁTICA Abrir mão da necessidade de estar certo	290
80º PASSO	A PRÁTICA Conselhos taoistas para os tempos modernos	293
81º PASSO	A PRÁTICA Pequena Órbita Celestial	297
EPÍLOGO		303
AGRADECIMENTOS		304

Prefácio

Nasci na China no início da guerra sino-japonesa e viajei constantemente pelo país, durante oito anos, para me esconder da invasão japonesa. Apesar disso, tive a sorte de receber uma educação clássica adequada, de ser tratado e preparado como um erudito em nosso tradicional círculo familiar chinês. Ainda me lembro com clareza de ter memorizado os versos do *Tao-Te King* em abrigos antiaéreos mal iluminados por velas. Os clássicos chineses, entre eles os ensinamentos de Lao-Tzu e *Os 300 Poemas da Dinastia Tang*, foram meus companheiros constantes na juventude.

Embora quando criança eu mal compreendesse o significado mais profundo dessas palavras, adorava o som delas por si só e gostava de entoar aqueles mantras reconfortantes. De modo subconsciente, essas sementes foram plantadas em meu cérebro, meu coração e minha alma, esperando para florescer em toda a sua plenitude nos meus anos de maturidade.

Vim para os Estados Unidos em 1955, para a fase avançada dos meus estudos, tendo me tornado arquiteto, coreógrafo e professor de Arte. Para minha surpresa, fui convidado por meus mentores e amigos Aldous Huxley, Alan Watts e Joseph Campbell a lecionar Filosofia Asiática e Tai Ji como o "Tao Vivo" no recém-criado centro de desenvolvimento de potencial humano, o Esalen Institute, em Big Sur, na Califórnia, em meados da década de 1960.

Minha vida deu uma guinada repentina do mundo acadêmico para as investigações experimentais de síntese das artes culturais do Oriente e do Ocidente. Comecei a explorar mais a fundo o manancial de minha herança chinesa, sem deixar de investir em meu aprendizado e no magistério, em um empreendimento permanente de descoberta criativa pelo mundo afora.

Em meu primeiro livro, *Embrace Tiger, Return to Mountain*, uma transcrição precisa de meus ensinamentos nos primeiros anos no Esalen Institute, dediquei um capítulo à minha tentativa de traduzir o *Tao-Te King*. Mesmo naquela ocasião, compreendi que essa tarefa seria impossível. Ele tinha de ser praticado, como experiência nova e sempre renovada, para se tornar um ritual constante na vida de todos os dedicados estudantes do Tao.

Solala Towler é meu amigo e colega há muitos anos, e respeito e admiro sua postura sincera e séria como estudante incessante do Tao. Eu o congratulo por reconhecer que este estudo permanente é uma prática, um ritual diário, que se assemelha à prática do Tai Ji e do Qi Gong, bem como à maneira de observarmos pores do sol sempre novos e mágicos em nossa existência criativa.

Para mergulhar por completo nessa antiga linguagem do *Tao-Te King*, os leitores precisam compreender que nenhuma tradução pode fazer completa justiça às alusões metafóricas e poéticas dos símbolos sucintamente selecionados nesses versos. Ela pode apenas fornecer espaços e lacunas através dos quais o leitor neles adentrará, por meio da própria experiência e interpretação pessoal, na ocasião em que ler e contemplar essas palavras.

Solala compreende bem essa tarefa intimidadora, embora tenha mergulhado sem temor nesse abismo, para compartilhar com os leitores sua "prática" pessoal no aprendizado destas 81 joias da poética de Lao-Tzu.

Desfrute e valorize com ele esta jornada estimulante e gratificante rumo ao Tao.

Chungliang Al Huang
Fundador e presidente da Living Tao Foundation (livingtao.org)
Lan Ting Institute, Wu Yi Mountain, China, e Gold Beach, Oregon

Introdução

> A notável tradição do Tao não é um registro histórico inerte. É o acúmulo de experiência vital. Asseguro-lhes que ela não está finalizada, nem lacrada, nem fechada, permanecendo eternamente flexível e aberta a novos acréscimos.
>
> **Hua-Ching Ni***

Muitas pessoas pensam no *Tao-Te King* como um livro sobre a antiga filosofia chinesa. Outras o veem como um guia para se tornarem bons governantes de um país. Na China moderna, ele foi traduzido para a linguagem dialética social do Partido Comunista. No entanto, quando lido por alguém que busca o caminho da sabedoria, o texto de Lao-Tzu é um guia maravilhoso e preciso sobre o nosso processo de transformação em um sábio ou ser iluminado, um *shenren*. Para os aspirantes espirituais, o *Tao-Te King* é um manual sobre como alcançar, dentro de si mesmos, um elevado nível de aperfeiçoamento espiritual.

Cada verso é um passo ao longo da jornada rumo à totalidade e à profunda conexão com a Origem ou o Tao. A palavra *Tao* significa caminho e, ao mesmo tempo, andar nesse caminho — o caminho que é um caminho sem caminhos. A primeira linha do *Tao-Te King* — "tao ke tao fei chang tao" — é literalmente traduzida como: "O Tao que pode ser 'pronunciado' não é o eterno". Ela também pode ser traduzida como: "O Caminho a ser seguido não é o Caminho eterno e duradouro". Então, como podemos trilhar esse caminho que não pode ser trilhado, no sentido mundano? Ao estudar os ensinamentos

---

* Hua-Ching Ni, *The Gentle Path of Spiritual Progress* (Santa Monica, CA: SevenStar Communications, 1987), p. 95.

e executar as práticas que Lao-Tzu nos oferece, somos capazes de criar a própria trilha, o próprio caminho, a própria jornada interior.

O *Tao-Te King* contém muitas práticas, que em geral são confusas, seja por estarem traduzidas de modo incorreto, seja pelo simples fato de não serem compreendidas pelo leitor comum. Esta versão do livro de Lao-Tzu destina-se ao estudante do autoaperfeiçoamento que deseja usar os antigos e venerados ensinamentos de Lao-Tzu como um guia para a unidade com o Tao — lembrando que o Tao não é uma coisa, e sim um *estado de ser* permanente e em constante evolução.

Nos tempos de Lao-Tzu, por volta do século VI a.C., não havia nada que se chamasse "taoismo". À época, pessoas que seguissem os ensinamentos de Lao-Tzu eram denominadas tão somente "detentoras da fórmula secreta".* O taoismo como religião surgiu cerca de seiscentos anos depois, quando Zhang Daoling recebeu a "visita" de Lao-Tzu e foi orientado a criar uma forma religiosa de taoismo chamada Tian Shi, ou Mestres Celestiais.

Mesmo assim, na essência, o Tao está além da religião. Durante 2.500 anos, esses ensinamentos foram seguidos por eremitas, filósofos e artistas. O taoismo é um caminho de profunda reflexão e aprendizado da natureza, sendo esta considerada o maior mestre de todos. Seguidores do Caminho estudaram as estrelas e o céu, bem como a energia que jaz nas profundezas da Terra. Meditaram sobre o fluxo de energia dentro do próprio corpo e delinearam os trajetos que ela percorre. Com o tempo, isso conduziu ao desenvolvimento de muitas práticas usadas até hoje, como a medicina chinesa, o *I Ching*, a meditação, o *feng shui*, o *chi gong* (*qi gong*), o *tai chi* (*taiji*), a alquimia interior, o refinamento sexual e a astrologia.

Muitas dessas práticas originaram-se da sabedoria do homem que conhecemos como Lao-Tzu, mas cujo nome verdadeiro não era esse; sendo mais exato, tratava-se de um título honorário. *Lao* significa "velho", e *Tzu* quer dizer "mestre" ou "sábio". Curiosamente, o caractere chinês para mestre, *tzu*, é o mesmo caractere de *criança*. Desse modo, embora ele seja não raro chamado de Velho Mestre, vemos, às vezes, seu nome traduzido como Velho Menino

---

* Hua-Ching Ni, *The Esoteric Tao Teh Ching* (Santa Monica, CA: SevenStar Communications, 1992), p. 105.

ou Criança Velha, o que é apropriado, tendo em vista a inocência perpétua cultivada ao longo do Caminho.

Reza a lenda que Lao-Tzu escreveu o *Tao-Te King* em resposta ao pedido de um de seus discípulos. Lao-Tzu foi o primeiro arquivista da biblioteca real durante a dinastia Zhou na China. Era responsável por todos os antigos pergaminhos do reino e, enquanto cumpria seus deveres, alcançou um elevado nível de sabedoria. Em sua sabedoria, anteviu uma época em que a sociedade se desagregaria e o reino seria devastado pela guerra. Ao compreender esse fato, acoplou uma carroça a seu boi favorito e iniciou uma viagem rumo à fronteira mais distante.

Enquanto o sábio viajava para o oeste, um homem chamado Yin Xi, responsável pela cancela no posto da fronteira de Hangu, avistou uma nuvem de luz arroxeada deslocando-se em sua direção. Por causa disso, soube que alguém especial estava a caminho. De fato, vários dias depois, Lao-Tzu chegou. Depois de fazerem juntos uma substanciosa refeição, Yin Xi implorou a Lao-Tzu que compartilhasse com ele seus ensinamentos, para que fossem transmitidos de geração em geração ao longo das eras. Lao-Tzu passou a noite compondo os 81 versos do texto que hoje conhecemos como *Tao-Te King*. Em seguida, partiu para regiões inóspitas e nunca mais foi visto.

Hoje, 2.500 anos depois, temos este pequeno e inestimável texto para nos guiar enquanto iniciamos nossa jornada rumo a terras inóspitas: o Tao. *Tao-Te King: Uma Jornada para o Caminho Perfeito* foi concebido como um caminho de 81 passos, um passo para cada um dos versos de Lao-Tzu. Eles são pontos norteadores que nos oferecem descrições claras do que é uma pessoa autorrealizada. Podemos reconhecer essas descrições como atributos que gostaríamos de alcançar em nós mesmos. Cada passo nos torna mais próximos da compreensão do Tao e de nosso lugar dentro dele — mais próximos da Origem e do entendimento do que os antigos chamavam de "eu autêntico", ou do que Lao-Tzu chamava de "o sábio". Ele nos oferece muitas descrições do sábio, as quais devemos considerar com bastante seriedade.

Em cada passo de *Tao-Te King: Uma Jornada para o Caminho Perfeito*, apresento três seções: minha interpretação do texto, um comentário minucioso e uma prática que ou está diretamente indicada no *Tao-Te King* ou é extraída de outras fontes taoistas.

Os versos, tal como aparecem neste livro, representam uma interpretação do *Tao-Te King* que se baseia em meu profundo estudo e prática com mestres ainda em vida dos Estados Unidos e da China. Este livro não é uma tradução do chinês clássico. Para ser mais exato, examinei as numerosas versões do *Tao-Te King* em minha estante, entre elas, traduções diretas de eruditos chineses. Em seguida, comparei-as com o que aprendi em meu treinamento taoista ao longo dos últimos 25 anos e escolhi a maneira mais clara de apresentar cada passo, ou capítulo, em prol de sua relevância para o autoaperfeiçoamento.

No taoismo, o trabalho espiritual é comparado ao cultivo de um jardim. Plantamos as sementes do aprendizado espiritual e depois cuidamos do jardim com paciência, mãos leves e espírito tranquilo. Não o apressamos, permitindo que cresça e floresça por si mesmo. Dessa maneira, o trabalho espiritual torna-se uma forma de autoaperfeiçoamento.

Meu comentário se inspira em outros textos antigos, como o *Chuang Tzu* — o segundo mais importante texto taoista da Antiguidade. Também recorro ao primeiro — e, para alguns, o mais importante — comentarista do *Tao-Te King*, um homem chamado Ho Shang Kung, que viveu por volta de 160 a.C. Sua tradução e seus comentários têm natureza mais esotérica, íntima e alquímica do que a maioria. A terceira fonte de referência é meu próprio mestre, Hua-Ching Ni.

Em *Tao-Te King: Uma Jornada para o Caminho Perfeito*, meus comentários têm suas raízes em estudos e treinamento que recebi de meus mestres. Dessa maneira, o livro oferece um verdadeiro panorama do texto original, tal como tem sido utilizado durante mais de dois mil anos.

Minha esperança é que, depois de ler este livro, você adquira um entendimento e apreço mais profundos pelo que a obra de Lao-Tzu se destina a ensinar. Estes breves 81 capítulos contêm um número tão grande de sabedoria, que você poderá lê-los e estudá-los durante muitos anos, sempre percebendo novos e diferentes níveis de significado. À medida que for progredindo, vai passar a compreender cada capítulo da obra de Lao-Tzu de maneira mais rica e ponderada.

Como usar este livro

> O estudo deste livro poderá não apenas ajudá-lo a evitar muitos erros como também a evitar que chegue ao estágio de esgotamento e tenha de fazer o último saque no banco de seu poder resiliente.*
>
> **Hua-Ching Ni**

Como iniciar a jornada do autoaperfeiçoamento, a jornada de retorno à Origem, ao Tao? De modo geral, é melhor começar do início. Como você verá no 64º Passo, Lao-Tzu ensina que a jornada de mil milhas começa com o primeiro passo. Este primeiro passo é o mais importante, pois é, com frequência, o mais difícil. Pode ser desafiador abandonar a rotina à qual nos acostumamos. Assim como no caso da prática de exercícios, sair do sofá costuma ser a parte mais difícil, sendo esse primeiro passo, portanto, extremamente importante.

Recomendo que leia cada verso e tente entendê-lo sozinho primeiro. Muitos deles são autoexplicativos. Outros demandarão um pouco mais de tempo. Todos são breves, embora se trate de um extrato de muitos anos de treinamento e tradição de Lao-Tzu. Nos templos taoistas da China, além de estudarem o *Tao-Te King*, as pessoas também o entoam todas as manhãs. Acredita-se que a simples entoação e a repetição das palavras podem produzir clareza e crescimento espiritual. Entoar e repetir as palavras é uma maneira poderosa de se envolver com os versos.

Em seguida, leia e contemple o comentário. Como foi mencionado antes, reuni material de vários mestres e professores taoistas a fim de tornar os capítulos mais claros e fáceis de entender.

Depois, leia a prática. Quando sentir que está pronto para começar, siga rigorosamente minhas instruções. Muitas das práticas têm aspectos físicos ou energéticos que precisam ser executados com precisão; outras devem ser usadas sempre que surgir uma situação particular; e outras, ainda, oferecem orientação sobre como ter uma vida de equilíbrio e transparência.

Uma vez que tenha lido o livro inteiro e experimentado todas as práticas, você pode reler trechos e repetir exercícios na ordem que desejar. Mas lembre-

---

* Hua-Ching Ni, *The Gentle Path of Spiritual Progress*, p. 95.

-se de que é importante construir uma base para o entendimento do Tao. Não se apresse, assegurando-se de ter compreendido não apenas cada verso, mas também sua prática, antes de ir para o seguinte. Se sentir que precisa avançar mais, faça-o com equilíbrio e firmeza. Não se esqueça de seguir o caminho do *wu wei*, ou da não interferência, sem exagerar nem forçar o rumo das coisas. O caminho do Tao é lento e gradual; cada passo é tão importante quanto o que o precede e o que vem depois.

Outra maneira de trabalhar com o *Tao-Te King* é usá-lo como ferramenta de adivinhação, como as pessoas vêm fazendo há milhares de anos. Se for utilizá-lo dessa maneira, reserve alguns instantes antes de abrir o livro a fim de permitir que sua respiração se acalme e seu coração-mente se desobstrua. Se a mente não estiver desimpedida, a mensagem que receber não será clara, assim como é impossível enxergar através de águas turbulentas e ver o fundo de um lago, enquanto águas calmas podem revelar o que existe em suas profundezas. Peça informações aos espíritos que o orientam, aos espíritos que o ajudam ou aos espíritos ancestrais e fique aberto a recebê-las de qualquer maneira que apareçam. Procure não fazer perguntas do tipo sim ou não. Assim como no *I Ching*, você pode perguntar: "Qual seria o resultado se eu seguisse o plano A?" e depois indagar mais uma vez: "E se eu não seguisse o plano A?" ou "Qual seria o resultado se eu seguisse o plano B?".

Talvez você queira encontrar um passo "ao acaso" com o qual trabalhará por um dia ou mais. Nesse caso, fique sentado, imóvel, durante alguns momentos. Em seguida, pegue o livro, abra em uma página qualquer e veja o que ela tem a lhe dizer. Pode-se encarar a informação recebida dessa maneira como procedente do seu eu superior, de seus guias espirituais ou de antigos mestres do Tao que estão aqui para ajudar os humildes aspirantes ao longo do Caminho.

Embora Lao-Tzu tenha compartilhado seus ensinamentos há muito tempo, o *Tao-Te King* é considerado um "texto vivo". Ele não foi escrito apenas para uma era, e sim para ser estudado e analisado por gerações de discípulos do Caminho. Pode se entrever o espírito de Lao-Tzu nas páginas deste livro, como se estivéssemos sentados diante dele, tomando chá e ouvindo suas palavras. Para compreender de fato este livro, precisamos aplicá-lo à nossa vida, interior e exterior. Tornar nossa a voz de Lao-Tzu requer muita prática e experimentação. Para descobrir as verdades que Lao-Tzu nos mostra, precisaremos fazer nossas sua visão, poesia, ideias e experiências. Precisaremos nos aproximar do *Tao-Te King* como o faríamos com um amigo sábio e confiável.

Quando dermos o primeiro passo rumo ao Caminho, também é importante estarmos na direção certa. A vida moderna é tão repleta de distrações que, não raro, é difícil focar a mente em qualquer assunto mais profundo. No entanto, a profundidade do foco é o que impelirá nossa jornada de libertação e autodescoberta para além do mundo de distrações.

Uma vez que saibamos *onde* dar este primeiro passo importante, *quando* devemos começar? A resposta, claro, é agora, neste precioso momento presente. Esperar até "termos tempo" nos impedirá de iniciar a jornada. Tudo o que realmente temos é o agora. O passado está atrás de nós, e o futuro está na frente; o passado não existe mais, e o futuro ainda não existe. O aqui e agora é onde estamos, a única coisa que é real.

Sendo assim, como devemos percorrer esse caminho sem caminhos; esse Caminho que Lao-Tzu afirma não poder ser percorrido, mas ao longo do qual é tão importante que viajemos? Como podemos dar esse primeiro passo rumo ao Tao? O restante do livro representa com exatidão minha tentativa de responder a essas perguntas.

1º Passo

O Tao que pode ser pronunciado
não é o verdadeiro e eterno Tao.
Os nomes que podem ser proferidos
não são os verdadeiros e eternos nomes.
O não ser é a origem do Céu e da Terra.
O ser é a mãe dos dez mil seres (*wan wu*).
Sendo assim, na esfera do não ser podemos
ver a misteriosa origem de todas as coisas.
Na esfera do ser
podemos ver as manifestações do Tao.
As duas têm a mesma origem,
mas são chamadas por nomes diferentes.
Ambas são misteriosas e profundas.
O mistério dentro do mistério —
o portal para todas as admiráveis maravilhas.

O comentário

Começamos nossa jornada com este primeiro passo importantíssimo. A primeira linha do texto nos informa que essa jornada que vamos empreender não pode ser descrita, explicada, codificada, definida, nem colocada em palavras ou inserida em algum tipo de padrão. Uma vez que tentamos colocá-la em palavras, nós a perdemos. Além disso, os nomes aqui constantes não são nomes verdadeiros e eternos. Nada a respeito desta jornada pode ser descrito de maneira convencional. Não há um mapa determinado a ser seguido. Esta jornada pode ser mais bem descrita como uma peregrinação ou busca espiritual.

Naturalmente, Lao-Tzu nos dá algumas instruções, aponta-nos certa direção e nos oferece orientações sobre como trilhar esse misterioso e maravilhoso caminho. Cabe apenas a nós encontrar nosso caminho em meio aos arbustos e aos desvios, através do percurso às vezes tortuoso e não raro confuso de retorno à Origem — o que Lao-Tzu, por falta de um termo melhor, chama de Tao. Ao mesmo tempo, ele determina, desde o princípio, que não podemos inserir a experiência dessa jornada em padrões ou clichês; em vez disso, encoraja-nos a permanecer abertos às ilimitadas possibilidades que vivenciaremos nessa jornada.

Outra maneira de traduzir "nome" (*ming*) é "distinção". Chuang Tzu descreve como a humanidade se afastou do Tao por meio da dependência excessiva de fazer distinção entre as coisas:

> O conhecimento adquirido pelos antigos era intenso e profundo. O que quero dizer com intenso e profundo? O conhecimento deles remontava a uma época anterior àquela em que havia distinções entre as coisas. Mais tarde, vieram homens que começaram a fazer distinções entre as coisas, embora não lhes dessem nome. Em seguida, passaram a lhes dar nome, mas ainda não distinguiam entre certo e errado. Depois, quando o certo e o errado apareceram, o Tao se perdeu.*

É o não ser, que está além das distinções, que cria o Céu e a Terra. Para os chineses, o Céu (*tian*) é muito diferente da ideia cristã a respeito dele. Não se trata de um paraíso para onde vamos ao morrer se tivermos sido bons. Para ser mais exato, ele é a fonte da vida, estando portanto associado ao Sol, que muitos povos pelo mundo afora consideraram a fonte da vida.

Quando o Céu se une à Terra (*di*), toda a vida como conhecemos é criada e depois sustentada. Juntos, eles são a fonte e o sustento de toda a vida, "os dez mil seres". Como afirma Hua-Ching Ni: "A energia divina universal é a raiz de toda a vida. É a raiz da minha vida e da sua. Com essa raiz, as pessoas nunca morrem, mas, se você estiver separado dessa raiz, já estará morto".** Essa raiz

---

* Solala Towler, *Chuang Tzu: The Inner Chapters* (Londres: Watkins Publishing, 2010), p. 34.
** Hua-Ching Ni, *The Gentle Path of Spiritual Progress* (Santa Monica, CA: SevenStar Communications, 1987), p. 20.

ou origem, que a princípio procede do não ser, se manifesta no mundo do ser, assim como nós.

Dessa maneira, o não ser e o ser são dois aspectos da mesma coisa. Se olharmos com a visão do não ser ou não dualidade, poderemos ver e vivenciar a Origem, o Tao. Depois, se olharmos para as coisas com a visão do ser, veremos as manifestações do Tao no mundo ao redor.

Essa ideia também é captada pelo título da obra de Lao-Tzu. "Tao" é a origem, e "Te" é a manifestação dessa origem. Não ser e ser. Inerentemente, ambas são misteriosas. O termo *xuan* significa "misterioso", "obscuro", "remoto". Sua cor é a do Céu ou a das montanhas avistadas de longe. Lao-Tzu descreve essa qualidade do Tao e do Te como um "mistério dentro do mistério". Isso aponta para algo incognoscível ou, pelo menos, de difícil compreensão. No entanto, juntos, eles constituem uma passagem, uma via de acesso para todas as maravilhas. Como diz Chuan Tzu: "Livremo-nos de precisar distinguir entre ser e não ser, ou entre certo e errado. Em vez disso, demoremo-nos no lugar sem limitações e façamos dele nosso lar".*

Como podemos alcançar esse lugar infinito? Como podemos aprender a confiar no que não vemos bem diante de nós? Como podemos nos orientar em um mundo com tantos desejos e ilusões? Como podemos encontrar o caminho de casa, do verdadeiro lar, da morada eterna, que Lao-Tzu chama de Tao?

Uma maneira é confiar na visão interior. Ela pode nos revelar coisas que a visão exterior não consegue. É passando tempo em lugares quietos e tranquilos dentro de nós que obteremos toda informação e orientação de que precisamos. Para fazer isso, é necessário aprender a ficar indiferente à tagarelice maquinal que ocupa quase todo o espaço de nossa mente e nosso ser.

Os taoistas acreditam que a mente reside no coração. É silenciando o coração que a mente nos revela todo o conhecimento que possuímos de forma inerente. Lao-Tzu nos diz repetidamente para esquecer o conhecimento dos "livros" e receber o conhecimento que surge quando passamos algum tempo olhando e escutando nosso interior. Esse é um tipo especial de percepção, desenvolvido por meio da prática do autoaperfeiçoamento.

---

* Solala Towler, *Chuang Tzu: The Inner Chapters,* p. 40.

No autoaperfeiçoamento, vivenciaremos o que Ho Shang Kung chama de "o Céu dentro de outro Céu".* Essa é a via de acesso que conduz ao Tao. Nos passos que se seguem, Lao-Tzu nos mostra como proceder. De modo geral, isso se reduz àquilo em que nos concentramos, pois aquilo em que nos concentramos é, com frequência, o que manifestamos e como vemos o mundo e nosso lugar nele. Lao-Tzu nos diz que há uma maneira de criar dois mundos ao mesmo tempo. Além disso, esses mundos têm a mesma fonte e são na verdade um só na origem, assim como nós. Uma vez que abandonemos nossa bagagem cultural e os limites que nos impomos, seremos capazes de atravessar esse "portal para todas as maravilhas".

No entanto, por ora, neste primeiro passo, relaxe quanto a sua maneira de ser e tenha certeza de que há muito mais *lá fora* e *aqui dentro* do que provavelmente o ensinaram a acreditar.

A PRÁTICA Desenvolvimento da visão interior

Na primeira prática do livro, somos informados de que, se nos habituarmos a olhar apenas com os olhos físicos, veremos somente as manifestações do Tao. No entanto, se aprendermos a olhar com o olho interior, veremos a fonte original de todas as manifestações. Dessa maneira, podemos aprender a enxergar além ou aquém do que o mundo das formas nos mostra, bem como olhar sob o que de fato está acontecendo. Isso poderá nos ajudar a ter perspectiva, uma ferramenta muito importante para vivenciar a vida com encanto e flexibilidade.

- Sente-se na beirada de uma cadeira ou em uma almofada; feche os olhos. Inspirando pelo nariz, deixe que a respiração se torne lenta e profunda. Coloque a ponta da língua no céu da boca para conectar dois dos principais canais de energia do corpo: o *du mai*, que sobe pela parte posterior da coluna vertebral, passa sobre a cabeça e chega ao palato superior; e o *ren mai*, que desce pela parte frontal do corpo. Faça uma leve reverência com a cabeça.

---

* Eduard Erkes, *Ho-Shang-Kung's Commentary on Lao-Tse* (Zurique: Artibus Asiae Publishers, 1950), p. 14.

- Permita que a atenção se desvie para o mundo interior. Para fazer isso, continue sentado tranquilamente, sentindo o abdômen se expandir a cada inspiração e se contrair toda vez que soltar o ar.
- Agora, devagar, abra parcialmente os olhos. Deixe que a luz os invada aos poucos. Permita-se um olhar relaxado em um "foco indistinto", ou seja, sem estar focado em nada. Você pode mover um pouco a cabeça, olhando para tudo o que o cerca enquanto mantém esse foco indistinto. Continue a respirar lenta e profundamente.
- Depois de um tempo, feche de novo os olhos e observe seu interior. Passe alguns momentos com a forma informe, a Origem de tudo o que vê, ouve e vivencia. Sinta que está em unidade com essa Origem, uma parte do fluxo contínuo e eterno do ser e do não ser.
- Olhe para si mesmo e para sua vida a partir de dentro, observando tudo com um pouco mais de objetividade. Quando perdemos essa objetividade, ficamos enredados no mundo do dualismo e esquecemos nosso lugar. Esse é o resultado de atribuir ênfase excessiva ao mundo exterior e dar pouca atenção ao interior. Os mestres taoistas nos dizem que é preciso haver equilíbrio entre o interior e o exterior, entre o *yin* e o *yang*; o excesso de introspecção também pode causar problemas.
- Pratique esse foco imparcial para poder usá-lo em sua vida e chegar a um lugar de equilíbrio. Esse equilíbrio vai proporcionar paz e harmonia tão profundas, que nada que a vida lhe apresente poderá lhe causar verdadeiro dano.
- Ao terminar, junte as palmas das mãos e as friccione com vigor, 36 vezes (na prática taoista, fazemos muitas coisas em múltiplos de três; o três é considerado o número mais poderoso porque está relacionado aos Três Tesouros de *jing*, *chi* e *shen*, ou força vital, essência e espírito). Ponha as mãos sobre os olhos e inspire. O calor das palmas (*lao gong*) penetrará em seus olhos. Em seguida, esfregue as palmas das mãos para cima e para baixo no rosto, no alto da cabeça, na nuca e atrás das orelhas, deixando que se juntem na frente do coração. Permaneça por um momento nessa posição para concluir a sessão de prática.

2º Passo

Sob o Céu, todos sabem que a existência do belo
depende da existência do feio.
Todos sabem que a capacidade do bem
depende da existência do mal.
Existência e não existência geram-se mutuamente,
difícil e fácil se completam,
longo e curto dão forma um ao outro,
alto e baixo repousam um no outro,
som e silêncio se harmonizam,
antes e depois se sucedem.
Por causa disso, o sábio
habita o mundo da não ação (*wu wei*)
e pratica o ensinamento sem nada dizer.
O dez mil seres ascendem e tombam
e ele não os reivindica.
Ele os cria, mas não os possui.
Ele trabalha, mas não assume o mérito por nada.
Como não assume o mérito pelas suas realizações,
estas durarão para sempre.

O comentário

De acordo com os antigos pensadores taoistas, não há uma realidade absoluta. A existência de tudo no universo depende de tudo o mais no universo. Recorrendo à metáfora original, o *yin* e o *yang* são encostas sombreadas e ensolaradas da mesma colina. O que pode ser pequeno para uma pessoa é enorme para outra. O que é difícil para alguém é fácil para outro. O que é rápido para um, é lento para outro. Ininterruptamente, isso é verdadeiro para todas as coisas no multiverso do Tao.

Não podemos julgar uma situação com base em nosso próprio padrão absoluto. O que é verdade para você só é verdade para você, assim como o que é verdade para mim só é verdade para mim. Nenhum de nós sabe o que qualquer outra pessoa está pensando ou vivenciando de fato. Não podemos mensurar ou mesmo descrever a experiência de alguém com base na nossa. As cores que vemos, os sons que ouvimos, os sonhos que temos procedem de uma interpretação pessoal do mundo. Outra pessoa os interpretaria de maneira inteiramente diferente. Isso é bom, afirmam os taoistas. É natural. É assim que o mundo funciona. Esse é o modo como o Tao se manifesta em nós, individual e coletivamente.

São nossos apegos que nos causam dificuldades: o apego a sonhos, a experiências do mundo, às nossas opiniões, à necessidade de estarmos certos e os outros, errados. Chuang Tzu nos oferece uma maneira de trabalhar com esses apegos quando declara: "É quando abandonamos a opinião pessoal que vemos as coisas como elas de fato são".* Lao-Tzu nos apresenta uma nova maneira de ser quando descreve *wu wei*.

Wu wei, não raro descrito como "não fazer nada", significa na verdade não *exagerar*. Significa não fazer nada em excesso, como comer ou se exercitar demais, o que causa desconforto na barriga e esgotamento. Significa fazer apenas o suficiente e nada mais. Significa não fazer nada contra a natureza ou contra a própria natureza. Significa usar a menor quantidade possível de energia para fazer o máximo. Significa não se esforçar demais, não se exaurir tentando *fazer* algo acontecer — seja uma peça de arte, um trabalho ou até mesmo um relacionamento.

Wu wei é "aprender a permitir", a deixar que as coisas se desenrolem do próprio modo e no próprio tempo. Somos capazes de nos adaptar e, assim como a água, assumir a forma de quaisquer circunstâncias em que nos encontremos. Chuang Tzu diz o seguinte: "Deixe que as coisas se expandam com naturalidade e deixe sua mente **ser** livre. Aceite o que não puder controlar e continue a alimentar seu **espírito interior**. É o melhor a ser feito. Você precisa

---

* Solala Towler, *Chuang Tzu: The Inner Chapters* (Londres: Watkins Publishing, 2010), p. 34.

estar disposto a agir em conformidade com o próprio destino. Nada é mais simples, e nada é mais difícil que isso".* Trata-se de algo muito difícil, porque *wu wei* nos pede que nos abstenhamos de qualquer coisa a mais ou além do que seja naturalmente adequado em qualquer situação.

Lao-Tzu usa esse ensinamento em toda a sua obra. Veremos muitos exemplos de como aplicar esse princípio, já que ele é a marca do sábio, ou do que os taoistas chamam de *zhenren* — pessoa autorrealizada.

A PRÁTICA Aquecimento do sistema de energia

Se nosso *chi* (força vital) estiver muito fraco ou "paralisado", estaremos adoentados e não teremos energia para práticas espirituais profundas. Praticamos o *chi gong* para que possamos ficar mais fortes, mais puros e mais equilibrados. Só então seremos capazes de nos aprofundar bastante nas práticas de autoaperfeiçoamento.

Seguem alguns exercícios destinados a aquecer seu sistema de energia. É muito bom fazê-los pela manhã, antes da prática de *chi gong* ou de *tai chi*. Você também pode executá-los depois de uma longa viagem de avião ou em qualquer ocasião em que deseje movimentar a energia para evitar ou superar a estagnação — a sensação de que sua energia (*chi*) está paralisada ou em exaustão.

- Fique em pé com os pés afastados por uma distância equivalente à largura dos ombros. Respire profundamente várias vezes, soltando o ar da maneira mais completa possível. Isso ajudará a purificar o ar viciado e eliminar o dióxido de carbono do pulmão.
- Balance os braços para a frente e para trás com os punhos fechados. Desfira um golpe delicado em seu "portal da vida", ou *ming men* — um ponto no centro da região lombar —, com uma das mãos. Desfira outro golpe suave no estômago, e depois inverta as mãos. Deixe que

---

* *Ibidem.*

o peso dos braços dirija o movimento e golpeie com firmeza, mas não com força demais.

- Depois de fazer isso durante vários minutos, mantenha os punhos fechados enquanto golpeia com uma das mãos a área dos rins — na região lombar — e, com a outra, a dos pulmões, alternando as mãos de maneira a trocar de lado. Mais uma vez, deixe o ímpeto do balanço determinar a força com que você desferirá o golpe no corpo.
- Em seguida, com os punhos fechados, golpeie as costas ao longo das laterais da coluna vertebral, começando o mais em cima que conseguir alcançar, e depois vá descendo até a região lombar.
- Agora com as mãos abertas, dê tapas na parte externa — ou lado *yang* — das pernas e depois vá descendo até os tornozelos. Cruze as mãos sobre os pés e suba dando tapas na parte interna — ou lado *yin* — das pernas, com a mão esquerda na perna esquerda e a mão direita na perna direita.
- Quando chegar à virilha, demore alguns instantes dando alguns tapas em ambos os lados. Isso estimulará as numerosas glândulas linfáticas desse local.
- Dê tapas nas laterais das costelas, até a axila, demorando-se alguns instantes nesse local, para estimular todas as glândulas linfáticas.
- Dê tapas ao longo da parte interna — ou lado *yin* — dos braços, continuando até as mãos. Em seguida, vire as mãos e dê tapas na parte externa — ou lado *yang* — dos braços e vá subindo até os ombros. Troque para o braço oposto. Depois, dê tapas nos ombros por um momento para soltá-los.
- Agora, friccione as orelhas para estimular os numerosos pontos de acupuntura nesse local. Puxe delicadamente os lóbulos das orelhas.
- Faça uma breve massagem no couro cabeludo.
- Em seguida, realize a Batida do Tambor Celestial 36 vezes: coloque as mãos em concha sobre os ouvidos, vedando-os por completo, Depois, bata de leve os dedos médio e indicador junto à base do crânio. Isso deverá promover um som retumbante dentro do crânio, que estimulará o fluido cerebral nesse local. (Este exercício pode ser feito sempre

que se sentir cansado por ter estudado demais ou trabalhado em excesso no computador. É uma excelente maneira de ficar mais alerta.)
- Agora, bata os dentes 36 vezes. Isso estimulará o fluxo de sangue e o *chi* em toda a arcada dentária e nas gengivas.
- Para terminar, agite braços e pernas e saúde o dia revigorado.

3º Passo

Quando não louvamos os talentosos, evitamos a inveja.
Quando não guardamos riquezas, evitamos que sejam roubadas.
Quando não exibimos coisas de valor,
o coração do povo não é conturbado.
É por isso que os sábios esvaziam o coração-mente
e enchem o estômago (*dantian*).
Eles enfraquecem a ambição
e fortalecem o corpo.
São livres de conhecimento e desejos.
Ao praticar a não ação (*wu wei*),
vivem em paz e harmonia interior.

O comentário

Neste passo, Lao-Tzu nos ensina como evitar a inveja ao levar em conta quanto outras pessoas estão realizando, o que nos faz sentir inferiores. Este passo expande a descrição anterior do sábio como aquele que realiza, mas não se apega às suas realizações. Ho Shang Kung diz o seguinte: "Não lute pelo mérito nem pela glória; volte-se para a natureza".* Na sociedade de consumo de hoje, somos julgados, com frequência, em função de quanto produzimos ou consumimos, mas, quando consumimos ou possuímos coisas em excesso, ficamos paranoicos, com medo de que alguém vá se apossar delas.

A próxima parte é um antídoto muito importante para tal atitude, sendo geralmente mal traduzida: refere-se à prática da meditação ou de "esvaziar a

---

* Eduard Erkes, *Ho-Shang-Kung's Commentary on Lao-Tse* (Zurique: Artibus Asiae Publishers, 1950), p. 17.

mente". Para os taoistas, a mente reside no coração. O caractere escrito para coração é *xin*, que é onde tanto a mente cognitiva quanto o *shen* (espírito) vivem. *Shen* é a energia espiritual e a energia criativa, incluindo os processos de pensamento. "Esvaziar a mente" é a meta na prática da quietude, ou da meditação. Lao-Tzu voltará a essa ideia em passos posteriores.

Quando Lao-Tzu diz "enchem a barriga", ele não quer dizer que o sábio deve comer sem parar. Para ser mais exato, ele se refere ao *dantian* inferior. *Dantian*, que significa "campo do elixir" ou "campo do medicamento", é onde começam as práticas de alquimia interior chamadas *nei dan*. Há três *dantians*: um na parte inferior do abdômen, chamado Lago de Jade, localizado um pouco abaixo do umbigo e a um terço do trajeto rumo ao interior do corpo; o *dantian* do meio, chamado Palácio Vermelho, que está situado no centro do coração; e o *dantian* superior, chamado Centro Celestial, encontrado na parte central do cérebro, ou ponto do terceiro olho. O *dantian* inferior está associado à próstata ou aos ovários, enquanto o do meio está associado ao timo e o superior relaciona-se à glândula pineal.

O *dantian* inferior, mencionado neste verso, é a base energética de nosso corpo. Assim como uma casa precisa de um alicerce forte, precisamos desenvolver a energia nesse centro importantíssimo. O *dantian* inferior associa-se ao elemento Água. Desse modo, a prática de "cozinhar" ou "alquímica" descrita neste passo envolve colocar o "fogo" do coração-mente sob a "água" do *dantian* inferior. O fogo do intelecto, se não for treinado de modo adequado, nos consumirá com intermináveis pensamentos, e pensamentos sobre os pensamentos, e assim por diante, conduzindo ao esgotamento ou a coisas ainda piores. A interação entre o fogo (*li*) da mente e a água (*kan*) do *dantian* inferior cria vapor, ou um novo *chi*. Este é então refinado aos poucos, até se transformar em espírito genuíno, ou *shen*. A partir daí, a prática do aperfeiçoamento envolve transformar *shen* de novo em *wuji*, ou "origem primordial", e, no final, no Tao.

A PRÁTICA Como encher o Lago de Jade

Ao trabalhar com práticas energéticas como esta, a energia se torna cada vez mais sutil, conduzindo enfim à união com a origem também sutil de toda a vida: o Tao. Embora a mente resida no coração, processos de pensamento em demasia paralisam a cabeça. Em termos energéticos, acabamos com uma cabeça gigantesca, sem nenhuma base. Nesta prática, pegaremos o fogo da mente e o colocaremos sob a água do *dantian* inferior. Ao colocar intenção mental, a energia circulará para baixo com naturalidade, e ficaremos mais equilibrados.

- Sente-se tranquilamente na beirada de uma cadeira ou em uma almofada. Feche os olhos e respire lenta e profundamente pelo nariz. Sua respiração deve ser tão leve que uma pena colocada diante do nariz nem se moveria. Isso levará algum tempo, então vá devagar, sem se preocupar com o resultado.
- A cada inspiração, sinta o *dantian* inferior se expandir. Cada vez que soltar o ar, sinta a parte inferior do abdômen se contrair. Foi assim que você respirou no útero, quando o fazia através do cordão umbilical.
- Conduza sua intenção mental para a parte inferior do abdômen. Não tente *fazer* nada acontecer; apenas permita que a energia circule para baixo com naturalidade. Com o tempo, é possível que sinta calor ou formigamento nessa área, embora isso possa demorar para acontecer. Permaneça com a prática, e as coisas ocorrerão quando for o momento certo.
- Para obter um efeito curativo, use a intenção mental para inalar luz de cura a cada inspiração. Sinta-a entrar em você, penetrando os lugares escuros tanto de seu corpo energético quanto físico, alcançando os locais onde possa existir alguma doença, dor ou toxicidade.
- Toda vez que soltar o ar, observe a doença, a dor ou a toxicidade deixando seu corpo através do nariz como uma fumaça negra que se dissipa no ar diante de seus olhos.
- Continue a inalar a luz de cura, ou *chi*, e a exalar a fumaça negra. Se estiver com alguma doença ou dor específica, pode dirigir com delicadeza a luz de cura, ou *chi*, para essa área, ou se limitar a relaxar e deixar que ela se oriente sozinha. Depois de algum tempo, você conseguirá observar a energia entrando e saindo como luz de cura.

- Para terminar, junte as palmas das mãos, friccionando-as com vigor 36 vezes e depois esfregando-as no rosto para cima e para baixo, como fez na prática do 1º Passo — Desenvolvimento da visão, na p. 25.

4º Passo

O Tao é um vaso vazio;
usado, porém nunca exaurido.
Ele é a origem insondável
dos dez mil seres!
Suaviza o que é cortante
e desfaz nós.
Atenua o que é brilhante
e se une à poeira do mundo.
É tranquilo e sereno,
e perdura para sempre.
Não sei de onde vem
mas é o ancestral de todos nós.

O comentário

Aqui temos uma descrição do Tao e de alguns de seus atributos. Ele é vazio, como um vaso vazio; no entanto, esse vaso contém tudo o que existe. Também pode ser comparado às práticas de *chi gong* e *tai chi*, descritas como "quietude dentro do movimento". O objetivo é alcançar a total quietude interior durante o movimento. Esse é um estado elevado da prática, que pode levar anos para ser alcançado — ou ser atingido em um instante, se o praticante estiver pronto.

Do mesmo modo, descreve-se a prática da quietude ou meditação como o "movimento dentro da quietude", porque, em meio à completa quietude, interior ou exterior, as forças internas começarão a se mover sozinhas. O estágio inicial dessa prática é conhecido como "mente (*yi*) que conduz ao *chi*" — significa que a energia vital irá aonde quer que a mente se dirija. À medida que você progredir, a mente deixará de ser um problema, o *chi* circulará com liberdade e o movimento acontecerá de forma natural e espontânea.

Este passo é o roteiro da jornada. Ele nos mostra qual é nossa origem e as indicações e maravilhas ao longo do caminho. Lao-Tzu nos diz que, quando destituirmos o coração-mente de todos os conceitos e estratégias que a cultura e a história pessoal nos inculcam, estaremos vazios o bastante para sermos preenchidos pelo Tao. Chuang Tzu diz o seguinte:

> Habite a câmara vazia interior, que está repleta de luz. Ao residir nessa quietude, você receberá grandes bênçãos. Se não fizer isso, sua mente continuará a correr célere como um cavalo selvagem. Mas, se permanecer profundamente centrado e quieto nesse lugar, e deixar a mente pensante do lado de fora, atrairá espíritos prestimosos, e os deuses virão em seu auxílio.*

A PRÁTICA Meditação do vaso vazio

É possível que você se surpreenda com o que vai receber nesta prática. Pode acontecer por meio de palavras, ou ocorrer como um sentimento, uma compreensão ou inspiração. Ou pode ser que apenas se sinta preenchido por algo indescritível. É um presente do Tao para você.

- Sente-se, fique em pé ou deite-se, e comece a respirar lenta e profundamente, sentindo o *dantian* inferior. Sinta toda a parte inferior do abdômen se expandir a cada respiração — a parte da frente, as laterais e a região lombar. Faça isso até se sentir bem calmo e centrado.
- Cada vez que soltar o ar, expire por completo, esvaziando o pulmão enquanto a parte inferior do abdômen se contrai até onde for confortável. Inspire e, em seguida, solte o ar completamente, colocando o foco na expiração, sentindo todo o ar do pulmão fluir para fora, como o ar de um balão.

---

* Solala Towler, *Chuang Tzu: The Inner Chapters* (Londres: Watkins Publishing, 2010), p. 76.

- Sinta-se cada vez mais vazio. Deixe que todos os pensamentos, imagens e emoções escoem para fora de seu corpo e psique, até que você se torne um vaso vazio. Permita que seu foco se expanda, tornando-se indistinto.
- Em seguida, limite-se a permanecer sentado, sem expectativas, demandas ou medo. Permaneça calmamente na quietude, vazio e em prontidão receptiva.
- Você pode se surpreender recebendo uma informação ou orientação neste momento. Se achar que não vai conseguir se lembrar dela depois e desejar anotá-la, faça isso com rapidez, sem parar para pensar a respeito. Em seguida, retorne à meditação.
- Uma vez que tenha chegado ao fim desta prática, encerre a meditação como fez no 1º Passo, juntando as palmas das mãos, friccionando-as 36 vezes e depois esfregando-as no rosto para cima e para baixo.

5º Passo

O Céu e a Terra não são benevolentes.
Tratam todos os seres como cães de palha.
O sábio não é benevolente.
Trata todos os demais seres como cães de palha.
O espaço entre o Céu e a Terra
é como um fole.
É vazio, mas nunca se esgota,
sempre em movimento,
e ainda assim produzindo sempre mais.
Poucas palavras são melhores do que muitas.
É melhor permanecer em nossa verdadeira natureza.

O comentário

O Céu e a Terra não são benevolentes, afirma Lao-Tzu, o que pode causar certa surpresa. Mas o Tao não é uma divindade personalizada nem benevolente que sorri para nós das alturas, recompensando-nos a cada boa ação que praticamos. Cabe a nós, individualmente, praticar o autoaperfeiçoamento e aprender a seguir o fluxo natural do Tao.

Os cães de palha eram usados como vasos sacrificiais nos festivais da chuva, sendo queimados como oferenda. Lao-Tzu quer dizer que o Tao trata todos da mesma maneira imparcial, sejam humanos ou animais. Não apenas o Céu e a Terra são imparciais com relação a toda a vida, como também o são os sábios. Estes não ensinam as pessoas movidos por um ideal altruísta, e sim porque é isto o que os sábios fazem: ensinam os outros.

Na jornada do Tao, não há ninguém a quem orar, suplicar ou fazer promessas. O Tao é extremamente impessoal, mas tão impessoal quanto a natureza o é. As flores não se importam de verdade com o fato de as admirarmos ou não. Elas florescem para atrair as abelhas e se reproduzir. É apenas a vida nutrindo a vida. Do mesmo modo, quando um furacão nos atinge, ele não faz isso pela necessidade de nos destruir; Deus não está nos punindo. O furacão só está fazendo o que lhe é natural fazer.

Uma das principais lições do taoismo é que podemos entender e vivenciar quem somos, fazendo exatamente o que nos é natural fazer em nossa existência no mundo.

Para muitas pessoas, não ter uma divindade personalizada é algo bastante assustador. Se não há um grande juiz no céu, olhando por nós e recompensando-nos ou punindo-nos, como vamos saber o que é certo ou errado? Como vamos saber como levar uma vida moral e justa? Como as pessoas más serão punidas? Em passos futuros, Lao-Tzu vai abordar tudo isso, além de outras coisas. Mas, por ora, fiquemos com uma visão do Tao que não demonstra nenhuma parcialidade por nenhum tipo de vida.

Quando Lao-Tzu afirma que "poucas palavras são melhores do que muitas", demonstra que pratica o que aconselha. O *Tao-Te King* está entre as obras espirituais mais breves, motivo pelo qual talvez tenha se mantido popular por tanto tempo. Todas as linhas são simples e concisas. Ele não explica tudo com clareza. Seu mapa oferece esboços e orientações, mas não apresenta muitos detalhes. Cabe a nós inserir a topografia que percorreremos em nossa jornada.

Ho Shang Kung é muito prático quando diz: "Conversa demais prejudica o corpo. Se a boca estiver aberta e a língua se projetar para fora, por certo ocorrerá um infortúnio. Cultive e nutra os espíritos dos cinco órgãos internos, poupe a respiração e fale pouco".* Encontraremos várias vezes esse conselho. No entanto, quando deparamos com um novo livro, filme, música ou até mesmo uma prática espiritual, ficamos animados, e é difícil não falar bastante sobre o assunto. Às vezes, os outros estão dispostos a escutar, mas às vezes

---

* Eduard Erkes, *Ho-Shang-Kung's Commentary on Lao-Tse* (Zurique: Artibus Asiae Publishers, 1950), p. 21.

não; precisamos discernir quando devemos avançar (*yang*) e quando devemos recuar (*yin*).

Quando descobri o taoismo, foi como se estivesse voltando para casa. Muitas pessoas que descobriram o mundo da filosofia e da prática taoistas também se sentiram dessa maneira; esse mundo parece muito natural, relaxante e correto. Temos vontade de enfatizar para amigos e familiares que, se eles seguirem os ensinamentos do Tao, tudo ficará melhor — todos os problemas desaparecerão, a saúde deles vai melhorar e eles se sentirão mais felizes. No entanto, tanto Lao-Tzu quando Ho Shang Kung nos advertem que não devemos falar demais nem usar excesso de palavras quando poucas delas são suficientes. Não tente ser alguém que não é. Não tente exibir suas virtudes e realizações para o mundo. Em vez disso, permaneça fiel a seu eu simples e natural.

Embora Lao-Tzu diga que é melhor "permanecer em nossa verdadeira natureza", neste ponto da jornada podemos ainda estar aprendendo o que é exatamente essa nossa verdadeira natureza! O que é natural. Nossa verdadeira natureza foi sobrepujada por tanta aculturação e histórico pessoal, que levaremos algum tempo para remover esses véus. À medida que a jornada progride, os véus se dissolverão com naturalidade, e reluziremos como sábios, como filhos do Tao.

Há várias razões pelas quais poucas palavras são sempre melhores do que muitas. Ao aprender a falar de maneira direta e sucinta, preservaremos o precioso *chi*. Também descobriremos formas de falar com objetividade e simplicidade, diretamente de um coração (*xin*) para outro. Essa é uma prática muito avançada e poderosa.

A PRÁTICA **Respiração do fole**

- Sente-se e respire lenta e profundamente, sentindo o *dantian* inferior. Perceba o movimento de inalação e exalação como um fole que mantém o fogo do entendimento e do conhecimento ardendo vivamente.
- Esvazie a mente, limitando-se a deixar que a respiração ocorra com naturalidade, o inspirar e o expirar se sucedendo sem esforço. Outra descrição para esse trabalho com a respiração é "ser respirado", pois é

como se não fosse você a origem da respiração. Em vez disso, você está *sendo* respirado em meio à contínua transformação da inalação (*yin*) e da exalação (*yang*).

- Sinta-se como um exemplo vivo do famoso símbolo *yin/yang*, em constante movimento, dançando entre as polaridades. Se passar tempo suficiente praticando esse estado, transportará essa sensação para os outros âmbitos de sua vida.
- Quando acabar, junte as palmas das mãos, friccione-as como no 1º Passo e, em seguida, esfregue o rosto, lenta e delicadamente, mantendo os olhos fechados até terminar.
- Quando abrir os olhos, olhe ao redor. Talvez você enxergue o mundo sob uma nova luz, avivado pelo fogo de sua sabedoria interior.

6º Passo

O espírito do vale nunca morre.
Ele é chamado de *mãe primordial*.
O portal para a mãe primordial
é chamado de *raiz do Céu e da Terra*.
O espírito do vale parece durar perpetuamente.
Faça uso dele,
ele jamais se esgotará.

O comentário

Lao-Tzu descreve o Tao como o espírito do vale. O vale é um lugar onde as águas da vida formam um espaço verdejante, nutritivo e florescente. É um local que se encontra sob montanhas ameaçadoras, por onde um rio pode correr, levando águas revigorantes a todos os seres. Além disso, o Tao não é apenas um vale profundo; ele é a Grande Mãe, ou *mãe primordial*. Pode-se também interpretar essa expressão como "égua escura" ou até mesmo "útero escuro". O caractere para "primordial" ou "escuro" é *xuan*, que também pode ser traduzido por "misterioso".

A maioria das metáforas que Lao-Tzu usa enfatizam o *yin*, ou o feminino — a natureza do universo. Mais adiante no texto (28º Passo), ele diz o seguinte: "Conheça o *yang*, mas abrace o *yin*". É a essa misteriosa natureza feminina do Tao que o sábio recorre e dentro da qual ele habita. Como declara Hua-Ching Ni:

> Cada momento de nossa vida está agora prenhe do seguinte; somos todos mães grávidas de alguma maneira. Aquele que é capaz de con-

trolar sua vida é aquele que sabe como se integrar à energia benéfica para se aprimorar a fim de renascer no momento seguinte, e no seguinte, e no seguinte, seguindo continuamente esse estilo de vida. Esse é o refinamento da vida, o Tao.*

Assim como uma mãe prenhe, precisamos nos alimentar com boa nutrição espiritual. Precisamos ser cuidadosos com relação ao que entra em nosso corpo energético e ao que sai dele. Temos de nos proteger de energias tóxicas e necessitamos vivenciar a quantidade certa de movimento e quietude.

Ho Shang Kung ensina que o portal para a mãe primordial que Lao-Tzu descreve como a "raiz do Céu e da Terra" é o nariz e a boca. No corpo, é onde o alento original, que penetra o Céu e a Terra, entra e de onde sai. Ele nos informa que nossa respiração deve ser lenta, profunda e ininterrupta — de uma maneira misteriosa, "como se não existíssemos".**

Vamos usar esse portal de respiração ao longo deste livro e nas práticas de meditação e *chi gong*. Ao fazê-lo, seremos capazes de nos conectar à raiz do Céu e da Terra. Isso permitirá que o *chi* entre, concentre-se e se desloque por todo o corpo de forma harmoniosa e fluida.

No *nei dan*, ou prática da alquimia interior, encontramos a expressão *Bebê Vermelho* ou *Embrião Dourado* (*shengtai*). É isso que se cria no estágio mais elevado da prática do aperfeiçoamento. É o nascimento de um novo eu.

A PRÁTICA ## Meditação da mãe primordial

Na arte do autoaperfeiçoamento, todos nos tornamos a mãe primordial, dando à luz nosso novo eu.

---

* Hua-Ching Ni, *8,000 Years of Wisdom*, Volume II (Santa Monica, CA: SevenStar Communications, 1983), p. 5.
** Eduard Erkes, *Ho-Shang-Kung's Commentary on Lao-Tse* (Zurique: Artibus Asiae Publishers, 1950), p. 22.

- Sente-se ou deite-se tranquilamente, respirando profunda e lentamente. Sinta-se ser preenchido pelo *chi* e pelo espírito, como se estivesse prenhe de uma criança.
- Visualize-se como uma mãe dando à luz uma nova versão de si mesma. (Todos temos dentro de nós um aspecto da Grande Mãe, mesmo quando somos do gênero masculino.)
- Acolha com amor essa nova versão de si mesmo. Alimente-a com boas intenções e seu desejo de se tornar uma pessoa forte, esclarecida e equilibrada — espiritual, emocional e fisicamente.
- Faça as seguintes perguntas a si mesmo:

    De que partes velhas e obsoletas de si mesmo você precisa abrir mão a fim de nascer de novo?

    Que antigos padrões você pode abandonar para que seu verdadeiro eu possa reluzir?
- Como você pode se conectar de maneira profunda e verdadeira com a mãe primordial de todos nós?
- Sinta-se como uma mãe dando à luz, constante e eternamente. Esse é seu eu do Tao, e ele é tão real quanto qualquer coisa que possa ver no mundo ao redor — talvez até mais real. Conceda-se tempo para se vivenciar de fato como essa mãe primordial, dando vida e amor àqueles que o cercam, bem como a si mesmo.
- É de extrema importância não interromper esses estados meditativos e repletos de energia quando se levantar. Mantenha-os ativos no decorrer do dia e ao longo da vida. Procure levar parte dessa experiência da mãe primordial para outros aspectos de sua vida.

7º Passo

O Céu é eterno.
A Terra é eterna.
A razão pela qual são eternos
é por não viverem para si mesmos.
Por isso são eternos.
O sábio se posiciona na retaguarda
e no entanto sempre acaba na frente.
Ele não se preocupa com a própria segurança
e no entanto permanece sempre seguro.
Não é por ser altruísta
que ele é capaz de realizar seu verdadeiro eu?

O comentário

O Céu e a Terra são eternos porque não vivem para si mesmos. Este passo apresenta lições que o sábio aprende ao observar e se relacionar com seu estado natural mais básico. No trecho que se segue, Chuang Tzu nos diz o que o sábio *não é*.

> Aquele que deseja ter todo o conhecimento não é sábio. O sábio não demonstra parcialidade. Aquele que segue o ritmo da sociedade não é sábio, assim como aquele que busca fama e reconhecimento em vez de seguir sua sabedoria interior tampouco é sábio. Aquele que não vive orientado pela sua natureza autêntica não é sábio.*

---

* Solala Towler, *Chuang Tzu: The Inner Chapters* (Londres: Watkins Publishing, 2010), p. 122.

O sábio ou a pessoa autorrealizada, por outro lado, não se esforça para estar na frente do grupo. Na realidade, o sábio prefere liderar da retaguarda. No entanto, ao se colocar na retaguarda do grupo, acaba ocupando uma posição de liderança. O sábio também é altruísta. Por não se colocar na frente, por não se preocupar com a própria segurança, por não chamar atenção para si mesmo, o sábio é capaz de realizar seu verdadeiro eu (*zhenren*).

Eis o que Chuang Tzu nos diz que o sábio é:

> Os antigos sábios dormiam sem sonhar e despertavam sem ansiedade. Sua comida não era sofisticada e sua respiração era profunda. Esse tipo de pessoa tem a mente livre, o espírito calmo e a testa lisa. São pessoas frescas como o outono e, no entanto, tépidas como a primavera. Sua alegria e sua raiva se dão com naturalidade, como as quatro estações. Estão em harmonia com todas as coisas e se consideram como não tendo nenhuma limitação.*

O trecho "nenhuma limitação" é crucial aqui. Quando limitamos nossas expectativas e a nós mesmos, também limitamos nossa experiência. Se nunca ousarmos correr riscos nem aceitar desafios, jamais conseguiremos verdadeiramente nos conhecer. Lao-Tzu nos diz que o sábio não teme pela sua segurança e, desse modo, permanece sempre seguro. "Ele pensa pouco em si mesmo e sempre ama os outros", afirma o mestre Ho Shang Kung. Além disso: "Todas as pessoas o amam como amam o próprio pai e a própria mãe. Os espíritos o protegem como se ele fosse uma criancinha".**

Os taoistas falam muito a respeito da longevidade e até mesmo da imortalidade. Hua-Ching Ni nos conta a razão pela qual os antigos taoistas viviam tanto tempo:

> Os antigos taoistas ficavam ao lado de coisas que tinham vida longa. Por exemplo, viviam em um lugar com riachos e montanhas. Os an-

---

* *Ibidem*, p. 121.
** Eduard Erkes, *Ho-Shang-Kung's Commentary on Lao-Tse* (Zurique: Artibus Asiae Publishers, 1950), p. 23.

tigos abraçavam as coisas de vida longa no universo; faziam amizade com o Sol, a Lua e todas as estrelas. De tão longa, a vida deles é inimaginável para as pessoas modernas.*

Se diminuirmos o ritmo, praticarmos o *wu wei* e nos identificarmos com seres de vida longa como as árvores, os rios e as montanhas, talvez possamos vivenciar um pouco da quietude e da sabedoria do mundo natural e nos colocar em harmonia com todas as coisas. Chuang Tzu oferece um conselho simples para começar: seguir os sábios que "respiram a partir do calcanhar". Quase todas as pessoas respiram de maneira superficial, "pela garganta". As práticas de energia taoistas do *tai chi*, do *chi gong* e da meditação usam como base a respiração lenta e profunda.

A PRÁTICA Respiração abdominal

Quando estamos ansiosos, assustados ou abalados, constatamos muitas vezes que nossa respiração se contrai, ou até mesmo se interrompe. Ao respirar de maneira rápida e superficial, permanecemos o tempo todo em estado de choque ou no modo "lutar ou fugir". Ao aprender a respirar de maneira adequada, no entanto, podemos efetuar mudanças no metabolismo e até na composição química do sangue. Essa respiração nos acalmará, elevará nosso espírito e poderá modificar até a maneira como respiramos quando dormimos.

Você pode realizar esta prática sempre que estiver se sentindo tenso ou estressado. Trata-se de uma prática de respiração fundamental à qual você vai retornar em passos posteriores. Siga as informações abaixo para aprender a respirar como um sábio, "a partir do calcanhar".

- Sente-se na beirada de uma cadeira ou em uma almofada, podendo até se deitar, se preferir. Retire o cinto, se estiver com um, ou qualquer

---

* Hua-Ching Ni, *8,000 Years of Wisdom*, Volume II (Santa Monica, CA: SevenStar Communications, 1983), p. 8.

peça de roupa apertada que possa restringir sua respiração. Coloque a ponta da língua no céu da boca para conectar o *du mai* e o *ren mai*.
- Respire pelo nariz, lenta e profundamente, deixando o abdômen se expandir a cada inalação e se contrair toda vez que soltar o ar. Não exagere nem na expansão nem na contração, mantendo o processo suave e agradável.
- Sinta o ar entrar repetidamente pelo nariz e descer até o pulmão, indo em seguida até o *dantian* inferior, na parte inferior do abdômen. Depois de algum tempo, sinta o abdômen se expandir e se contrair, não apenas na parte frontal, mas também nas laterais e na região lombar.
- Sinta todo o seu ser se expandir e se contrair a cada respiração. Se sua energia estiver fraca, preste atenção às longas e lentas inalações. Se estiver muito tenso ou for hipertenso, preste mais atenção às exalações longas e lentas. Nesta prática, quanto mais lenta e profundamente você respirar, mais benefícios receberá.
- Mantenha esta prática respiratória de dez a vinte minutos. Ao respirar dessa maneira com regularidade, você mudará seu modo de respirar, até mesmo quando estiver dormindo.

8º Passo

O sábio supremo é como a água.
A água beneficia os dez mil seres
e no entanto não luta contra nenhum deles.
Ela se acumula em lugares que as pessoas rejeitam.
Dessa maneira, está próxima do Tao.
Em sua morada, o sábio valoriza a Terra.
Em seu espírito, ele valoriza
as qualidades de um lago profundo.
Nas interações com os outros,
valoriza a bondade e a benevolência humanas.
Em seu discurso, ele valoriza a veracidade.
Ao liderar os outros, valoriza a equidade e a paz.
Ao servir os outros, valoriza a eficiência.
Em suas ações, ele valoriza a escolha do momento adequado.
Como não se opõe à natureza,
está livre de culpa.

O comentário

Lao-Tzu compara o sábio com a água, invocando o Caminho do Curso d'Água, um importante princípio taoista. A água é benéfica a todos, afirma Lao-Tzu. A água que cai do céu produz névoa e orvalho, e na Terra ela cria lagos e rios. A água sempre corre para baixo, acumulando-se em lugares humildes, como os pântanos, que as pessoas não raro rejeitam. É na sua humildade e disposição em ir aonde quer que o fluxo a leve que a água mais se parece com o Tao. Dentro do fluxo da água existem sombras e reflexos da luz que vem do alto, mas ela nunca perde sua verdadeira natureza. Podemos congelá-la ou fervê-la, e ela assumirá diferentes formas. Mas a natureza molecular da água não muda. Podemos nos tornar, em nossa natureza, tão flexíveis quanto a água?

A água também assume a forma do recipiente em que é colocada. Se for colocada em um pote redondo, fica redonda. Se for colocada em um recipiente quadrado, torna-se quadrada. Essa característica também é a marca do verdadeiro sábio. Se conseguirmos nos tornar completamente livres e capazes de fluir junto a qualquer situação em que nos encontremos, poderemos viver uma existência longa e feliz. Se lutarmos sempre contra nossa situação na vida e tentarmos forçá-la a assumir a forma que preferimos, sofreremos.

Não se opor à natureza significa não ir contra o fluxo natural da vida. Pode também significar não ir contra o fluxo natural do próprio ser. Quando tentamos nos forçar a assumir uma forma exigida pelos outros, acabamos nos tornando deformados e sentindo dor. Mas, se nos permitirmos fluir como a água, seremos capazes de lidar com qualquer situação mantendo uma posição autêntica. Por não ir contra a natureza mais ampla ou contra a própria natureza autêntica, o sábio fica "livre de culpa". Isso significa que ele não sofre como os outros sofrem; ele não distorce sua verdadeira natureza a fim de "se encaixar" no mundo, como tantos de nós fazemos.

A PRÁTICA Meditação da água

- Sente-se, fique em pé ou deite-se. Feche os olhos e comece a respirar lenta e profundamente, sentindo o *dantian* inferior.
- Imagine-se boiando delicadamente na superfície de um lago ou de um rio. Sinta a correnteza fluindo com suavidade ao redor do seu corpo enquanto ele balança, em união com a água.
- Com o olho mental, veja o céu azul acima de você, há apenas algumas nuvens dançando nele. Algumas delas podem se parecer com dragões, outras com tigres, e outras, ainda, apresentar formas variadas.
- Sinta a quente energia *yang* do sol brilhando em você, enchendo-o de energia e luz.
- Sinta a fria energia *yin* da água embaixo e ao redor de você, sustentando-o e dançando com suavidade à sua volta. Sinta como a água em

seu corpo responde à água embaixo e ao redor de você. Sinta também a água em suas veias e artérias se comunicar com a água que o rodeia. Seja o ser de água que você de fato é.

- Entregue-se, deixando que seu corpo tépido se misture com facilidade ao sol e à água.
- Quando a meditação terminar, procure conservar um pouco dessa sensação de si mesmo como um ser da água: flexível e receptivo, humilde e adaptável. Isso o ajudará no cotidiano e será de grande utilidade em seu aperfeiçoamento espiritual.

9º Passo

Encher um vaso em excesso não é tão bom
quanto parar antes de ele estar cheio.
Se afiarmos uma espada em excesso, ela perderá o gume.
Se acumularmos ouro e jade,
será impossível protegê-los.
Se perseguirmos patentes e títulos
de maneira arrogante e altiva
promoveremos nossa derrocada.
Retire-se quando o trabalho estiver concluído.
Este é o estilo do Tao.

O comentário

Este é um passo elementar, ao estilo de bom senso do taoismo; ele nos oferece conselhos sobre como viver sob o princípio do *wu wei*. Encher um vaso em excesso conduz à perda do que estamos colocando nele e pode causar, ainda, uma grande bagunça. Isso pode dizer respeito a algo físico, como a água. Pode também se referir a experiências como emoções, pensamentos, queixas e desejos — os quais, por si sós, não são um problema, até que se avolumem e excedam nossa capacidade de lidar com eles. Afiar uma espada em excesso pode ser uma alusão ao excesso de análise, à tentativa de usar a mente para solucionar os problemas. Se uma espada, ou a mente, estiver afiada demais, ela perderá o gume com facilidade, tornando-se inútil. Quanto mais nos agarrarmos ao "ouro e ao jade", ou à riqueza e à felicidade, mais ficaremos expostos aos "ladrões" — os pensamentos negativos, as emoções, os desejos e as atividades destrutivas —, no esforço de nos defender e conquistar.

Trata-se de um conselho sobre não levar nada ao extremo. Achamos que, se estivermos nos saindo bem em certa atividade, poderemos levá-la ao extremo e com certeza obter resultados ainda melhores; no entanto, muitas vezes, o que ocorre é o oposto, e o resultado é uma tremenda confusão.

Lao-Tzu nos diz para fazer o trabalho e depois seguir adiante; que não devemos ficar por perto para receber elogios e aclamações. Podemos fazer o melhor possível no que quer que estejamos fazendo. E, depois, seguimos adiante, *com* as mudanças, e não *contra* elas, porque tentar conter a mudança em nosso proveito é um esforço inútil.

Fazer demais, encher demais ou afiar demais conduzem ao fracasso. Se nos opusermos à natureza, seja a Natureza mais ampla ou a natureza do próprio ser, teremos problemas. Essa atitude altiva e arrogante acarretará nossa derrocada. Ho Shang Kung nos diz o seguinte: "Os desejos ofendem os espíritos. A abundância de riquezas prejudica o corpo".* Os desejos se manifestam de muitas maneiras. Podemos desejar acumular ouro e jade ou podemos desejar nos tornar iluminados. As perguntas mais importantes que devemos nos fazer são: Esses desejos me ajudam ou me prejudicam? Estou causando mal aos outros com os meus desejos? Meu intenso desejo de me tornar iluminado está impedindo que eu me torne iluminado?

A PRÁTICA Conselhos para um estilo de vida taoista

O excesso de comida, bebida ou estímulos pode causar danos à mente e ao corpo. Os taoistas pregam a moderação e o equilíbrio em todas as coisas. Se observarmos as seguintes dicas de estilo de vida, nossa jornada será mais suave, e a capacidade de avançar em direção ao Tao aumentará.

- Coma até estar 80% cheio, e não 110%! Dessa maneira, seu sistema digestório será capaz de trabalhar de modo mais suave e completo.

---

* Eduard Erkes, *Ho-Shang-Kung's Commentary on Lao-Tse* (Zurique: Artibus Asiae Publishers, 1950), p. 25.

- Não coma alimentos crus em excesso, em especial no inverno. A digestão é um processo de cocção no corpo; sendo assim, o excesso de alimentos crus estressa os órgãos digestivos.
- Experimente jejuar um ou dois dias por semana durante 24 horas. Em outras palavras, faça jejum até a hora em que jantou na noite anterior. Isso dará ao seu sistema digestório a chance de descansar. Você ficará impressionado com a quantidade de energia que esse processo vai liberar.
- Não fique sentado por tempo demais. Muitos de nós exercem funções que exigem que permaneçamos sentados todos os dias, durante um longo período, diante de um computador ou telefone. Levante-se e movimente-se um pouco entre telefonemas ou trabalhos no computador. Fazer um alongamento ou caminhar, mesmo que seja apenas no local de trabalho ou imediações, é importante para a saúde do seu corpo como um todo.
- Dançar é um excelente exercício, que produz alegria no corpo e na alma.
- Reserve algum tempo para sonhar, imaginar ou experimentar algo novo — uma coisa que você nunca tenha comido antes ou visto pessoalmente, ou um lugar que nunca tenha visitado. Não precisa ser uma jornada a uma terra longínqua; pode ser um local bem próximo ou mesmo um novo lugar em seu coração-mente.
- No verão, não se esforce em excesso, pois isso destrói a energia *yang*, o que, consequentemente, cria uma energia *yin* em desequilíbrio.
- No inverno, evite a sensação de frio, pois isso o deixará suscetível a "ventos nocivos", ou gripes e resfriados.
- Como afirma Chuang Tzu: "A cegueira e a surdez não afligem as pessoas apenas fisicamente; elas também existem na mente e na atitude das pessoas".* Explore seus pontos cegos e de surdez, para determinar como poderiam se tornar mais receptivos mediante um pouco de trabalho, uma pitada de espírito de aventura, um pouco de receptividade à mudança e à transformação.

---

* Solala Towler, *Chuang Tzu: The Inner Chapters* (Londres: Watkins Publishing, 2010), p. 9.

10º Passo

És capaz de manter o corpo (*po*)
e o espírito (*hun*) em unidade?
Podes evitar a separação deles,
concentrando o teu *chi*
e tornando-te flexível?
Podes ser como um
bebê recém-nascido?
Desobstruindo a mente e
contemplando a profundidade,
podes permanecer livre de imperfeições?
No abrir e no fechar dos portões internos,
és capaz de assumir o papel do feminino (*yin* primordial)?
Estando aberto e compreendendo todas as coisas,
és capaz de praticar o *wu wei*?
És capaz de cultivar o fruto sem tomar posse dele?
És capaz de executar o trabalho sem assumir o mérito?
És capaz de liderar sem dominar?
Isso se chama *profunda virtude* (*Tê*).

O comentário

Hun e *po* representam uma maneira interessante e única de observar a alma humana. Consta que cada um de nós tem três *hun*, que são *yang* e estão conectados ao espírito, à consciência e à esfera Celestial. Cada um também tem sete *po*, que são *yin* e estão conectados à natureza animal inferior e ao nosso eu Terreno. Poderíamos também pensar em *hun* e *po* como o eu Celestial e o eu Terreno, ou nosso espírito e nossa mente. Muitas práticas de aperfeiçoamento taoistas foram concebidas para harmonizar essa mente e esse espírito.

Nosso *po*, ou alma animal, geralmente está no controle. Ele quer o que quer, quando quer. É isso que nos mantém presos ao mundo da dualidade e aos diversos desejos e necessidades corporais. É ele que cria o sofrimento em nossa vida. Por outro lado, nosso *hun*, ou eu espiritual, deseja se amalgamar com o infinito e voar nas asas da luz. Na hora da morte, *hun* retorna à esfera espiritual ou celestial, e *po*, à esfera terrena. No caso de praticantes avançados, *hun* e *po* não se separam, permanecendo juntos. No entendimento taoista da reencarnação, isso possibilita ao praticante entrar na vida seguinte com o espírito intacto e permite que o poderoso processo de aperfeiçoamento prossiga de uma vida para outra.

Consta que, quando recém-nascidos, nossas almas espiritual e animal estão em completo equilíbrio. Somente mais tarde na vida é que a alma animal se torna mais forte, em resposta ao mundo em que vivemos. Hua-Ching Ni afirma que: "No mundo, a coisa mais poderosa é o coração inocente".* Lembre-se de que o nome Lao-Tzu pode significar "Criança Velha". O ideal mais elevado do sábio taoista é o retorno à natureza inocente de receptividade ao mundo, que é desprovida de qualquer armadura ou medo.

Depois de nos lembrar isso, Lao-Tzu oferece orientação sobre a prática da quietude, ou meditação. Há um tipo de meditação taoista que se chama *zuowang*, ou "sentar e esquecer". Nessa prática, sentamo-nos e respiramos profunda e lentamente, esvaziando a mente. Embora seja impossível desligar por completo o "cavalo selvagem" da mente, se nos sentarmos durante tempo suficiente e deixarmos que o cérebro relaxe o bastante, poderemos reduzir os numerosos pensamentos irrelevantes. Depois, uma vez que a mente tenha desacelerado, não apenas teremos melhor perspectiva com relação à vida, como também concederemos aos espíritos interiores o espaço para que se comuniquem conosco com mais clareza. Você pode até chamar isto de outro nível mental, ou do que os mestres taoistas denominam: "mente dentro da mente".

Abrir e fechar os portões faz referência à inalação e à exalação durante a prática da quietude. A respiração deve ser lenta, profunda e silenciosa, "para que os ouvidos não possam escutá-la". Essa frase também pode se referir à

---

* Eduard Erkes, *Ho-Shang-Kung's Commentary on Lao-Tse* (Zurique: Artibus Asiae Publishers, 1950), p. 26.

mudança de conscientização do mundo exterior, o da forma, para o mundo interior, o do espírito. Podemos então assumir o papel do feminino, o espírito do vale, a mãe primordial do 6º Passo, com a qual deveríamos nos identificar e a quem deveríamos recorrer.

Ho Shang Kung apresenta instruções adicionais sobre a prática da quietude neste passo quando afirma: "É preciso purificar a mente e deixar que ela fique desobstruída. Se a mente permanecer em lugares escuros [ela será] a 'visão escura' que conhece todas as coisas. Em consequência disso, ela é chamada de visão escura".* A ideia de "visão escura" se refere ao *xuan*, ou aspecto misterioso, do Tao. Também é uma alusão a manter os olhos completamente fechados ou apenas ligeiramente abertos durante a prática da quietude.

A última linha invoca o *Te* em sua forma mais elevada. Embora *Te* seja, de modo geral, traduzido como "virtude", para a maioria dos leitores ocidentais essa palavra encerra um sentido de moralidade — por exemplo, boas ações ou tratar bem os outros. Para os chineses, e em particular para os taoistas, a palavra *Te* significa muito mais. Ela pode ser traduzida de várias maneiras.

Uma delas é "poder espiritual". Os sábios são pessoas com um *Te* forte. Seu poder espiritual foi desenvolvido e cultivado por meio de várias práticas. É evidente que sejam pessoas com bom caráter moral, mas, neste caso, *Te* na verdade sinaliza um vigor espiritual e energético.

Consta que outro tipo de *Te* é particularmente forte em lugares de grande beleza natural, como a vista das montanhas. É por esse motivo que, por tradição, os taoistas aperfeiçoam-se morando em montanhas. *Te* também é considerado o Tao que se manifesta no mundo material. Podemos encará-lo como forma e função. Dessa maneira, pode se considerar o Tao *yin* e o Te, *yang*.

Este passo nos oferece uma das práticas mais importantes do *Tao-Te King*, fazendo-nos imergir na Meditação de defesa da unidade (*shouyi*). Somos guiados a reunir o espírito e o corpo, ou *hun* e *po*, em um só. Essa não é uma tarefa fácil, já que o corpo/mente, compelido pela alma animal, costuma ser governado por vários desejos que nunca podem ser satisfeitos, não importa quantas vezes tentemos satisfazê-los.

---

* *Ibidem*.

A PRÁTICA Meditação de defesa da unidade

Apenas quando somos capazes de usar a alma superior, ou eu superior (*hun*), para conduzir as coisas é que esses corpos de desejo em constante crescimento (*po*) podem relaxar e se tornar menos perturbadores. Como fazemos isso? Por meio da prática da quietude ou meditação. Essa prática fortalece nossa capacidade de concentrar a mente na vida cotidiana, conferindo-nos a habilidade de solucionar situações confusas, tornando assim mais fácil processá-las e tomar decisões claras a respeito de várias coisas. Hua-Ching Ni diz o seguinte: "Não importa por quanto tempo você medite; a eficiência procede da persistência. Todos os dias, sempre que tiver algum tempo disponível, recolha-se e coloque-se dentro de si mesmo antes de tomar alguma providência".*

- Sente-se ou deite-se, concentrando-se em uma respiração lenta e profunda. Feche completa ou parcialmente os olhos. É importante que você "feche a porta dos sentidos", a fim de que influências externas não o afetem.
- Uma vez que tenha se acomodado, focalize a atenção no interior do corpo, prosseguindo com a respiração enquanto o abdômen se expande e se contrai. Deixe que os numerosos pensamentos que passam por sua mente desacelerem e desapareçam de modo gradativo.
- Permita que sua concentração se fixe completa e profundamente no Tao, a Unidade que transcende toda a dualidade e é, na realidade, seu verdadeiro eu. Mantenha o foco na Unidade, a origem de todo o ser e não ser. Veja além do mundo da dualidade, do *yin/yang*; retroceda seu olhar à Unidade, ou *wuji*.
- Faça isso enquanto for capaz de manter o foco. No início, isso ocorrerá durante um breve período, talvez apenas por alguns momentos. No entanto, com a prática, você conseguirá sustentar a concentração na Unidade por um intervalo de tempo cada vez maior. Mais à frente, será capaz de adotar esse foco profundo sempre que quiser.

---

* Hua-Ching Ni, *Quest of Soul* (Santa Monica, CA: SevenStar Communications, 1989), p. 35.

- Como ocorre na maioria das práticas taoistas, a duração não é tão importante quanto sua constância. Mas não espere muitos benefícios se praticar apenas alguns minutos. A regra para que uma prática dê bons resultados, seja ela a meditação ou o *chi gong*, é um mínimo de vinte minutos — quantidade mínima de tempo para que seu corpo mental e energético relaxe o suficiente para se beneficiar da prática.

11º Passo

Trinta raios compartilham o centro da roda da carroça.
É o espaço no centro que a torna útil.
Ao modelar a argila para fazer um vaso,
é o espaço vazio interior
que o torna útil.
Ao cortar uma porta ou janela
É o espaço vazio entre elas
que as torna úteis
O benefício procede do que existe
enquanto a utilidade procede do que não existe.

O comentário

Na Antiguidade, as rodas tinham trinta raios que convergiam para o centro, sendo este um círculo vazio. É o vazio dentro do vaso, da roda, da porta e da janela que dá utilidade a esses objetos. Ho Shang Kung diz: "O vazio pode assim fazer uso dos espíritos para receber todas as coisas".*

O termo taoista que costuma ser traduzido como "vazio" é *wuji*, que também tem o significado de "primordial", "ilimitado" ou "a origem de toda existência". No 1º Passo do *Tao-Te King*, Lao-Tzu nos diz que o ser e o não ser têm a mesma origem. Para muitos taoistas, essa origem é *wuji*.

Wuji, ou o infinito, é invisível e só pode ser conhecido por meio de seus efeitos. *Taiji* é o "mundo da manifestação". É o perfeito ponto de equilíbrio

---

* Eduard Erkes, *Ho-Shang-Kung's Commentary on Lao-Tse* (Zurique: Artibus Asiae Publishers, 1950), p. 29.

entre o Grande Yang e o Grande Yin, sendo também chamado de Grande Supremo. É considerado o coração cósmico, bem como o coração humano. Desse modo, nosso pequeno coração conecta-se ao Grande Coração do universo. Quando conseguimos nos livrar de nossos pensamentos acelerados a ponto da insanidade, e dos pensamentos a respeito desses pensamentos, somos mais capazes de nos conectar a esse grande vazio "e receber todas as coisas".

Dantian pode ser traduzido como "campo do elixir" ou "campo do medicamento". Trata-se de um tipo de medicamento muito especial, um remédio que nós mesmos criamos no corpo. Há um lugar dentro de nós, nosso *dantian*, que é vazio e, no entanto, é cheio; é um vasto espaço que nos conecta à vastidão do espaço fora de nós. Quanto mais consciente for o esvaziamento desse espaço interior, limitando os pensamentos e a preocupação, mais vasto ele se torna e mais vastos nos tornamos.

O *dantian* inferior é um dos mais importantes centros de poder do nosso corpo. Ele está situado três dedos abaixo do umbigo e a um terço do caminho pelo abdômen inferior adentro. Às vezes, esse *dantian* é retratado como um caldeirão, daqueles usados em experimentos alquímicos. Está associado à energia dos rins e ao nosso *jing*, ou "essência". A energia dos rins associa-se ao elemento Água, de modo que o *dantian* inferior também está associado a esse elemento.

O *dantian* do meio está situado na parte central do tórax, entre os dois mamilos. Também é considerado o centro do coração, que se associa ao elemento Fogo. O *dantian* do meio é o lar do *shen*, ou espírito, bem como da mente e do pensamento cognitivo.

É levando a atenção, ou energia do fogo, para dentro e para baixo do *dantian* inferior, ou centro da água, que nossa verdadeira alquimia é criada. Considera-se a alquimia uma espécie de processo de "cocção" no qual a essência, ou *jing*, é refinada e transformada em *chi*, a energia vital.

A PRÁTICA Respiração *dantian* alquímica

Nesta prática, respiramos e deixamos que o fogo do coração-mente desça até a água do *dantian* inferior. Em seguida, esvaziamos a mente de pensamentos o máximo possível e nos deixamos ficar vazios, exatamente como um vaso vazio, esperando para ser preenchidos por sabedoria, orientação e cura.

- Sente-se ou deite-se, como você fez nos passos anteriores. Coloque a ponta da língua no céu na boca.
- Respire lenta e profundamente, sentindo o *dantian* inferior. Sente-se tranquilamente, levando a atenção à parte inferior do abdômen.
- Deixe que o fogo de sua mente se acomode sob a água do *dantian* inferior e permita que a água borbulhe para cima, até se transformar em vapor, ou *chi*. Sinta esse fluxo ascendente do *chi* preencher todo o seu corpo com energia vital.
- Faça isso todos os dias, se puder. Aos poucos, com o tempo, o *dantian* ficará repleto de *chi*, e sua experiência de si mesmo se expandirá.
- Para terminar a sessão, junte as palmas das mãos, friccione-as 36 vezes e depois coloque-as sobre os olhos por um momento, levando o calor das mãos para os olhos. Em seguida, esfregue-as no rosto para cima e para baixo, pelo menos três vezes.

12º Passo

As cinco cores cegam os olhos.
Os cinco sons ensurdecem os ouvidos.
Os cinco sabores embotam o paladar.
Corridas e perseguições fazem
o coração-mente enlouquecer.
Bens valiosos e preciosos
obstruem nossas ações.
É por isso que o sábio cuida
da visão interior em vez daquilo
que enxerga com os olhos.
Ele se desfaz destes últimos
e escolhe a primeira.

O comentário

Ho Shang Kung diz o seguinte: "Aquele que se esforça lasciva e gananciosamente por conseguir a beleza fere o espírito e perde a iluminação".* O excesso de cores pode cegar os olhos; o excesso de sons pode ensurdecer os ouvidos; e o excesso de sabores pode embotar o paladar. Quando isso acontece, Ho Shang Kung diz: "O coração não consegue ouvir os sons do silêncio".**

Correr atrás de mais experiências e mais emoções perturbará nosso *shen*, e o coração-mente *enlouquecerá*. Como já mencionado, na prática taoista, considera-se que a mente reside no coração; sendo assim, o que os ocidentais

---

* Eduard Erkes, *Ho-Shang-Kung's Commentary on Lao-Tse* (Zurique: Artibus Asiae Publishers, 1950), p. 30.
** *Ibidem.*

julgam ser problemas psicológicos são vistos como um *shen*, ou espírito, perturbado. No caminho do Tao, o equilíbrio e a harmonia são muito importantes, e qualquer coisa que nos faça perdê-los é considerada destrutiva.

O sábio é capaz de distinguir o que é real de verdade do que é apenas aparentemente real. Ele enxerga por meio de véus, de influências que, embora sedutoras, são destrutivas; e até mesmo por meio do mundo da manifestação, para ver o Tao. Como ele faz isso? Usando a visão interior e a intuição, obtidas nas práticas de autoaperfeiçoamento. Ele se apoia no que enxerga com seu olhar interior e se desfaz do que vê com o olhar exterior.

A PRÁTICA   Meditação de equilíbrio dos órgãos

Eis um simples exercício que ajuda a desenvolver a capacidade de enxergar internamente. Ele também equilibra e tonifica os principais órgãos do corpo. Segundo o pensamento taoista, cada órgão principal tem uma vibração emocional positiva e uma negativa. Nesta prática de meditação, enfatizamos o lado curativo, positivo de cada um dos cinco principais órgãos. Na medicina chinesa, os órgãos são considerados não apenas em sua forma física, mas também em sua forma *energética*. Isso é crucial para o entendimento do trabalho de energia na acupuntura, do trabalho de alquimia interior e do *chi gong* medicinal.

- Sente-se, fique em pé ou deite-se e comece respirando lenta e profundamente, sentindo o *dantian* inferior.
- Depois de ter se acomodado um pouco, veja com o olho mental uma nuvem de energia pairando sobre sua cabeça. Você pode visualizá-la como uma nuvem de energia cintilante ou apenas uma nuvem de *chi* curativo.
- Após alguns instantes, conduza essa energia através do ponto *bai hui* no topo da cabeça (chakra da coroa) e desça com ela até o fígado, embaixo da caixa torácica direita. O fígado associa-se ao elemento madeira e à emoção negativa da raiva. A emoção e a energia positivas do fígado significam fluidez e flexibilidade. Se a função do fígado estiver

desequilibrada, você terá dificuldade para desintoxicar seu metabolismo; esse processo também pode remeter a raiva não resolvida. Sinta a energia do fígado se suavizar e se tornar maleável e flexível.

- Veja a nuvem de energia se tornar verde-brilhante, o verde das folhagens novas e de tudo o que está em crescimento. Sinta-a envolver seu fígado e preenchê-lo com o *chi* curativo.
- Agora, leve a nuvem de energia para cima, em direção ao coração, na parte superior esquerda do tórax. Lá, a cor se torna vermelha — a cor do sol quando está mais quente. O elemento associado ao coração é o fogo: o fogo da alegria, da expansividade e da criatividade. A energia do coração em desequilíbrio resultará em histeria, portanto enfatizamos aqui as qualidades positivas da alegria e da expansividade.
- Sinta a nuvem vermelha envolver seu coração, preenchendo-o com energia de cura.
- Agora, veja a nuvem de energia deslocando-se para baixo, em direção ao baço, do lado inferior esquerdo.
- Lá, ela se torna amarelo-terrosa. O elemento associado ao baço é a Terra. É neste ponto que sentimos uma profunda conexão com a terra e todas as outras formas de vida: os dez mil seres. A energia do baço em desequilíbrio resultará em desestabilização e preocupação, ou em retraimento. Mas aqui enfatizamos as qualidades de estabilidade e conexão com a terra e todas as outras formas de vida de nosso amado planeta.
- Sinta a nuvem amarela envolver a área do baço e do estômago, repleta de *chi* curativo.
- Agora veja a nuvem de energia subir para os pulmões, na parte superior do tórax. Lá, a nuvem de energia se torna branca, cor associada aos pulmões. O elemento associado aos pulmões é o Metal ou, como presente nos antigos textos taoistas, o Ouro. A energia dos pulmões em desequilíbrio resultará em um sentimento de profundo pesar. Os pulmões também estão associados à coragem e à capacidade de se entregar profundamente a cada momento.
- Sinta os pulmões sendo envolvidos pela luz branca de cura.

- Por fim, veja a nuvem de energia descer até os rins e as glândulas suprarrenais, na região lombar, onde se tornará azul-escuro ou mesmo negra. O elemento associado aos rins é a Água. A energia dos rins em desequilíbrio resultará em medo infundado e ataques de pânico. No entanto, aqui enfatizamos as qualidade de firmeza, força de vontade e força interior.
- Sinta os rins sendo envolvidos pela energia de cura.

Leve certo tempo com cada órgão, visualizando realmente a cor de cada um. Deixe que o *chi* curativo de cada cor fortaleça e equilibre cada órgão. Ao desenvolver sua visão interior, você também será capaz de dizer quando uma parte do sistema de órgãos está fraca ou enferma, e tratá-la antes que isso se torne um problema sério.

13º Passo

A honra e a desonra estão relacionadas.
Aceita o infortúnio como parte da vida.
Como a honra e a desonra estão relacionadas?
Ao receber a honra, receamos
a possibilidade de perdê-la.
Sendo assim, elas estão relacionadas.
Por que a honra e a desonra nos assustam?
Por que precisamos aceitar o infortúnio como parte da vida?
Porque, quando temos um senso limitado do eu,
vivenciamos o infortúnio.
Se não tivéssemos um senso limitado do eu
como poderíamos vivenciar o infortúnio?
É possível confiar o mundo
àqueles que valorizam o próprio bem-estar
tanto quanto o do resto do mundo.
Todas as coisas sob o Céu
serão confiadas àqueles que amam sua vida
como se ela fosse o mundo inteiro.

O comentário

De modo geral, a honra e a desonra são consideradas opostas. Mas estão relacionadas porque, como afirma Lao-Tzu, quando recebemos reconhecimento ou vivenciamos o sucesso, ficamos tão empolgados que receamos que ele nos seja retirado. Isso atrapalha o prazer do sucesso e nos impede de nos apoiar nele para alcançar um sucesso ainda maior.

Os taoistas reconhecem que a vida é repleta de infortúnios. Lao-Tzu diz que sofremos porque temos um senso limitado do eu — nossa experiência de vida começa e acaba com o corpo físico e mental individual. Mas, se permitirmos que nosso senso do eu se expanda, poderemos ter uma noção da "realidade mais ampla", o que, desse modo, diminuiria o sofrimento. Quando deixarmos de nos identificar apenas com nosso ser limitado e expandirmos o senso do eu de maneira a incluir os dez mil seres, atingiremos um nível muito mais elevado de existência e de vida, porque sabemos que somos todos um grande organismo vivo. Desse modo, estaremos conectados a todos os seres vivos sob o Céu, sendo merecedores da confiança deles.

A PRÁTICA   ## Meditação da expansão

Como podemos viver sem a restrição de nosso limitado senso do eu? Eis uma meditação taoista — uma prática de visualização — que nos ajudará a dar o primeiro passo.

Leve certo tempo sentindo cada expansão sugerida a seguir, para que ela se torne algo verdadeiro dentro do seu corpo de energia. Reconheça que seu verdadeiro eu não é limitado pelo corpo físico — seu corpo energético é muito maior e mais expansivo.

- Fique em pé, sentado ou deitado. Comece respirando lenta e profundamente, sentindo o *dantian* inferior.
- Perceba seu senso do eu, seu corpo de energia, expandir-se 8 centímetros além do corpo físico. (Faça isso devagar, sentindo de fato cada nível de expansão.)
- Em seguida, enquanto respira lenta e profundamente, deixe que seu senso de si mesmo se expanda um pouco mais, até preencher o aposento onde você se encontra.
- Depois de algum tempo, deixe que ele se expanda ainda mais, preenchendo toda a casa onde você está.
- A seguir, permita que se expanda até preencher o quarteirão onde você se encontra.
- Agora, sinta seu senso do eu preenchendo toda a cidade onde você está, depois todo o país, o continente inteiro e, enfim, o planeta Terra.

- Expanda seu senso do eu até se sentir como um planeta gigante, rodopiando lentamente pelo espaço. Sinta-se mesmo como um vasto ser, que contém toda a vida que há dentro de você.
- Se desejar, você pode então se expandir ainda mais no espaço. Com um pouco de treinamento, sua energia pode ir tão longe quanto a mente conseguir alcançar.
- Depois de algum tempo, comece a contrair seu corpo de energia. Torne-se aos poucos cada vez menor, retrocedendo pelos mesmos níveis ao longo dos quais se expandiu, até estar mais uma vez do tamanho do corpo físico.
- Mantenha na memória a sensação de ser um ser imenso, porque é assim que você de fato é.

Sofremos quando ficamos limitados à vivência de nós mesmos como sendo apenas do tamanho do eu físico. Ao saber que podemos nos expandir, nos contrair e assumir diferentes formas, deixamos o sofrimento para trás.

14º Passo

Se olharmos para ele, não o veremos;
ele é chamado de *informe*.
Se tentarmos ouvi-lo, não o escutaremos;
ele é chamado de *inaudível*.
Se tentarmos agarrá-lo, não o conseguiremos;
ele é chamado de *intangível*.
Esses três não podem ser compreendidos,
portanto são reunidos.
A superfície não é brilhante.
A parte inferior não é escura.
Não podemos segurá-lo nem designá-lo.
Ele retorna à origem (*wuji*).
É chamado de *forma informe,
a imagem do que não tem imagem*.
Ele é vago e indistinto.
Quando o contemplamos,
não podemos ver seu início,
não podemos observar seu fim.
Atém-te ao antigo caminho do Tao,
fluindo com o aqui e o agora.
Conhecer o antigo princípio das coisas
é conhecer a essência do Tao.

O comentário

Lao-Tzu mais uma vez tenta usar palavras para descrever algo que está além da linguagem. O Tao não pode ser visto, ouvido nem compreendido com a mente literal ou racional. Somos sempre lembrados de que tentar usar o intelecto para compreender o Tao não apenas é difícil, mas na realidade nos afasta dele.

Como o Tao é a forma informe e a imagem do que não tem imagem, não podemos entender sua verdadeira forma comparando-o com qualquer coisa que nossa mente consiga compreender. Lao-Tzu usa a linguagem para ir além da linguagem, obrigando-nos assim a ir além do pensamento para podermos experimentar o verdadeiro espírito do Tao.

Fazer isso é importante porque, se a mente for mais forte do que o espírito, ficaremos mutilados. Se a mente estiver repleta de constantes pensamentos negativos ou autodestrutivos a respeito do mundo ou de nós mesmos, isso também mutilará o espírito. Precisamos alimentar o espírito com bons pensamentos e sentimentos; caso contrário, ele acabará morrendo de fome. Empobrecido, o espírito se encolherá e murchará. A maioria de nós, nos tempos modernos, desconectou a mente do coração. Fazemos uma coisa pensando em outra, o que resulta em fragmentação e perda do *chi*.

Como o Tao é vago e indistinto, a única maneira de entendê-lo é seguindo os antigos ensinamentos dos mestres. Se pudermos vivenciar o que eles ensinam, conseguiremos experimentar efetivamente a essência do Tao. Ho Shang Kung descreve esse processo da seguinte maneira: "Ser capaz de conhecer o início da antiguidade chama-se Fio do Tao".*

Precisamos apenas nos conectar a esse fio. No entanto, como podemos ir além da mente intelectual limitada? Como podemos, imersos no mundo da forma, vivenciar o mundo informe? Uma maneira de fazer isso é conectar a mente ao coração para que sejam um só.

A PRÁTICA Abraçando a unidade

A prática do relaxamento profundo faz a mente seletiva da dualidade sucumbir, permitindo assim que o Fio do Tao reúna nosso eu superior e nosso eu inferior em um único todo harmonioso. Essa prática conduz a atenção ao centro de nosso coração. Ela ajuda a harmonizar coração e mente para que possam trabalhar como uma unidade.

---

* Eduard Erkes, *Ho-Shang-Kung's Commentary on Lao-Tse* (Zurich: Artibus Asiae Publishers, 1950), p. 35.

Durante a execução desta prática, podemos receber orientação do eu superior, de nossa natureza do Tao ou de espíritos orientadores. Esses espíritos estão sempre conosco, em nosso corpo. No entanto, como não temos consciência deles, não ouvimos suas sábias palavras de aconselhamento e inspiração. Invoque-os e preste bastante atenção a eles.

- Sente-se ou deite-se e feche os olhos. Coloque a ponta da língua no céu da boca e comece a respirar lenta e profundamente, sentindo o *dantian* inferior. Faça isso durante alguns momentos, focando a mente na entrada e saída do ar, na expansão e contração da parte inferior do abdômen.
- Quando estiver pronto, conduza o foco ao *dantian* do meio, na parte central do coração, entre os dois mamilos. Continue a observar a expansão e a contração ao redor do coração.
- Enquanto medita e respira dessa maneira, abandone qualquer tipo de pensamento. Ou então substitua os inúmeros pensamentos fortuitos por um único pensamento de unidade e harmonia, equilibrando assim os *jing*, *chi* e *shen*. Concentre-se nessa percepção de equilíbrio entre coração e mente. Faça isso até que ambos trabalhem em conjunto, sem nenhum espaço entre eles, resultando em uma mente límpida, concentrada, tranquila e relaxada.
- Sinta os pensamentos irrelevantes como um redemoinho de cavalos selvagens; relaxe e se entregue. Deixe que os pensamentos negativos sejam soprados para longe como sementes ao sabor da brisa. Permita que seus inúmeros pensamentos, opiniões e julgamentos se dissolvam como a neve em um agradável dia de primavera.
- Enquanto medita e respira no centro do coração, deixe o coração relaxar e, com esse relaxamento, se expandir. Sinta a energia do coração se expandindo até preencher todo o seu ser.
- Por fim, permita que a mente, o coração e o espírito se harmonizem e se tornem um só. Os antigos mestres chamam esse processo de "Abraçando a Unidade".
- Ao terminar, junte as palmas das mãos e friccione-as 36 vezes. Depois, esfregue-as no rosto para cima e para baixo, pelo menos três vezes; e faça uma profunda reverência de seu coração ao coração do mundo — o coração do Tao.

15º Passo

Os antigos sábios
eram mestres em penetrar o sutil e profundo Tao.
Tinham tamanha profundidade, que não podemos descrevê-los.
Eram cautelosos, como aquele que vadeia um rio congelado.
Eram vigilantes, como aquele que está cercado por inimigos.
Eram corteses, como hóspedes respeitáveis.
Eram efêmeros, como o gelo que derrete.
Eram simples, como um bloco de madeira sem nenhum entalhe (*pu*).
Eram receptivos e amplos, como um vale.
Eram profundos, como a água em torvelinho.
Quem pode permanecer quieto e tranquilo enquanto o lodo se acomoda?
Quem pode permanecer calmo e tranquilo até que o momento de se mover surja?
Os seguidores do Tao não buscam excessos.
Como não buscam excessos,
podem envelhecer
e no entanto ser constantemente renovados.

O comentário

Recebemos aqui uma perfeita descrição dos antigos sábios ou seres autorrealizados. Depois de descrever as qualidades deles, Lao-Tzu nos oferece valiosos conselhos sobre meditação. Costuma ser apresentada a imagem da água enlameada para ilustrar nossa mente cotidiana. É apenas aquietando o corpo, a energia e os pensamentos que essa água enlameada se acomodará, com os elementos impuros descendo ao fundo e deixando a água pura e límpida à superfície. Esse é o estado mental capaz de perceber o Tao.

Sem buscar excessos, sem se esforçar demais, os sábios são capazes de envelhecer fisicamente, mas ter o espírito e a mente sempre renovados. É isso que os taoistas chamam de Eternamente Jovem, ou *qing chun chang zhu.*

A respiração é o portal de um mundo para outro, de nossa experiência de nós mesmos como seres físicos para a experiência de nós mesmos como seres energéticos e espirituais. Pense na respiração como uma porta que se abre e se fecha. Essa porta conduz a um mundo de maior relaxamento, discernimento e cura. Quando nos sentamos para meditar e limitamo-nos a respirar, pensamentos e sentimentos semelhantes a sedimentos se acomodam, possibilitando que nosso ser se torne límpido e puro, como um lago prístino.

Uma vez que isso aconteça, os processos de pensamento tornam-se nada mais que ilusões — e até mesmo armadilhas — que preparamos a nós mesmos. À medida que nosso ser se torna cada vez mais límpido e puro, podemos enfim enxergar e descobrir partes de nós cuja existência desconhecíamos.

A PRÁTICA Quietude e movimento

- Sente-se ou deite-se e desacelere a respiração até que ela se torne quase imperceptível.
- Observe como sua mente e seu coração se sentem, ou até mesmo parecem, como água enlameada. Essa água está repleta de impurezas provenientes de pensamentos autodestrutivos e obscurecida pela falta de consciência deles. É impossível enxergar através da água porque ela esta se revolve em um torvelinho de preocupações e retraimento.
- Mantenha-se sentado tranquilamente, ou sente-se, caso esteja deitado, e assista a isso, respirando lenta, profunda e delicadamente — sem forçar nem tentar fazer algo acontecer. Apenas respire. Limite-se a ficar sentado consigo mesmo em qualquer estado em que se encontre no momento.
- Quando tiver passado tempo suficiente na quietude, você saberá quando for a hora certa de se mexer. Sentirá que a prática da quietude está completa.

- Levante-se devagar e comece a se movimentar, seja praticando uma forma de *tai chi* ou *chi gong* ou executando alguma espécie de dança improvisada. Os movimentos são irrelevantes; o importante é reter o sentimento de profunda quietude em meio ao movimento. Permaneça em contato com essa sua parte tranquila de maneira a se permitir fluir como um curso d'água puro e límpido.
- Depois de algum tempo, permita que seus movimentos se tornem cada vez mais lentos, aquietando-se; volte a se sentar ou fique em pé, com os olhos fechados e o espírito leve.
- Sinta como o movimento e a quietude eram uma coisa só, e não duas.
- Imagine como a vida poderia desabrochar se você passasse pelos seus dias com esse sentimento de quietude dentro do movimento.
- Veja a si mesmo dedicando algum tempo em meio à atividade para vivenciar o movimento do *chi*, do espírito e do encanto enquanto ele circula pelo seu corpo e sua mente ao longo do dia.
- Vivencie a si mesmo como um ser *yin/yang* em perfeito equilíbrio, à vontade em seu corpo, em seu sistema energético e no mundo ao redor.

16º Passo

Deixa-te ficar vazio.
Habita a quietude.
Os dez mil seres crescem e florescem
enquanto o sábio observa o retorno deles.
Embora todos os seres existam em profusão
todos acabam voltando à origem.
Retornar à origem chama-se *tranquilidade*.
Chama-se *retornar à natureza original*.
A natureza original chama-se *constante renovação*.
Compreender a constante renovação chama-se *iluminação*.
Não compreender a constante renovação é atrair o desastre.
Conhecer o imutável é ser iluminado.
Abraçar a eternidade é ser todo abrangente
Ser todo abrangente conduz à nobreza de espírito.
Ser nobre de espírito é unir-se ao Céu.
Unir-se ao Céu conduz à união com o Tao.
Alcançar a união com o Tao conduz à imortalidade,
à destemida vida eterna.

O comentário

Ao permanecer na quietude, tanto de corpo quanto de mente, o praticante é capaz de observar o mundo ao redor sem se deixar envolver por ele. Ho Shang Kung afirma que este passo nos ensina "como retornar à raiz".*

---

* Eduard Erkes, *Ho-Shang-Kung's Commentary on Lao-Tse* (Zurique: Artibus Asiae Publishers, 1950), p. 37.

Como todas as coisas nascem apenas para retornar ao não ser, ou à origem, elas "retornam à raiz". Lao-Tzu chama esse retorno à Origem de "tranquilidade" (*jing*), já que *jing* também pode indicar paz ou harmonia. Esse estado descreve como as coisas retornam a sua natureza original para que possam vivenciar uma constante renovação. Tentar resistir a essa constante renovação apenas atrai o desastre. Ao mesmo tempo, o sábio se identifica com a raiz imutável do não ser, tornando-se desse modo um ser iluminado, um *zhenren*.

O objetivo daquele que se autoaperfeiçoa é vivenciar essa união com a Origem, ou o Tao, e tornar-se um só com a vida perene para alcançar a imortalidade. Essa reabsorção na forma perene da vida é o destino supremo (*ming*) de todos nós.

Este passo faz alusão à prática do *zuowang*, ou meditação da quietude, cujo objetivo é refinar nossos pensamentos. Outras definições de *zuowang* são "meditação no esquecimento", "meditação e esquecimento" e "jejum do coração-mente". Chuang Tzu oferece profundas instruções para esta prática:

> Você precisa deixar seu coração-mente em perfeita harmonia. Não ouça apenas com os ouvidos, mas também com o coração-mente. Não escute apenas com o coração-mente, mas também com seu espírito (*shen*). Ouvir detém os ouvidos, pensamentos e ideias detêm o coração-mente. Seu espírito, contudo, reside na quietude e é aberto e receptivo a todas as coisas. O verdadeiro conhecimento, ou Tao, reside na quietude e no vazio — para alcançar esse vazio é preciso usar o jejum do coração-mente.*

Zuowang é uma forma de meditação concentrada na qual se diz que o praticante alcança "a mente dentro da mente". Fazemos isso vendo e ouvindo com o espírito, o *shen*. Esse tipo de prática dá origem a múltiplas percepções. Libertamo-nos das armadilhas do mundo e empreendemos uma "perambulação sem rumo" por todo o cosmos.

Os novatos na prática da quietude não raro têm dois problemas: (1) excesso de pensamentos e (2) sentem-se letárgicos ou chegam até a pegar no sono.

---

* Solala Towler, *Chuang Tzu: The Inner Chapters* (Londres: Watkins Publishing, 2010), p. 74.

Se quiser se beneficiar da sua meditação, você precisa lidar com esses problemas. Medite quando sua energia estiver em estado de certo relaxamento, mas sem beirar a sonolência. Se começar a sentir sono durante a meditação, pode abrir os olhos ou juntar as palmas das mãos e friccioná-las e depois esfregar o rosto. Pratique meditação em movimento, como *tai chi* ou *chi gong*, antes de meditar. Isso fará com que sua energia se desacelere sem que você se sinta sonolento.

Durante a prática do *zuowang*, somos capazes de nos "esquecer" como um ser finito e, em vez disso, conectar-nos conosco como um ser infinito, com nosso "eu autêntico". Nosso eu interior emerge na luz do mundo exterior. Depois, conduzindo essa experiência e perspectiva para a vida cotidiana, libertamo-nos dos emaranhamentos da mente dualista que tendem a governar nosso mundo. Em vez disso, vivemos a vida em um estado que Chuang Tzu chama de "perambulação sem rumo".

A PRÁTICA   Meditação e esquecimento

- Assim como você fez em passos anteriores, conduza a intenção de sua mente para o *dantian* inferior. Essa é uma boa maneira de aquietar a mente, afastando o foco da cabeça e conduzindo-o para o abdômen. Ao prestar atenção ao ar que entra e sai da parte inferior do abdômen, que se expande a cada inalação e se contrai a cada exalação, você fornece à mente algo para fazer em vez de correr desenfreada, com excesso de pensamentos e pensamentos a respeito desses pensamentos. Contar as respirações até nove ou 36, mas não mais do que isso, também pode manter a mente concentrada.
- Preste bastante atenção à sua postura durante a meditação. Você precisa se sentar ereto, quer na beirada de uma cadeira ou em uma almofada. Quanto mais você encolhe o corpo, mais difícil se torna para o *chi* percorrê-lo. A cabeça deve pender ligeiramente para trás, de maneira que o crânio descanse sobre o alto do pescoço. A ponta da língua deverá tocar o céu da boca.

- Feche parcial ou completamente os olhos, pois dizem que os olhos são a abertura para o coração e o *shen*. Quando você desconecta os olhos do mundo exterior, torna-se muito mais fácil usar a visão interior para levar iluminação interna a seu ser.
- Sente-se em silêncio e na quietude, sem pensar muito e, no entanto, sem tentar se obrigar a não pensar. Permaneça com um espírito de leveza e estabilidade, com alegria no coração e paz na mente.
- Mantenha um estado de relaxamento interior e exterior — sem tentar realizar nada, apenas relaxado no momento presente.
- Faça isso durante pelo menos vinte minutos, acompanhando a respiração enquanto o ar entra e sai do corpo. Deixe que seu espírito (*shen*) se torne luz e que seu abdômen se torne flexível e receptivo.
- Ao terminar, junte as palmas das mãos e friccione-as 36 vezes. Depois, esfregue-as devagar no rosto, para cima e para baixo.
- Não entre de imediato no mundo da ação. Você se sentirá muito aberto e sensível durante algum tempo, por isso é melhor não se envolver logo com o mundo exterior. Seja delicado e receptivo consigo mesmo, e fique em paz.

As percepções e a experiência interior que receber com esse tipo de prática se modificarão com o tempo. Não se apresse nem fique desapontado se a prática não lhe proporcionar um número elevado de "efeitos especiais". Apenas pratique com persistência e regularidade, e começará a vivenciar seus frutos. Lembre-se de que você tem todo o tempo de que necessita.

17º Passo

O mestre mais elevado não é conhecido por outros.
O que o sucede tem seguidores que o amam e louvam.
O seguinte tem seguidores que o temem.
O mestre menos importante tem seguidores que o desprezam.
Aquele que não confia
será considerado indigno de confiança.
O mestre mais elevado age de maneira descontraída.
Ele escolhe as palavras com cuidado
e não as desperdiça.
Quando realiza coisas
seus seguidores pensam que foram eles que as realizaram.

O comentário

Há uma antiga tradição taoista que fala em ser invisível para o mundo. Isso faz parte de ser humilde e não desejar chamar a atenção para si mesmo. Lao-Tzu diz que os mestres de nível mais elevado usam o próprio exemplo — o modo como vivem e respondem aos desafios da vida — de maneira tão harmoniosa, que as pessoas não conseguem sequer perceber que estão ensinando.

Muitos grupos religiosos controlam os seguidores por meio do medo. As pessoas ficam com receio de ser punidas — de ir para o inferno, de reencarnar em um nível inferior, de vivenciar um karma ruim ou ter má sorte. Elas só vivem uma existência virtuosa a fim de escapar da punição e do sofrimento. Essa não é a verdadeira libertação espiritual.

Os mestres de nível mais elevado agem de maneira descontraída (*wu wei*), escolhem com cuidado as palavras e não passam muito tempo falando. Quando realizam coisas, organizam as circunstâncias de modo engenhoso, para que os discípulos pensem que foram eles que as realizaram, ou então dão a impressão de que as coisas aconteceram espontaneamente.

Qualquer um de nós pode se tornar um mestre. Não precisamos de treinamento especial nem do certificado de uma instituição de ensino superior para influenciar e ensinar os outros. Podemos também ser uma boa influência apenas pela maneira como vivemos: respondendo aos desafios, seguindo nossas práticas de autoaperfeiçoamento, sendo pacientes e amorosos.

Nesse mesmo espírito, todos os que encontramos ou aqueles com quem entramos em contato podem ser mestres para nós. Temos muito a aprender nesta jornada. Existem inúmeras oportunidades de crescer, experimentar, expandir, aprender algo novo ou relembrar alguma coisa que aprendemos há muito tempo, mas podemos ter esquecido. Todos nós precisamos de lembretes; todos precisamos praticar o que aprendemos, e sempre podemos aprender mais. Nossa jornada está repleta de professores, mas é preciso que estejamos receptivos e que os recebamos quando eles chegarem. Se estivermos tomados pelo ego, por opiniões e medo, nunca estaremos vazios o bastante para receber ensinamentos.

A PRÁTICA A entrega

Esta jornada interior nos oferece ilimitadas oportunidades de aprender, crescer e vivenciar a nós mesmos de maneiras novas e mais profundas. O 16º Passo apresentou o "esquecimento" cuidadoso e completo por meio da prática *zuowang*. O que estamos "esquecendo" na verdade? O ego dualista e inflado, os medos que nos detêm, os julgamentos que nos fazem ser impacientes com os outros, os desapontamentos que nos impedem de tentar de novo, e as críticas que nos fazemos e que prejudicam ou enfraquecem nosso *chi* ou força vital.

Outra maneira de encarar essa entrega é como uma libertação. O que faremos nesta prática é nos libertar de todos os pensamentos, ideias e opiniões a respeito do que achamos que precisamos. Praticaremos a libertação como forma de suavizar o coração e abrir a mente. Desse modo, alcançaremos um estado de completa receptividade e relaxamento, o que, por sua vez, permitirá que a graça e a sabedoria dos antigos mestres penetrem nosso coração-mente.

- Sente-se tranquilamente e sem fazer nenhum movimento a não ser a lenta expansão e contração da parte inferior do abdômen, enquanto respira lenta e profundamente pelo nariz.
- Liberte-se de todas as preocupações, cuidados, medos, empolgações, planos e devaneios.
- Liberte-se da necessidade de alcançar algum tipo de existência em um plano superior.
- Liberte-se de sua ideia a respeito do que seria uma pessoa espiritualizada.
- Liberte-se da necessidade de receber aprovação de esferas superiores.
- Liberte-se do desejo de se tornar iluminado ou alcançar o Tao.
- Liberte-se da necessidade de estar certo.
- Liberte-se do desejo de se tornar sábio.
- Liberte-se de suas ideias a respeito do que seria um sábio.
- Eis a prática: meditar e libertar-se; meditar em relaxamento silencioso e atento; esquecer o que quer que precise ser esquecido. Este é o objetivo da jornada. Esta é a lição e a recompensa, o desafio e o ponto ideal da entrega. Mantenha-se o maior tempo possível neste lugar.
- Em seguida, esquecendo o que não é importante, lembre-se do que é importante. Preste atenção a seus mestres, quer os conheça ou não, quer eles tenham ficado em sua vida durante muitos anos ou aparecido apenas por um momento.
- Agradeça por tudo o que tem e por tudo o que terá. Agradeça pelos desafios e também pelas bênçãos. Lembre-se: *a graça acompanha a gratidão.*

18º Passo

> Quando o grande Tao é abandonado
> a *benevolência* (*ren*)
> e a *virtuosidade* (*yi*) aparecem.
> O intelecto e a inteligência então governam
> e surge uma grande hipocrisia.
> Quando a família deixa de estar em harmonia
> surgem a devoção e o dever filial.
> Quando reina a confusão no país
> surgem os problemas.
> Aparecem então os ministros leais.

O comentário

Quando o conhecimento do grande Tao é abandonado ou se perde, ele é substituído por qualidades como *benevolência* e *virtuosidade*. Esses termos são muito usados por Confúcio, contemporâneo de Lao-Tzu. Era muito importante para os confucianos que todos conhecessem seu lugar na sociedade e permanecessem nele. O termo *yi*, que significa "etiqueta social adequada" ou "comportamento adequado", é muito utilizado nos ensinamentos confucianos. Confúcio também acreditava bastante no estudo de rituais e livros. No entanto, Lao-Tzu afirma que a mais elevada forma de conhecimento não é encontrada nessas coisas.

Lao-Tzu também confronta os conceitos de devoção e dever filial, dizendo que é apenas quando a família deixa de estar em harmonia natural que o esforço para satisfazer esses ideais se torna importante. Do mesmo modo, quando o país perde sua harmonia natural, ele é assolado por políticos corruptos — os supostos ministros leais.

Chuang Tzu declara: "Tanto a vida quanto a mente são limitadas. Tentar compreender o que é ilimitado com o limitado é algo tolo e perigoso".* Este passo nos incentiva a vivenciar nosso eu ilimitado.

A PRÁTICA Vivência do eu ilimitado

Como podemos usar nossa inteligência inata e natural, em vez do intelecto adquirido, para guiar nossa vida? Como podemos voar alto como dragões em vez de ser o gado terreno? Como podemos ir além do "intelecto e da inteligência"? As práticas taoistas como meditação e *chi gong* podem nos ajudar com isso. Elas podem nos ensinar a lidar com nosso corpo e campos de energia de forma sólida e fundamentada. Estudar Lao-Tzu e Chuang Tzu nos ajudará a usar a mente de novas maneiras.

Eis algumas máximas a ser contempladas. Leia cada uma delas várias vezes, até que comecem a se cristalizar em sua mente. Limite-se a permitir que seus pensamentos assimilem as máximas, absorvendo-as com naturalidade, sem forçar nem controlar nada.

- Você não pode entender de verdade o ilimitado com o que é limitado.
- Abandone a esperança de compreender a totalidade do Tao com a mente.
- Considere como você vivencia a existência ilimitada quando se abre para o Tao infinito e em eterna transformação por meio da meditação, da prática do movimento e do estudo.
- Considere abandonar sua "história" e aceitar maneiras de abordar a vida com base em um novo ângulo, um novo processo, um novo modo de ser.

---

* Solala Towler, *Chuang Tzu: The Inner Chapters* (Londres: Watkins Publishing, 2010), p. 60.

- Observe como você cria um sólido alicerce, no qual pode se basear infinitamente, quando se abre a um novo conhecimento, uma nova experiência e novas ideias.
- Olhe para sua vida com novos olhos, de um ângulo diferente, pronto para receber conhecimento e sabedoria dos antigos mestres do Tao.
- Imagine-se em sua jornada avistando paisagens e maravilhas que talvez você não compreenda.
- Desista de tentar entender sua experiência com a mente intelectual e limitada, e sinta como é voar bem alto, como um dragão, em meio a nuvens ondulantes.

19º Passo

Abandona a sabedoria,
renuncia ao conhecimento intelectual,
e as pessoas ficarão em uma situação muito melhor.
Abandona a "benevolência",
Rejeita a "virtuosidade",
e as pessoas retornarão naturalmente
à devoção filial e à compaixão.
Desiste da inteligência e descarta o egoísmo
e não haverá bandidos nem ladrões.
No entanto, essas três coisas são consideradas
apenas coisas externas.
Não são suficientes.
Aceita este conselho:
conhece a modéstia e abraça a simplicidade
reduz o teu senso do eu
e atenua teus desejos.
Desiste do aprendizado intelectual
e não terás preocupações.

O comentário

Lao-Tzu nos aconselha a abandonar a ilusão de que sabemos algo a respeito do que é se tornar, ou ser, um sábio. Muitas pessoas falam sobre a iluminação, mas poucas sabem o que ela significa de verdade. Os taoistas usam a palavra *xianren* para descrevê-la, que significa "imortal" ou "transcendente". Mas não há consenso a respeito do que esse termo significa com exatidão. Chuang Tzu oferece certa compreensão por meio da descrição desse tipo de pessoa:

Nas longínquas montanhas de Ku vive uma mulher santa cuja pele é tão branca quanto a neve e cuja delicadeza é como a de uma criança. Ela não come os cinco grãos, vivendo de ar e orvalho. Ela voa pelo ar em uma carruagem feita de nuvens, puxada por dragões, e perambula nos quatro mares por onde tem vontade. Seu espírito possui tal concentração, que ela tem incríveis poderes de cura e pode ajudar as pessoas a produzir uma abundante colheita. Vaga ao redor do mundo dos dez mil seres e reúne todos em unidade. Ela está além da discórdia e da confusão do mundo, não tendo necessidade de interagir com ele.*

Ler esta descrição aparentemente fantástica nos faz suspeitar que jamais poderemos atingir um nível tão elevado de existência. Mas a realidade é que não temos de fazer isso — na verdade, precisamos abandonar a meta. Tudo o que necessitamos fazer é seguir os três últimos preceitos que Lao-Tzu delineia mais adiante neste passo.

Primeiro, ele nos diz para abandonar a sabedoria adquirida, ou o conhecimento de fonte indireta reunido em livros. Esse fio se estende por todo o *Tao-Te King*. Ho Shang Kung desenvolve esse ponto vital quando diz: "Jogue fora a sabedoria e a sagacidade e retorne à não ação. Observe a simplicidade e atenha-se à vida natural".**

Lao-Tzu acredita com fervor em ensinar e liderar pelo exemplo, uma influência por meio da qual as pessoas *naturalmente* superarão o engano de priorizar a inteligência e o egoísmo para se tornar compassivas. Assim, elas se tornam de tal modo inspiradas que não poderá haver bandidos entre elas.

Os preceitos ou as condições interiores para tal realização são conhecer a modéstia e abraçar a simplicidade (*pu*), reduzir o senso do eu (tornando-nos assim menos egoístas e menos arrogantes) e atenuar nossos desejos (até mesmo o desejo de ser um sábio ou de alcançar a imortalidade). O 37º Passo oferece mais informações sobre o conceito de *pu*, ou de abraçar a simplicidade.

---

* Solala Towler, *Chuang Tzu: The Inner Chapters* (Londres: Watkins Publishing, 2010), p. 9.
** Eduard Erkes, *Ho-Shang-Kung's Commentary on Lao-Tse* (Zurique: Artibus Asiae Publishers, 1950), p. 41.

Nenhuma dessas coisas pode ser aprendida por meio de uma fonte indireta; sendo mais exato, elas precisam ser vivenciadas com o próprio ser. O conhecimento dos livros ou da cabeça é muito diferente do conhecimento do coração ou da barriga, ou a verdadeira sabedoria. Ao desistir do aprendizado intelectual e, em vez disso, buscar a verdadeira sabedoria por meio da aplicação adequada de *wu wei*, aprenderemos o que é verdadeiramente proveitoso. É apenas abrindo a mente para o entendimento do conhecimento simples e profundo do Tao que alcançaremos algo próximo da imortalidade.

A PRÁTICA   Conhecimento da cabeça *versus* conhecimento da barriga

Há um tipo mais profundo de sabedoria do que o conhecimento da cabeça. Esse tipo de conhecimento mais profundo é chamado "conhecimento da barriga" porque não é compreendido com a mente — em vez disso, é compreendido com o *dantian*. Quando você vive com base no *dantian*, sua experiência é muito diferente do que quando você vive com base na mente. Você pode confiar na conexão energética com o *dantian* que estabeleceu e expandiu nos passos precedentes. Fazer isso pode parecer estranho a princípio, mas, com prática, tempo e esforço sem esforço, o processo se tornará tão natural quanto respirar. Nesta prática, você primeiro define a intenção de explorar e experimentar.

Sempre que ler as sábias palavras de Lao-Tzu, não tente entendê-las com a mente; em vez disso, deixe que deslizem para seu *dantian* inferior. Sinta-as pré-verbais, instintivamente em suas entranhas. É importante sair da mente e entrar na barriga. Somente então grande parte do que Lao-Tzu e Chuang Tzu discutem aqui fará sentido em sua vida. Talvez, ao fazê-lo, você tenha uma ideia diferente do significado das palavras.

Essa jornada em direção à totalidade, a um entendimento mais profundo de si mesmo e do seu lugar no Tao, está repleta de espaços, experiências e lições inesperados. Como ela está cheia de surpresas, você precisa manter o coração-mente em receptividade. Lembre-se apenas de abraçar a simplicidade e a naturalidade, atenuar a arrogância e reduzir o desejo de reconhecimento.

Assim, você será capaz, como diz Chuang Tzu, de "vagar pelos cantos do mundo dos dez mil seres e reuni-los todos em unidade".*

---

* Solala Towler, *Chuang Tzu: The Inner Chapters,* p. 9.

20º Passo

Desiste do aprendizado intelectual
e não terás preocupações.
Concordância e discordância
são realmente tão diferentes?
O bem e o mal
estão realmente tão separados?
O que os outros temem, também preciso temer?
Esse contrassenso é interminável!
Outras pessoas estão felizes
como se estivessem em uma grande festa.
Na primavera, vão com alegria aos morros
para ver a paisagem.
Apenas eu permaneço tranquilo e impassível
como um bebê que não sabe rir.
Estou exausto, sem ter um lar para onde retornar.
Outras pessoas têm muito
enquanto não possuo nada.
Pareço um tolo.
Outras pessoas têm clareza
enquanto estou confuso.
Outras pessoas são inteligentes
enquanto pareço obtuso.
Sinto-me perdido no mar
lançado de um lado a outro em meio aos ventos de uma tempestade.
Todas as outras pessoas têm coisas para fazer
enquanto pareço parvo e estúpido.
No entanto, sou diferente dos outros
porque sou nutrido pela Grande Mãe.

O comentário

O 20º Passo é um grande passo. É nele que deixamos para trás o mundo do conhecimento dos livros e do lado esquerdo do cérebro. É agora que começamos a dar os primeiros passos no mundo do Tao experiencial. É aqui que somos marcados, tal como Lao-Tzu, como "diferentes dos outros". Hua--Ching Ni diz:

> Antes que um ser humano entre no plano físico para se tornar individualizado, ele reside no útero cósmico da natureza. Em alguns aspectos, isso é como a experiência de ser um feto no útero da mãe física. Embora encerrado no útero de sua mãe, você era uno com ela; o que quer que sua mãe vivenciasse, você também vivenciava. No processo do nascimento, você se separou dela. A comunicação direta com ela foi cortada. Do mesmo modo, antes de nascer neste plano, éramos unos com a natureza e, portanto, com a lei universal. Depois de nascer no plano físico, precisamos redescobrir a lei universal e restaurar nossa capacidade espiritual inata. Ao fazê-lo, restabelecemos a conexão direta com a natureza, a mãe cósmica do universo.*

Isso significa que Lao-Tzu se alimenta da fonte de toda a vida, ao passo que os outros, as pessoas do mundo, alimentam-se de ilusões. Ele está ligado ao *yin* primordial, que não tem início nem fim, enquanto os demais esgotam seu *yang* ao perseguir fantasmas, ao pensar o tempo todo que acumulam coisas boas e importantes da vida.

Os estudantes do taoismo também são diferentes uns dos outros. Espera--se que tenham as próprias ideias e abordagens. Embora haja muitos caminhos para o Tao, no final, todos conduzem ao mesmo lugar — a imersão e conexão com a Origem divina de tudo: o Tao. Muitos viajantes do caminho do Tao adorariam fazer parte de alguma organização taoista ou viajar para algum centro de retiro taoista, **mas esses locais são escassos porque a maioria**

---

* Hua-Ching Ni, *Tao: The Subtle Universal Law and the Integral Way of Life* (Santa Monica, CA: Tao of Wellness, 1979), p. 31.

das pessoas atraídas para esse caminho tem um perfil bastante individualizado e não costuma aderir a nada, sendo quase impossível ordená-las.

Sempre foi assim. Os taoistas são um grupo de individualistas que pensam e agem com liberdade. São artistas, poetas, músicos, eremitas, agentes de cura e adivinhos. Na China, eles costumavam viajar de templo em templo, de mestre em mestre, de montanha em montanha; são chamados "viajantes das nuvens".

Até mesmo dentro de templos taoistas, diferentes pessoas se dedicam a estudos distintos. Alguém pode ser atraído pelas artes marciais, pelo *tai chi* ou *chi gong*, ao passo que outros praticam meditação de nível bastante profundo. Algumas pessoas passam várias horas por dia estudando textos antigos, enquanto outras se tornam agentes de cura. Claro que também são necessárias pessoas para cozinhar, limpar e administrar o templo.

À medida que empreendemos essa jornada em direção à unidade, precisamos estar preparados para lidar com pessoas no que os taoistas chamam de "mundo de poeira", que podem não compreender o que fazemos nem aonde estamos indo. Elas podem pensar até que vivemos em ilusão e não estamos indo a lugar nenhum. O importante é permanecer humildes e continuar no caminho, mesmo que ele seja um caminho sem caminhos. A jornada do Tao não é para o diletante nem para alguém que esteja procurando o menor preço no supermercado espiritual. Precisamos enterrar bem fundo nossas raízes antes de poder começar a espalhá-las amplamente. Os chineses dizem que, ao procurar água, é melhor cavar um buraco bem fundo do que vários buracos superficiais. Essa é uma jornada que precisamos empreender passo a passo, mesmo que um passo seja muito maior que o outro.

A PRÁTICA Meditação da Grande Mãe

Esta meditação pode nos ajudar a nos conectar com a Grande Mãe.

- Sente-se ou deite-se e inicie uma respiração lenta e profunda, sentindo o *dantian*. Não tente fazer nada acontecer. Não tente sentir nada especial. Não tente ver nada especial.

- Sinta que seu umbigo, situado logo acima do *dantian* inferior, está conectado de modo muito real e energético à Grande Mãe de todos nós. Sinta um cordão umbilical energético conectando-o à sua Origem.
- Permita-se começar a sentir um fluxo de energia entre você e sua mãe original, o que Hua-Ching Ni chama de "útero cósmico da natureza". Perceba o seguinte: o que essa mãe sente e vivencia, você também sente e vivencia.
- Extraia um profundo amparo dessa conexão. À medida que você vivencia esse estado de ser um bebê no útero da Grande Mãe, sinta como é bem alimentado por ela. Recorra à sua força e complete-se com o poder dela.
- Saiba que você está sempre ligado a ela, quer esteja ou não consciente disso. Saiba que, na condição de filho ou filha da Grande Mãe, você é sempre e eternamente cuidado e amado por ela.
- Sinta como a sabedoria dela o orienta e protege. Não tenha medo de ser diferente do grupo. Não tenha medo de parecer tolo perante os outros por não correr atrás das coisas que o restante do mundo persegue. Não tenha medo de se sentir perdido nem lançado de um lado para o outro ao vento de tempos em tempos.
- Você pode sempre lembrar a si mesmo de se reconectar à Mãe a qualquer momento. Ela está sempre presente para você.
- Quando sentir que chegou ao fim, encerre a meditação como de costume, juntando as mãos e friccionando-as 36 vezes e depois esfregando-as no rosto.

Você pode retornar a essa meditação sempre que sentir necessidade de se conectar com a Grande Mãe. Mas lembre-se de que está sempre com ela, a Origem de toda a existência, o Tao.

21º Passo

O maior poder resulta do Tao.
O Tao parece vago e esquivo,
vago e esquivo, ainda que exista uma forma,
vago e esquivo ainda que haja substância,
obscuro e sombrio ainda que haja essência.
Essa essência é real,
dentro dela há verdade.
Dos tempos antigos até agora
seu nome não mudou.
Nós o usamos para observar a origem de todos os seres.
Como sabemos que a origem de todos os seres é esta?
Por meio do conhecimento interior.

O comentário

Embora o Tao seja vago e esquivo, obscuro e sombrio, ele também tem forma e substância. Além disso, o Tao contém uma força vital básica, que podemos alcançar por meio da prática do autoaperfeiçoamento. Ho Shang Kung descreve a pessoa de *Te*, ou poder espiritual, da seguinte maneira: "Os homens de grande *Te* são capazes de suportar qualquer coisa. São capazes de aceitar a sujeira e a poeira e viver em humilde isolamento".* Ser uma pessoa de *Te* significa ser um sábio. Por seguir o Tao em todas as circunstâncias, ele é preenchido pela força vital (*jing*) do Tao. Sempre foi dessa maneira. Como sabemos que isso é verdade? Por meio do conhecimento interior.

---

* Eduard Erkes, *Ho-Shang-Kung's Commentary on Lao-Tse* (Zurique: Artibus Asiae Publishers, 1950), p. 46.

Há um poder que vem do Tao. Esse poder pode chegar a qualquer pessoa que siga o caminho. É um poder espiritual que nos confere todo tipo de coisa, como conhecimento interior ou intuição, o sentimento de estar conectado à Origem, a capacidade de tomar decisões de maneira simples e clara, a capacidade de viver de um modo natural (*pu*).

Quando vivenciamos essa profunda conexão com o ilimitado, o mundo do limitado passa a nos controlar menos. No 18º Passo, Chuang Tzu nos advertiu contra tentar entender o ilimitado por meio do limitado (nossa mente); no entanto, podemos *vivenciá-lo* em nosso ser interior. Não se trata, contudo, de alguma espécie de princípio ou ideia intelectual; para ser mais exato, a experiência do ilimitado é algo que podemos usar para viver de maneira completa e natural.

A PRÁTICA Conhecimento interior

Como podemos vivenciar esse conhecimento interior? Por meio da prática da quietude, de práticas energéticas, e aplicando a sabedoria dos antigos mestres a todos os âmbitos da vida. Como Lao-Tzu afirma repetidas vezes, se examinarmos o Tao e as práticas de aperfeiçoamento taoistas do ponto de vista intelectual, não chegaremos a lugar nenhum. Em vez disso, precisamos começar a aplicar a nossa vida como um todo às coisas que aprendemos e que vemos e vivenciamos em nossa prática.

A prática neste passo é escolher uma das práticas dos passos anteriores e expandi-la. Vivenciá-la com mais profundidade. Prestar atenção de uma nova maneira enquanto a estiver fazendo, com a intenção de aplicá-la à vida como um todo.

Por meio desse aprofundamento, você aprenderá a tomar decisões de uma posição de profundo conhecimento. Suas emoções ficarão equilibradas, e você não será prisioneiro de estados emocionais em constante transformação. Seu raciocínio se tornará mais claro à medida que seu coração-mente também se equilibrar. Você será capaz de tomar decisões a respeito de cada faceta de sua vida dessa posição de profundo conhecimento.

22º Passo

Quem cede se torna inteiro.
Quem se curva se torna reto.
Quem se esvazia se torna pleno.
Quem envelhece, rejuvenesce.
Quem tem pouco recebe muito.
Quem possui muito fica confuso.
O sábio abraça a unidade
e se torna um modelo
para tudo que está sob o Céu.
Ele não é agressivo
por isso é capaz de alcançar a grandeza.
Não se vangloria
por isso é por todos reconhecido.
Não discute com ninguém
por isso ninguém discute com ele.
Os antigos diziam: "Quem cede se torna inteiro".
Seria essa uma afirmação vazia?
Torna-te inteiro e serás restituído ao Tao.

O comentário

As seis primeiras linhas deste passo são muito estranhas para o pensamento convencional. Quem cede sai vencedor? Quem se curva se torna reto? Como podemos lidar com esses dois opostos? Como podemos *ser* essas duas coisas? No entanto, se seguirmos os métodos e os ensinamentos do Tao, isso será algo não só possível como verdadeiro — aprenderemos a ser flexíveis e ao mesmo tempo fortes, humildes e realizados, envelhecer e parecer mais jovens, ter poucas posses e ser felizes com o que temos. Somente o conhecimento da barriga ou o conhecimento interior que cultivamos nos passos anteriores nos mostrará como resolver esse dilema e superar esses paradoxos. O fato de ficarmos imobilizados significa que ainda estamos nos valendo do intelecto e precisamos praticar mais. Em vez de usar o intelecto, temos de sentir nosso caminho em direção ao significado.

O sábio "abraça a Unidade", que é o Tao, e se torna um exemplo para outros que possam estar enredados no suposto mundo real. Quando não nos vangloriamos, somos humildes e não brigamos com os outros, descobrimos que temos todo o apoio de que precisamos do mundo espiritual.

Ao assumir a posição *yin* ou passiva na vida, tornamo-nos inteiros — restituídos à Origem de tudo, o Tao. A linha principal deste passo: "Quem cede se torna inteiro", também aparece mais para o fim. É ao nos harmonizarmos com o princípio do grande *yin* (*tai yin*) que somos capazes de explorar a grande corrente que anima toda a vida. Ceder não significa renunciar, tampouco entregar os pontos. Não significa desistir. Lao-Tzu está nos dizendo que devemos nos tornar acessíveis, deixar que o fluxo do *chi* no universo circule pelo nosso corpo e pela nossa mente. Significa que devemos abrir mão de todos os aspectos da personalidade e de estilo de vida que nos impedem de nos conectar com o fluxo cósmico. Assim, abandonamos opiniões e prejulgamentos a respeito dos outros e de nós mesmos, capitulando para aquietar a mente.

Eis uma prática que pode ser útil neste caso. Trata-se de uma maneira poderosa de nos conectar tanto com o *chi* Terreno quanto com o *chi* Celestial, e pode funcionar como um fator de harmonização para todo o corpo.

A PRÁTICA Postura da árvore

Esta prática fortalece a energia dos rins, na região lombar. Também energiza todo o corpo, se não exagerarmos.

A princípio, será difícil manter essa postura durante muito tempo, mas, com a continuidade da prática, você será capaz de mantê-la por um longo período. Comece com três minutos e vá aumentando aos poucos o tempo até vinte minutos, se possível. Se suas pernas começarem a tremer, significa que elas, ou o sistema do *chi*, não estão fortes. Mas continue por mais alguns instantes antes de parar. Você também poderá sentir várias contrações ou tremores em outras partes do corpo. De modo geral, significa que seu sistema do *chi* está se ajustando. Você pode controlar esses movimentos involuntários ou deixar que se manifestem, se se sentir à vontade com isso. Seu corpo do *chi*, assim como músculos e tendões, precisa se ajustar às mudanças, e essa prática vai lhe possibilitar isso.

- Fique em pé com os pés afastados por uma distância equivalente à largura dos ombros. Se tiver dor nas costas ou nos joelhos, pode realizar esta prática sentado na beirada de uma cadeira.
- Enterre suas raízes profundamente na Terra, de maneira a se erguer como uma árvore, aberto para o céu.
- Flexione ligeiramente os joelhos enquanto contrai a pélvis, como se estivesse sentado em um banco alto.
- Levante os braços diante de você, na altura do *dantian* inferior, como se abraçasse uma árvore.
- Os dedos das mãos devem apontar uns para os outros.
- Os cotovelos devem ficar levemente erguidos, como se você segurasse um ovo em cada axila.
- Sinta seu *bai hui*, no topo da cabeça, sendo puxado ligeiramente para cima, como se você estivesse sendo suspenso por um fio dourado.
- Relaxe os ombros. Respire lenta e profundamente, sentindo o *dantian* inferior.
- Coloque a ponta da língua no céu da boca e abra um leve sorriso.
- Relaxe todo o seu ser e expanda a consciência para o mundo ao redor. Olhe para a frente com um foco indistinto.
- Conduza o *chi yin* de cura que está embaixo, na Terra, para o *dantian* inferior.
- Conduza o *chi yang* Celestial estrelado ao longo do *bai hui*, em direção ao *dantian* inferior. Sinta esse esplêndido *chi yin* e *yang* se mesclando na parte inferior do abdômen. Imagine que ele circula unido como em um símbolo de *yin/yang* (*taiji*). Permaneça com esse sentimento durante o tempo que pretender se dedicar a essa prática.

- Para encerrar a prática, deixe os braços penderem ligeiramente ao longo do corpo e as pernas retas. Você também pode sacudir um pouco os braços e as pernas.

Ao realizar esta prática, permita-se se abrir de fato e receber a energia de cura, bem como a orientação e a sabedoria da Terra, do céu e das estrelas.

23º Passo

Falar pouco é natural.
Os ventos fortes não duram a manhã inteira.
A chuva repentina não dura o dia inteiro.
Quem os produz?
O Céu e a Terra.
Se nem o Céu nem a Terra
podem fazer essas coisas durarem para sempre,
muito menos podem nossas criações durar para sempre.
Aqueles que seguem o Tao
estão unidos ao Tao.
Aqueles que seguem a virtude (*Tê*)
unem-se à virtude.
Essa pessoa, ao experimentar a perda,
une-se à perda.
O Tao se estende em direção
àqueles que estão unidos ao Tao.
O Tao se estende em direção
àqueles que estão unidos à virtude.
O Tao se estende em direção
àqueles que estão unidos à perda.
Aquele que não confia
será indigno de confiança

O comentário

Uma vez mais, somos aconselhados a não despender muita energia falando e a aceitar o silêncio. Uma grande tempestade, com ventos fortes, não dura o dia inteiro. A fonte de todas essas ocorrências naturais são o Céu e a Terra, a interação entre *yang* e *yin*, ao mesmo tempo ativa e em repouso. Assim como o Céu e a Terra não podem criar coisas que durem para sempre, nós também não podemos. Nossas maiores criações serão um dia esquecidas; se não por nós, pelos outros.

Quando nos identificamos com o que é duradouro, vivenciamos a união com o Tao. Ao cultivar a virtude, ou *Te*, vivenciamos a união com a virtude. E, ao deixar de lutar contra a perda, unimo-nos a ela e deixamos de sofrer. Além disso, se nos identificarmos com o Tao, descobriremos que o mundo espiritual se estende em nossa direção. Ho Shang Kung diz o seguinte: "As coisas do mesmo tipo se voltam umas para as outras; os sons harmoniosos correspondem uns aos outros. As nuvens seguem os dragões, os ventos seguem o tigre. A água avança para a umidade, o fogo se aproxima da aridez".*

Se tivermos virtude, a virtude se estenderá em nossa direção. Se estivermos unidos à perda, a perda será menor. Se estivermos unidos ao Tao, o próprio Tao se estenderá em nossa direção. Mas, se não confiarmos nos outros, no mundo ou em nossa experiência, não seremos dignos de confiança. Se tivermos confiança, afirma Lao-Tzu, ela se estenderá em nossa direção.

A confiança é um grande problema para muitos de nós, não raro por causa de experiências anteriores, sofrimentos pelos quais passamos e ocasiões em que confiamos e fomos traídos. É difícil manter um sentimento de confiança depois de o mundo nos ter desapontado inúmeras vezes. Porém, tal como acontece com várias outras coisas, essa é uma questão de perspectiva. Com o tempo, aquilo que um dia nos causou um profundo sofrimento, como se o mundo tivesse acabado, torna-se mais claro e facilmente compreendido como algo que nós mesmos forjamos. O fato de que efetivamente nos predispusemos à dor e à tristeza pode parecer loucura, mas a dor e a tristeza, se usadas do modo correto, podem ser um grande catalisador para a mudança, o crescimento e a evolução — tanto espiritual quanto emocional. Uma vez que presenciemos isso em nossa vida, compreendemos que podemos confiar no Tao em eterna expansão, tanto em nossa vida quanto na do mundo que nos rodeia.

---

* Eduard Erkes, *Ho-Shang-Kung's Commentary on Lao-Tse* (Zurique: Artibus Asiae Publishers, 1950), p. 51.

Como atraímos uma quantidade maior daquilo que emitimos, é *imprescindível* que trabalhemos os estados emocionais. Para os taoistas, as emoções são estados energéticos que têm origem nos cinco órgãos principais — fígado, coração, baço, pulmões e rins —, cada um deles associado a uma direção geográfica, um elemento natural e emoções positivas e negativas específicas. Tudo isso faz parte da teoria das Cinco Fases de Transformação (*wu xing*), também conhecida como teoria dos Cinco Elementos.

Uma maneira pela qual podemos fortalecer os órgãos é através dos Seis Sons de Cura, uma prática energética muito antiga que usa sons ou vibrações para atingir cada sistema de órgãos de modo positivo e curativo. Os sons podem equilibrar e desintoxicar, assim como fortalecer, cada um dos nossos órgãos, o que tem também o significativo efeito de equilibrar nossas emoções.

A PRÁTICA Os seis sons de cura

Esses sons podem ser emitidos em voz alta ou até mesmo de forma subvocal. A vibração no corpo é a parte mais importante. Pronuncie cada som pelo menos nove vezes, de maneira lenta e profunda. Você pode fechar os olhos e imaginar cada som se deslocando até seu órgão; também pode colocar as mãos sobre ele.

- Consta que o primeiro som de cura, XU, acalma o *chi* do fígado; pronuncia-se esse som juntando os lábios e emitindo o som *xiuuuuuu*. Você pode imaginar a cor verde enquanto o estiver emitindo. Isso o ajudará se tiver a sensação de estar imobilizado em suas emoções ou na vida.
- Consta que HE complementa o *chi* do coração. Ele soa como o *he* na palavra inglesa *her* (mais ou menos como o "ra" na palavra em português *ramo*). A cor a ser visualizada neste caso é o vermelho. Isso acalmará o fogo do coração e produzirá uma sensação de tranquilidade.
- HU destina-se a fortalecer a energia do baço. Esse som é pronunciado como *ruuuuuuuu*. A cor a ser visualizada neste caso é o amarelo. Assim, se favorece a digestão e promove-se uma sensação de estabilidade.

- Consta que SI desobstrui o *chi* dos pulmões. O som é pronunciado como *sssssss*. A cor a ser visualizada é o branco. Ele é benéfico em questões de pesar e tristeza.
- Consta que CHUI reforça o *chi* dos rins. O som é pronunciado como *tchuuuuiiii*. A cor a ser visualizada é o preto ou o azul-escuro. Benéfico na presença de sentimentos de medo ou pânico.
- O último som é XI, pronunciado como *xiiiiiiii*. Ele ajuda a regular o Triplo-aquecedor, que na verdade não é um órgão; para ser mais exato, ele está relacionado ao equilíbrio de todo o sistema de órgãos.

Emita cada som bem devagar e sinta de fato cada um deles fazendo vibrar o órgão que lhe está associado, levando uma sensação de profundo bem-estar a cada parte do corpo.

24º Passo

> Quem se ergue na ponta dos pés
> não consegue se equilibrar.
> Quem dá um passo longo demais
> não consegue ir longe.
> Quem aprecia se exibir
> não é iluminado.
> Quem é excessivamente agressivo
> não realizará nada notável.
> Quem se vangloria demais
> não perdurará.
> Aqueles que seguem o Tao chamam essas coisas
> de consumo excessivo e atividade inútil.
> Os seguidores do Tao as evitam.

O comentário

Se nos permitirmos cair nas armadilhas descritas neste passo, nunca realizaremos nada duradouro. Ao tentar destacar-nos da multidão ficando na ponta dos pés, perderemos o equilíbrio. Ao tentar ficar na frente dos outros caminhando rápido ou a passos muito largos, ficaremos esgotados. Quando nos vangloriamos de nossas realizações, em particular na vida espiritual, estamos na verdade bem longe da sabedoria. É como comer demais, beber demais, reter demais. Esses comportamentos desperdiçam nosso *chi* e potencial espiritual. Os seguidores do Tao encaram essas atitudes com desprezo e aprendem a evitá-las.

É proveitoso examinar nossa vida e verificar quando estamos absorvidos em atividades inúteis, como assistir à televisão, navegar na internet em celulares e computadores, ou envolvidos em ciclos emocionais automáticos. Essas atividades, bem como as pessoas associadas a elas, podem exaurir nossa energia.

À medida que praticamos o autoaperfeiçoamento, podemos descobrir que não temos mais a mesma perspectiva com relação à vida que algumas pessoas as quais fazem parte de nossa existência. Talvez seja preciso abandonar algumas amizades e reavaliar a dinâmica dentro de nossa família. Quando alguém atrapalha nossa prática, temos que nos afastar de maneira delicada e compassiva. Precisamos de todo o foco e determinação para completar com sucesso esta jornada. Podemos até mesmo nos tornar uma pessoa bem diferente ao longo do caminho.

A PRÁTICA Libertação interior

A entrega torna mais leve a carga energética, possibilitando que nosso ser fique mais leve. Isso, por sua vez, permite uma comunicação mais suave e profunda com nossa natureza espiritual mais elevada.

- Relacione em um diário as atividades, pessoas ou até mesmo alimentos que atrapalham seu progresso. Escreva por que eles são um entrave ao seu progresso. Se fizer essa observação antes, será mais fácil desistir deles.
- Abandonar a negatividade em sua vida lhe concederá muito mais "espaço para respirar". Na realidade, você pode usar a exalação para praticar a entrega. Mantenha em mente um dos itens de sua lista enquanto solta o ar devagar pelo nariz. Sinta os antigos padrões de negatividade ou de energia estagnada deixando seu corpo com a exalação, emergindo como fumaça negra.
- Quando chegar a hora de agir, faça-o com delicadeza, minimizando os conflitos emocionais enquanto percorre esse caminho de aperfeiçoamento e força interiores.

25º Passo

Algo se formou no caos (*hun dun*),
antes que houvesse o Céu e a Terra,
jazendo no vazio silencioso e tranquilo.
Ele continua sozinho e imutável.
Permeia todos os lugares
sem se esgotar.
É a mãe do Céu e da Terra.
Não sei seu nome
e por isso o chamo de "Tao".
Por falta de uma palavra melhor
eu o chamo de "grande".
Por ser grande, ele é poderoso.
Ele é poderoso
mas retorna à Origem.
Assim, digo que o Tao é grande,
o Céu é grande,
a Terra é grande,
e a humanidade é grande.
No universo, há quatro grandes
e a humanidade é um deles.
As pessoas seguem o caminho da Terra,
a Terra segue o caminho do Céu,
o Céu segue o caminho do Tao,
o Tao segue seu próprio caminho natural (*tzu ran*).

O comentário

O caos, que os chineses chamam de *hun dun*, é o estado original anterior à formação do mundo. É um estado de vácuo, ou não ser, que contudo contém as sementes do ser. Depois de relacionar suas qualidades, Lao-Tzu admite estar inseguro com relação a como chamar essa presença. Ele usa o termo *Tao* quase como se o sorteasse em um chapéu repleto de outras opções. Esse Tao é grande, assim como vasto e magnífico. No entanto, embora seja tão poderoso, também retorna à Origem. Esse processo de retorno é o Tao manifesto no mundo.

Tzu ran é um importante conceito no *Tao-Te King*; significa "espontâneo", "natural", "o ser em si tão espontaneamente assim". Ele descreve como os taoistas encaravam os poderes de criação e sustentação do Tao. O Tao não é uma divindade ou um criador; para ser mais exato, o universo e tudo o que ele contém passam a existir de forma espontânea e a se sustentar da mesma maneira. *Tzu ran* descreve um mundo que é criado e regulado por si próprio; nenhum criador, apenas a criação.

Ser *tzu ran* significa ser natural no sentido mais elevado do termo. Se seguirmos os padrões naturais da vida, afirma Lao-Tzu, nós nos tornaremos sábios. O caminho natural é que os humanos sigam os métodos da Terra. Somos parte desta Terra, por isso precisamos nos integrar a ela, seguindo suas estações, da mesma maneira como elas se manifestam interiormente, como estações de nossa vida.

A Terra segue os métodos do Céu — as estrelas, o sol, a lua. A luz do sol e a atração que a lua exerce sobre as marés afetam toda a vida na Terra. A expressão "tudo sob o Céu" (*tian xia*) abrange toda a vida na Terra. O Céu, embora vasto como é, segue os métodos do Tao. É o Tao que regula e sustenta o Céu.

Quanto ao Tao, ele segue a si mesmo. Desse modo, o sábio — ou aquele que se identifica com o Tao — transcende tempo e lugar. Chuang Tzu descreve essa pessoa da seguinte maneira:

> O sábio flutua ao lado do sol e da lua e abraça o universo, reunindo tudo em um grande todo. Ele rejeita distinções e despreza a posição social. Homens e mulheres comuns se esforçam e labutam enquanto o sábio parece tolo e idiota. Para ele, dez mil anos são apenas um. Para ele, os dez mil seres são todos um só, formando um todo.*

---

* Solala Towler, *Chuang Tzu: The Inner Chapters* (Londres: Watkins Publishing, 2010), p. 39.

Essa estrada se forma enquanto a percorremos. Esse caminho é ao mesmo tempo moldado e seguido; sendo assim, temos bastante trabalho à frente. Nossa jornada é uma oportunidade, um desafio, uma bênção, além de uma maneira de nos tornarmos pessoas mais profundas, fortes, sábias e autoconscientes. Não há mais ninguém como nós no mundo; nunca mais haverá ninguém exatamente como nós.

O momento presente é o ponto de poder: nesta jornada, recebemos amor e apoio da esfera espiritual. Toda vez que caímos, levantamo-nos, sacudimos a poeira e prosseguimos. Tenha fé, esperança e paciência. Viaje com pouca bagagem. Abandone as dificuldades — emocionais ou físicas. Flutue em liberdade com o sol, a lua e as estrelas, e abrace o universo. Como diz Ho Shang Kung: "Ser vazio é ser oco e sem forma. Ser imutável é manter o que é eterno durante as mudanças".*

A PRÁTICA O Caminho do Sábio

Contemple cada uma das seguintes qualidades de um sábio. Deixe que as orientações implícitas nessas afirmações expandam-se para a sua vida — primeiro no olho mental e depois em suas atividades. Ao fazer isso, sinta seu empenho em se tornar um sábio se fortalecer.

- Os sábios rejeitam as distinções e desprezam a posição social.
- Quem é *tzu ran* não se importa com a maneira como a sociedade o vê.
- Não precisa da aprovação da sociedade para saber que está no caminho certo.
- Reverencia seus mestres e respeita seus discípulos.
- Cuida do corpo e exalta o espírito.
- Equilibra sua energia e vive uma existência de bênçãos e gratidão.
- Busca em seu interior a sabedoria inata e a sabedoria ancestral dos grandes mestres do Tao.

---

* Eduard Erkes, *Ho-Shang-Kung's Commentary on Lao-Tse* (Zurique: Artibus Asiae Publishers, 1950), p. 52.

- É totalmente envolvido com o mundo, porém não afetado por ele.
- Sente uma conexão profunda e estável com a Terra e também com tudo o que está sob o Céu.
- A vida dele é governada por suas emoções.
- Não é orgulhoso, e sim humilde.
- Não é agressivo; ele abraça o *yin*.
- Não se estende além de seus limites no esforço de parecer jovem aos outros; envelhece com graça e tem o espírito eternamente jovem.
- Não exige amor dos demais; oferece livremente o seu.
- Flutua com o sol e a lua, e abraça todo o universo.

Você consegue expressar esses atributos de um sábio? Consegue ser humilde, amoroso e aberto o bastante para receber a sabedoria dos antigos mestres e torná-la sua? O que o detém?

26º Passo

O pesado é a raiz do leve.
A tranquilidade é a mestra da agitação.
Sendo assim, o sábio viaja
sem perder de vista sua origem.
Embora haja belas coisas para ser admiradas
ele lhes é indiferente.
É como o senhor das mil carruagens
porém se conduz com leveza.
Agir precipitadamente significa perder nossa raiz.
A ação precipitada nos fará perder o autodomínio.

O comentário

Ho Shang Kung diz o seguinte: "As flores e as folhas das ervas e das árvores são leves, portanto são perecíveis. A raiz é pesada, portanto é duradoura".* E, quando Lao-Tzu fala da tranquilidade como a mestra da agitação, ele coloca o poder da meditação taoista, ou práticas de quietude, como base da prática do movimento. A partir da profunda quietude, cria-se o movimento. A transformação torna-se então possível, como Ho Shang Kung afirma alegremente: "O dragão é quieto, em consequência, ele é capaz de se transformar".**

Na condição de viajantes espirituais, também precisamos ir longe sem perder a conexão com a própria Origem. Haverá muitas atrações e distrações ao longo do caminho, mas não devemos deixar que elas nos tirem do rumo. Po-

---

* Eduard Erkes, *Ho-Shang-Kung's Commentary on Lao-Tse* (Zurique: Artibus Asiae Publishers, 1950), p. 54.
** *Ibidem*, p. 55.

demos nos vivenciar de maneira nobre, como o "senhor das mil carruagens", porém não podemos nos levar excessivamente a sério. Se nos movermos de maneira apressada ou com instabilidade, nos perderemos.

Tudo isso é possível porque estamos enraizados com força na Origem, como uma árvore que cresce da Terra. Quando imaginamos uma árvore, visualizamos um tronco com galhos, ramos, folhas e flores ou frutos. No entanto, no subsolo, há uma parte da árvore que é tão grande quanto a parte que conseguimos ver, ou até maior que ela. Apenas com uma estrutura de raiz forte e "sólida" as árvores conseguem resistir ao vento. O mesmo acontece conosco: quando as raízes são fortes e estáveis, somos capazes de nos conduzir com a mesma leveza de um pássaro que repousa em um fino ramo. Podemos ter muitas responsabilidades, como o senhor das mil carruagens, porém pisar com leveza na Terra e na nossa dança da vida.

A PRÁTICA Lançamento de raízes e estabilização

O pesado, afirma Lao-Tzu, é a raiz ou o alicerce do leve. Precisamos ter um alicerce sólido se quisermos abrir as asas e voar. Se não tivermos nada que nos dê apoio para alçar voo, não ganharemos ímpeto. Ao enterrar profundamente nossas raízes e respirar a boa energia *yin* da Terra, podemos nos firmar e estabilizar em qualquer momento. É proveitoso fazer esta prática antes dos exercícios de *tai chi* ou *chi gong*. Ela também pode ser feita em qualquer ocasião em que nos sintamos tensos ou até mesmo assustados.

- Fique em pé ou sente-se na beirada de uma cadeira, com os pés bem firmes na terra ou no chão. Feche os olhos, respirando de maneira lenta e profunda pelo nariz. Coloque a ponta da língua no céu da boca. Leve alguns momentos fazendo isso.
- Em seguida, com a intenção de sua mente, envie raízes para dentro da Terra a partir da sola dos pés, de um ponto chamado *yong chuen*, ou "ponto do poço borbulhante", situado na "bola" do pé. Envie essas raízes a uma profundidade de três a cinco vezes o comprimento de seu corpo. Veja as raízes se estenderem profundamente na Terra, indo

além das pedras, de tocas de animais e outras raízes de plantas. Penetre de fato profundamente na Terra.

- Sinta que está se tornando muito forte e estável, como uma árvore. Sinta que está pronto para se curvar sob o vento e, no entanto, permanecer em pé.
- Você também pode enviar para baixo qualquer tipo de estresse, dor, doença ou desconforto, através dessas raízes, para que a Terra possa absorvê-los.
- Extraia da Terra o benéfico sustento *yin*, enquanto suas raízes escavam o subsolo para alcançar, absorver e enviar para cima essa nutrição para galhos e folhas. Sinta a nutrição da Terra subir através da sola dos pés, indo em seguida para pernas, quadris, ombros, e descendo depois pelos braços e alcançando a cabeça, até que todo o seu corpo esteja repleto da benéfica energia *yin* da Terra.
- Fique em pé ou sentado dessa maneira durante algum tempo, sentindo que é uma árvore com raízes que se introduzem profundamente na Terra. Sua cabeça ou *bai hui* está aberta para receber a energia Celestial vinda de cima, enquanto suas raízes penetram a Terra.
- Dessa maneira, você se torna um ser vital e forte, aberto a receber o *chi* de cura de baixo e de cima.
- Quando seu tempo de prática terminar, conduza o foco de novo ao corpo físico, enquanto continua a se vivenciar como profundamente arraigado. Permaneça com esse sentimento pelo resto do dia. Desse modo, todas as suas ações e movimentos terão origem em um lugar arraigado. Você poderá notar que seu modo de andar está diferente, bem como a maneira como se move e interage no mundo.

27º Passo

O bom andarilho não deixa rastros;
o bom orador não comete erros;
quem é bom de cálculo não precisa de ábaco;
o bom guardião não precisa de fechaduras,
porém o que ele fecha não pode ser aberto.
Quem sabe amarrar bem
não precisa de cordas,
porém o que ele ata não pode ser desatado.
Por isso o sábio é eficiente em ajudar pessoas
e não abandona ninguém.
Ele cuida bem das coisas,
de modo que nada rejeita.
Isso se chama *luminosidade penetrante*.
Sendo assim, o bom é o mestre
daqueles que não são tão bons.
Aqueles que não são tão bons
são os discípulos da boa pessoa.
Se a pessoa não respeita seu mestre
e se o mestre não ama seus discípulos,
embora possa haver muito conhecimento,
também haverá muita confusão.
Isso se chama *grande mistério* (*yao miao*).

O comentário

O caminho não aparece com placas de rua para aqueles que estão no Caminho. Nossas pegadas, quando viajamos, são tão leves que não deixamos rastro. Como somos cuidadosos com as palavras, atenuamos as ocorrências de erros e falhas de comunicação.

O sábio está sempre receptivo aos outros e nunca rejeita nem julga o que lhe acontece. Isso se chama luminosidade penetrante, ou perpetuadora. O caractere escrito para "luminosidade" é *ming*, a imagem de um sol e de uma lua lado a lado. Ele representa a clareza de visão e entendimento. Nos sábios, isso possui tal luminosidade que Lao-Tzu o chama de "luminosidade penetrante", aludindo à visão mística e ao profundo entendimento.

O "grande mistério", ou *yao miao*, descreve algo que é transmitido de mestre para discípulo. Isso funciona de maneira misteriosa porque é feito sem palavras. Essa é considerada a forma mais elevada de ensinamento no taoismo.

Nessa jornada, encontraremos mestres ao longo de todo o caminho. Às vezes, teremos a impressão de que cada pessoa que encontramos é, de certa maneira, um mestre. Também precisamos nos lembrar de compartilhar com os outros qualquer tipo de sabedoria ou orientação que possamos receber desses mestres. Não podemos julgar quem está à altura dessa orientação, devendo concedê-la livremente — assim como nós mesmos a recebemos. Chuang Tzu diz:

> Se seguirmos nossa verdadeira natureza, quem ficará sem mestre? Será que apenas aqueles que compreendem os ciclos de mudança devem ter um mestre? Desconhecer essa mente profunda e insistir que você sabe o que é certo e o que é errado é como partir hoje em uma jornada para Yuen depois de ter chegado lá há muito tempo.*

Certa vez, enquanto jantava com meu amigo e mestre taoista Hu Xuezhi nas Montanhas Wudang, um dos membros do meu grupo de excursão pediu que ele falasse sobre *nei dan*, ou alquimia interior. O conselho dele foi simples: para estudar com seriedade a alquimia interior, disse ele, "Você precisa se tornar um agricultor".

Neste caso, ele não nos dava aconselhamento profissional, mas nos dizia que teríamos de viver de maneira muito simples, com poucas distrações. Era preciso abrir mão de uma família, disse-nos ele, e portanto de qualquer res-

---

* Eduard Erkes, *Ho-Shang-Kung's Commentary on Lao-Tse* (Zurique: Artibus Asiae Publishers, 1950), p. 54.

ponsabilidade em relação a outra pessoa, para que pudéssemos nos dedicar por completo às práticas de aperfeiçoamento.

No entanto, *podemos* viver "no mundo" e nos dedicar a profundas práticas de aperfeiçoamento. Não é necessário abandonar tudo para viver nas montanhas ou "tornar-nos agricultores" a fim de nos dedicar às práticas espirituais. É vivendo em atitude de gratidão, graça e prontidão ao aprendizado de todos os nossos mestres, físicos e não físicos, que podemos progredir neste grande percurso em direção ao Tao.

A PRÁTICA O Caminho do Refinamento

Este é um caminho de incessante refinamento: de nossa energia, do *chi*, do espírito e do entendimento. À medida que nos tornamos mais refinados, as lições já não precisam ser tão rigorosas quanto eram no início da jornada, porque estamos mais receptivos ao aprendizado e à mudança. Estamos mais sensíveis, o que pode atrair as bênçãos da apreciação e da aceitação. Essa sensibilidade também pode causar mal-estar, porque os antigos hábitos não mais nos isolam. Muitas escolhas de estilo de vida que costumávamos fazer não funcionam mais para nós, e, embora isso possa ser incômodo e até mesmo doloroso no início, é crucial escolher novos modos de vida se quisermos ter mais refinamento na mente, no corpo e no espírito.

À medida que você se tornar mais sensível, preste atenção ao que está escolhendo em todos os aspectos de sua vida. Eis alguns exemplos de como a escolha poderá afetá-lo durante a jornada. Considere como estes e outros refinamentos vêm ocorrendo em sua vida. Essa é a alquimia interior, na qual sua natureza grosseira se torna mais refinada com o tempo para se transformar em algo inteiramente diferente, como a transmutação do chumbo em ouro.

- Alimentos que você costumava comer sem problema de repente se tornam um problema.
- Amigos de quem você gostava agora parecem rudes demais, e não é agradável estar com eles. É possível que você se torne tão sensível que passe a ter dificuldade de viver no ambiente dos dias de hoje. Até

mesmo antigamente, os praticantes se mudavam para as montanhas ou para a zona rural, onde a vida era mais lenta e menos complicada. Você poderá sentir o desejo de simplificar seu ambiente. Mas também pode ter uma vida simples e sutil mesmo em plena cidade grande. Cabe a você usar as práticas de aperfeiçoamento para criar um estilo de vida estável e simples onde quer que esteja.

- Talvez você não seja capaz nem esteja disposto a abandonar suas posses, sua família e sua carreira para se mudar para o campo e se tornar um agricultor ou eremita, mas pode se libertar da fragmentação que a sociedade suscita.
- Você não precisa passar os dias grudado em um *smartphone*, computador ou televisão.
- Você pode passar mais tempo em contato com a natureza, o que pode significar a grande natureza fora de você ou a grande natureza dentro de você.
- Você pode prestar atenção e permanecer alerta às lições quando encontrar um mestre, seja aquele que ensina por meio do bom exemplo ou aquele que ensina por meio do mau exemplo.
- Você pode permitir conscientemente que sua energia, espírito e vida se tornem mais refinados.

28º Passo

Conhece a força do masculino
mas preserva o feminino.
Permanecendo receptivo a tudo sob o Céu
não te separes da eterna virtude (*Tê*).
Volta a ser como uma criança.
Conhece o branco (*yang*)
mas abraça o preto (*yin*).
Serve de modelo para tudo sob o Céu.
Quem serve de modelo para tudo sob o Céu
e não se desvia da eterna virtude
retorna à origem primordial (*wuji*).
Conhece a honra, mas conserva a humildade.
Sê como um vale para o mundo.
Sendo como um vale para o mundo
permanece em contato com a eterna virtude.
Retorna ao simples e natural (*pu*).
Quando se entalha a madeira
ela se torna útil
porém o sábio permanece com o que é simples e natural.
Desse modo, seu entalhe não prejudica ninguém.

O comentário

Conheça e respeite a força do *yang*, a natureza masculina do Tao, mas abrace a força do *yin*, a natureza feminina do Tao. Isso nos diz que devemos manter nossa natureza receptiva aberta a tudo sob o Céu, permanecendo, ao mesmo tempo, conectados à virtude primordial. Como podemos fazer isso — estar "no mundo, mas não ser dele"? Não fugimos ou nos encerramos em uma torre elevada de espiritualidade para olhar o mundo com desprezo. Não respeitamos apenas nosso eu divino "superior", denegrindo a natureza animal "inferior". Em vez disso, abraçamos ambos os aspectos para viver no mundo de maneira equilibrada. Os taoistas se envolvem por completo no mundo, deleitando-se na maravilhosa criação que nos cerca, os "dez mil seres".

Como parte do mesmo ensinamento para encontrar equilíbrio, Lao-Tzu invoca o *yang* e o *yin* por meio das cores branca e preta. Ho Shang Kung afirma: "A alvura exemplifica a iluminação, a negritude, o silêncio. Embora um homem possa conhecer a si mesmo como iluminado e penetrante, ele precisa manter esse estado enquanto permanece em silêncio, como se estivesse na escuridão e invisível".* Ao fazer isso, alcançamos *wuji*, que é o vasto vazio que dá à luz toda a forma (*taiji*). O símbolo para *wuji*, a origem de tudo, é um círculo vazio.

Lao-Tzu recomenda que retornemos ao simples e ao natural, ao bloco não entalhado, ou *pu*. *Pu* é uma maneira simples, despojada e natural de existir no mundo. Voltamos a ser o bloco de madeira em seu estado natural, antes que o escultor — ou a sociedade — tenha nos entalhado com o cinzel. Às vezes, somos moldados em uma forma inatural devido à educação que recebemos na infância ou até mesmo a algum tipo de abuso. Para liberar esses padrões, precisamos nos tornar como o bloco de madeira não entalhado — simples e sem forma. Isso não nos torna tolos nem desinteressantes; para ser mais exato, voltamos a ser quem éramos antes de ser esculpidos com rigor por nossos pais, escolas, religião e sociedade.

Da mesma maneira, o aperfeiçoamento espiritual taoista não nos obriga a ser algo que não somos. Qualquer cinzelamento que façamos remove camadas extrínsecas do ego, do orgulho, do egoísmo, do conhecimento da "cabeça" e até mesmo de nossa dor, para revelar nosso estado verdadeiro e natural. Isso requer prática, muita prática, mas, se desejarmos de fato retornar à Origem, ao *wuji*, precisamos fluir pela vida como água para que, a cada momento, a dança do *tai chi* se expresse por nosso intermédio.

O tema deste passo é conhecer e manter a força do *yang* ao mesmo tempo que preservamos a força do *yin*. A harmonia é de fundamental importância, já

---

* Eduard Erkes, *Ho-Shang-Kung's Commentary on Lao-Tse* (Zurique: Artibus Asiae Publishers, 1950), p. 58.

que o excesso de um dos lados conduz à desarmonia, que se manifesta como problemas, estresse e doenças. A harmonia do *yin* e do *yang* envolve a energia que flui para dentro e a expansiva, a quietude e a atividade, o interno e o externo, o não ser e o ser. Tudo precisa estar em equilíbrio, embora isso não signifique que cada lado seja exatamente igual ao outro em todos os momentos.

Às vezes estamos para cima, às vezes estamos para baixo. De vez em quando a energia precisa ir para fora, de vez em quando precisamos puxá-la para dentro. Às vezes estamos envolvidos por completo em projetos como escrever, tocar música, cozinhar e viajar, e em outras ocasiões nos recolhemos, preferindo refletir e absorver as coisas por meio da leitura ou escutando profundamente o mundo ou a nós mesmos. Encontra-se o ponto de equilíbrio, portanto, ao se saber quando devemos estar no modo *yang* e quando devemos estar no modo *yin*.

A PRÁTICA Encontro do ponto de equilíbrio

A prática do *tai chi* não é executada apenas em um único horário nem de uma única maneira. Com mais exatidão, ela envolve estar consciente das mudanças em nosso ser a todo momento, para que saibamos quando agir de um modo *yang* e quando agir de um jeito *yin*. Eis uma boa maneira de sentir o equilíbrio móvel em nós mesmos, tanto interna quanto externamente. Esta prática é extraída do *tai chi*.

- Comece executando a prática de lançamento de raízes do 26º Passo. Assegure-se de estar enterrando suas raízes na Terra a uma profundidade de três a cinco vezes o comprimento de seu corpo.
- Permita que sua respiração desacelere, até que esteja respirando lenta e profundamente a partir do *dantian* inferior.
- Apoie seu peso na perna esquerda e levante ligeiramente a perna direita (ou mais, se conseguir). A perna esquerda é a perna *yin*, enraizada com profundidade na quietude da Terra.

- Deixe que a perna direita fique leve e flutuante, pronta para se mover, como se sob inspiração ou orientação. Essa é sua perna *yang*, repleta de atividade.
- Dê um passo à frente com a perna *yang*. Apoie seu peso nela; sinta-a se tornar pesada e imóvel, já que agora carrega seu corpo.
- Sinta a perna esquerda, que antes estava repleta de energia *yin*, tornar-se leve e ansiosa para se mover.
- Dê então um passo à frente com a perna esquerda, colocando-a no chão, seu peso se alternando para que a perna direita fique leve e flutuante.
- Mantenha essa alternância entre uma perna e outra durante alguns momentos, sentindo seu peso mudar de um lado para o outro.
- Você pode dar passos lentos para a frente ou para trás, ou se mover em círculo. Pode até começar a dançar, sentindo a transição do *yin* para o *yang* no corpo enquanto diferentes partes e membros carregam o espectro de energias, equilibrando-se enquanto você se movimenta.
- Para concluir esta prática, leve alguns instantes examinando em que área de sua vida você está se estendendo em excesso e onde está se retraindo. Pense sobre como poderia encontrar um ponto central mais estável, mais equilibrado na vida.

29º Passo

Quem deseja controlar o Céu e a Terra
não terá sucesso.
O mundo é sagrado.
Não é possível agarrá-lo ou controlá-lo.
Quem tenta controlá-lo
o destruirá.
Quem tenta agarrá-lo o perderá.
É natural que
às vezes seja certo avançar
e, outras vezes, seguir na retaguarda.
Às vezes respirar é fácil
e às vezes é difícil.
Às vezes somos fortes
e, em outras ocasiões, somos fracos.
Às vezes estamos para cima,
outras vezes, para baixo.
Assim, o sábio evita exageros e o excesso
e rejeita a extravagância.

O comentário

Este passo oferece orientação sobre a ausência de esforço e nossa tendência de achar que podemos controlar o mundo. O mundo é sagrado, afirma Lao-Tzu, e, como tal, quem quer que tente controlá-lo está condenado ao fracasso. No mundo moderno, saquear a natureza na tentativa de controlá-la conduziu à mudança climática e à possibilidade de extinção da vida animal e humana em nossa amada Terra.

Assim como os taoistas veneram os ciclos da natureza, devemos respeitar as mudanças em nós mesmos. Às vezes estamos para cima, e às vezes estamos para baixo. Às vezes lideramos da dianteira, e outras vezes, da retaguarda. Às vezes nossa vida é fácil, outras vezes, é difícil. Às vezes somos fortes, e outras vezes somos fracos. Para a prática de vicejar e manter um centro de tranquilidade em meio a todos esses altos e baixos é preciso evitar os extremos, o excesso e a extravagância. Não devemos nos animar em demasia por causa dos altos nem ficar depressivos demais com relação aos baixos. Ao adotar o caminho do meio entre os extremos, o sábio é capaz de aproveitar a vida com simplicidade e paz de espírito.

A PRÁTICA Atividade proveitosa *versus* atividade automática

Ho Shang Kung diz o seguinte: "As coisas espirituais gostam de paz e repouso. Não podem ser governadas pela atividade".* O excesso de atividade, em particular a atividade automática, esgota nosso *chi* e perturba nosso *shen*.

- Em um diário, reflita sobre as atividades em que está envolvido e que contribuem para esse tipo de perda ou perturbação, como assistir demais à televisão, ter maus hábitos alimentares, alimentar pensamentos obsessivos ou envolver-se em relacionamentos perniciosos.
- Registre suas atividades no diário durante alguns dias. Depois, verifique quais delas contribuem para sua jornada e quais não contribuem. Pergunte a si mesmo: que atividades eu deveria abandonar e quais preciso manter?
- Esta prática também diz respeito a encontrar o equilíbrio entre excesso de atividade e pouquíssima atividade. Um nível de atividade insuficiente causará problemas, como um *chi* paralisado, lento ou estagnado. Atividade em excesso, por sua vez, resultará na perda do *chi*.

---

* Eduard Erkes, *Ho-Shang-Kung's Commentary on Lao-Tse* (Zurique: Artibus Asiae Publishers, 1950), p. 59.

- Experimente permanecer conectado ao seu centro e deixar seu conhecimento interior lhe dizer qual é a direção certa para hoje ou para este momento. Lembre-se de que seu ponto de equilíbrio muda o tempo todo. Uma decisão que pode ser certa em determinado dia talvez seja errada em outro. Não se apegue a nenhum caminho ou direção. Saiba que o Tao está sempre se deslocando e se movendo, e seu lugar na roda da existência também se altera todos os dias, conduzindo-o a um novo local a cada momento.

30º Passo

Quem usa o Tao para ajudar o governante
não usa força militar.
Esse tipo de força fatalmente dará errado.
Depois de uma grande batalha ocorrem anos de fome.
O governante habilidoso alcança seu objetivo
sem usar a força.
Alcança o sucesso sem ser agressivo.
Alcança o sucesso sem ser arrogante.
Alcança o sucesso sem pensar em lucro.
Alcança o sucesso sem usar a força.
Excesso de força resultará em perda de força.
Até mesmo os fortes, com o tempo, ficam velhos e fracos.
Isso se chama *ir contra o Tao*.
Qualquer coisa que contrarie o Tao
terá um fim precoce.

O comentário

Depois de uma batalha, a terra foi aniquilada, as plantações foram destruídas, e as pessoas encontram-se em sofrimento. Esta é uma imagem usada para descrever o resultado obtido por um governante que procura criar um império por meio da guerra. Também pode descrever a pessoa que busca conquistar o mundo tentando obrigar a vida a obedecer aos seus desejos. Quem está à sua volta acaba sofrendo, o uso da força não surte efeito, e o resultado é sofrimento.

Pessoas habilidosas não usam a força para obter o que desejam na vida. Para alcançar o sucesso, não precisamos ser agressivos, arrogantes ou apegados ao resultado de nossos esforços. Evitamos obrigar as coisas a acontecerem da maneira como queremos — um dos ensinamentos do caminho do *wu wei*. Ao usar excesso de força, acabamos perdendo-a, ou deixando de atingir nosso objetivo. Até mesmo os mais fortes acabam ficando velhos e fracos. O uso da força contraria o fluxo do Tao — e nada que contraria o fluxo do Tao perdura.

Todos queremos ser bem-sucedidos na vida. Infelizmente, muitos farão praticamente qualquer coisa para alcançar o sucesso. Pisarão nos outros, causarão dor e sofrimento para obter lucro, acumularão karma negativo ao desejar mal aos inimigos e chegarão até a destruir a própria saúde. O sucesso significa diferentes coisas para diferentes pessoas — algumas desejam riqueza material ou fama; outras querem ganhar a vida fazendo o que gostam de fazer, independentemente da remuneração.

No entanto, forçar ou contrariar a natureza (em particular a própria e verdadeira natureza) é algo que terá pouca duração, e é bem possível que seja até prejudicial. Lao-Tzu descreve uma maneira diferente, por meio da qual se pode alcançar o sucesso sem usar a força, sem ser agressivo nem arrogante, ou mesmo sem pensar no que vamos lucrar. Chuang Tzu diz o seguinte:

> É fácil apagar nosso rastro, mas andar sem tocar no chão é difícil. Você já deve ter ouvido falar em voar com asas, mas é, de fato, muito difícil voar sem elas. Já deve ter ouvido falar no saber que se origina do conhecimento, mas ainda não conhece o saber que se origina do não saber.*

Alcançar nossos objetivos de maneira equilibrada e harmoniosa, sem causar dano aos outros nem a si mesmo, ser capaz de andar sem tocar no chão e voar sem asas é difícil. No entanto, continuar a andar sem saber para onde essa jornada o conduzirá; ser capaz de usar o "não saber" como guia — eis o verdadeiro aperfeiçoamento!

---

* Solala Towler, *Chuang Tzu: The Inner Chapters* (Londres: Watkins Publishing, 2010), p. 76.

A PRÁTICA Diário da sua jornada

Este passo oferece a oportunidade de decidirmos com exatidão o que queremos alcançar no breve tempo que temos e considerar quanto queremos fazer isso.

- Registre em detalhes em seu diário o que o sucesso significa para você. Na sua opinião, o que é importante alcançar nesta vida?
- Pergunte a si mesmo: como posso alcançar isso sem causar mal aos outros ou a mim? Como posso fazê-lo enquanto cuido de minha saúde, de minha família e dos meus amigos?
- Agora, reflita sobre como pode aplicar os ensinamentos do Tao para alcançar o sucesso — material ou espiritual — empregando o mínimo possível de esforço.
- Escreva em seu diário os passos que sente serem necessários para realizar isso. Saiba que, se você for verdadeiramente humilde em sua jornada, mestres e guias estarão presentes ao longo de todo o caminho.
- Considere que sua jornada é tão importante quanto seu objetivo, ou talvez até mais. Pergunte a si mesmo: como posso dar esses passos ao longo de minha jornada e permanecer próximo ao Tao, agindo de maneiras que produzam resultados duradouros e mais paz no coração-mente?
- À medida que avançar, escreva com mais regularidade em seu diário ou sempre que se sentir motivado a fazê-lo. Quando se sentir paralisado, como se não estivesse fazendo nenhum progresso, leia as páginas anteriores do diário para constatar que na verdade você já viajou muito.
- Avance um passo de cada vez na jornada — às vezes os passos serão pequenos; outras vezes, haverá saltos grandes e rápidos.

31º Passo

As armas são coisas infaustas;
todos os seres vivos as repudiam.
Quem está em harmonia com o Tao
as rejeita.
O seguidor do Tao
dá preferência ao lado esquerdo (*yin*).
Os seguidores da guerra
dão preferência ao lado direito (*yang*).
As armas são coisas infaustas
e quem é sábio só as utiliza
quando não houver outra alternativa.
Ele não vê beleza nas armas.
Ele não se alegra ao matar.
Quem se alegra ao matar
nunca se tornará alguém realizado.
As vitórias em combate
não devem ser celebradas com alegria.
Ao invés disso, devem ser celebradas com tristeza.
É por isso que uma grande vitória
deve ser acompanhada por ritos fúnebres.

O comentário

O *Tao-Te King* foi escrito em uma ocasião de guerra, uma época da história chinesa conhecida como Período dos Estados em Guerra. Lao-Tzu, que trabalhava na capital de Zhao, ficou desgostoso com isso e decidiu pedir demissão de sua elevada posição, partindo para regiões inóspitas. Talvez tenha sentido que essas regiões, por mais perigosas que pudessem parecer, não eram tão perigosas quanto as regiões inóspitas humanas de guerreiros e estrategistas políticos que o rodeavam. As armas, diz ele, são infaustas, e todas as coisas vivas as repudiam. Ho Shang Kung especifica um pouco mais essa ideia: "As armas instigam o espírito e turvam a atmosfera harmoniosa. São ferramentas nocivas. Não devem ser usadas nem como ornamento".*

Quem segue o Tao considera as armas infaustas e só as utiliza se não houver alternativa. Ele não vê as armas como um ornamento, ainda que sejam decoradas com belas joias e entalhes, porque possuem a propriedade de instigar quem as empunha. Ele não se alegra em matar. Aqueles que se alegram em matar nunca alcançarão as grandes coisas da vida — podem ter um grande poder sobre os outros, mas por dentro se perderam.

As armas têm formas variadas, assim como são os danos causados por elas. Podem ser afiadas e metálicas, ou ser verbais, emocionais, energéticas ou psicológicas. Às vezes, não temos sequer consciência de que as usamos contra pessoas que amamos, ou contra nós mesmos. As vitórias em combate não devem ser celebradas com alegria, nos diz Lao-Tzu, e sim marcadas pela tristeza dos muitos que morreram. A vitória deve incluir homenagens àqueles que deram a vida em ambos os lados, já que o que quer que ganhemos em uma vitória foi obtido porque outra pessoa perdeu.

Os seguidores do Tao, nos diz ainda Lao-Tzu, dão preferência ao lado esquerdo, ou *yin*, enquanto os seguidores da guerra preferem o lado direito, ou *yang*. No *I Ching* (*Yi Jing*), encontramos a direção esquerda associada ao elemento madeira, simbolizando novo crescimento, primavera e o florescimento de uma nova vida. A direção direita está associada ao elemento metal, simbolizando a estação do outono; quando se encerra o ciclo de florescimento, o ciclo de declínio tem início, e o ciclo da morte se aproxima. O metal, como é de esperar, está associado às armas.

---

* Eduard Erkes, *Ho-Shang-Kung's Commentary on Lao-Tse* (Zurique: Artibus Asiae Publishers, 1950), p. 62.

A PRÁTICA Sem empunhar armas

Esta orientação sobre o uso de armas, seja a forma que assumam, oferece-nos uma oportunidade para refletirmos sobre nosso relacionamento com elas. Em seu diário, pense sobre as seguintes perguntas e responda a elas:

- Você possui armas?
- Se possui, são objetos decorativos? De autodefesa? Destinam-se a atividades esportivas ou a algum outro propósito? Como elas contribuem para sua vida? Em que medida reduzem seu bem-estar ou o bem-estar de outros seres humanos e criaturas vivas? Como você se sente quando as utiliza? De que outras maneiras você se arma?
- Se não as possui, como se sente quando olha para uma arma? Sente medo, repugnância ou preconceito? Em que circunstâncias você poderia usar uma arma? Se não tiver treinamento no uso de armas, como você se sente: indefeso ou forte? No caso de se sentir indefeso, como se armaria então?
- Como você se arma verbalmente? Tenta derrotar as pessoas com insultos?
- Como você se arma intelectualmente? Tenta derrotar as pessoas destruindo a lógica delas? Usa jogos mentais para passar a perna em seus oponentes e enfraquecê-los? Você é capaz de alterar a verdade apenas para ganhar uma discussão?
- Como você se arma emocionalmente? É suscetível a explosões que desgastam seu oponente? Você se recolhe em um silêncio frio para fazer com que a outra pessoa exponha as fraquezas dela?
- Como você se arma energeticamente? As pessoas se sentem atraídas ou repelidas por você? Uma vez que permita a aproximação delas, elas lhe dão as costas? Aceitam o que você tem a dizer, ou algo em seu modo de se expressar impede que você atinja os ouvintes?
- Examine todas as armas que você descobriu empunhar. Quais delas podem ser dispensadas? Há outras maneiras de você se sentir seguro, vivenciar a beleza e obter o que deseja, que se apoiem em ferramentas e habilidades que não sejam empunhar uma arma? Reflita sobre qualquer ideia que surja como resultado desta prática.

32º Passo

O Tao é eterno e não tem nome.
Embora pareça simples e pequeno
ninguém sob o Céu é capaz de controlá-lo.
Se príncipes e reis
pudessem governar em conformidade com ele
todos os seres os obedeceriam com naturalidade.
O Céu e a Terra seriam
mutuamente unidos em harmonia,
fazendo um doce orvalho cair sobre tudo.
As pessoas, sem nenhuma ordem expressa,
entrariam em harmonia naturalmente.
É quando começamos a dar nome às coisas
e pensar que temos controle sobre elas
que precisamos saber quando parar.
Quem sabe quando parar
evita se prejudicar.
O Tao no mundo
é como um rio que corre para o mar.

O comentário

O Tao pode parecer muito simples, natural e talvez fácil de controlar, porém não pode ser controlado. Se os governantes se valessem de alguns atributos do Tao — como *pu* (humildade ou ser natural) —, as pessoas instintivamente os seguiriam. Todo o reinado então adquiriria por si só a harmonia, e todos seriam beneficiados.

Ao dar nome às coisas, achamos que obtemos controle sobre elas. Dar nome a algo significa pensar equivocadamente que temos conhecimento do mundo e da maneira como ele funciona. Quanto mais achamos que temos poder, menos poder temos de fato. É quando achamos ter alcançado a supremacia em nossa vida que alguma coisa acontece para nos lembrar de que o controle é impossível.

Em nossa jornada, temos de parar de tentar controlar tudo e, em vez disso, admitir que não sabemos das coisas. Dessa maneira, evitaremos danos. Lao-Tzu nos lembra de que devemos praticar o Caminho do Curso d'Água se quisermos viver com paz e tranquilidade. Assim, a vida se tornará um rio que correrá sempre adiante, rumo ao mar.

A PRÁTICA Avaliação da vida

Dar nome às coisas e pensar que temos poder sobre elas pode causar dores de cabeça e desapontamentos. Entregar-nos a cada momento, ao bem maior e ao todo maior, ao Tao, nos ajudará a reconhecer e vivenciar o verdadeiro poder. Este passo oferece a oportunidade de refletirmos sobre a área em que temos dificuldade em relação ao controle. Eis algumas questões a considerar:

- Você se esforça para controlar o que come e deixa de comer?
- De que maneiras você tenta controlar as pessoas em sua vida?
- Como tenta controlar as pessoas e os resultados no trabalho?
- Você está tentando progredir à força em sua jornada espiritual?
- Qual seria a sensação de se libertar de cada uma dessas formas de tentativa de controle?
- Uma abordagem que envolvesse a mente e o coração receptivos mudaria alguma coisa, interna ou externamente? De que modo?

Ao seguir o Caminho do Curso d'Água, podemos nos libertar do controle e fluir com as correntes e os redemoinhos da vida de maneira saudável e gratificante. Exercícios de movimento, como o *tai chi* e o *chi gong*, ajudam-nos a vivenciar o Caminho do Curso d'Água em nosso corpo físico e energético. Os movimentos lentos e graciosos introduzem-nos ao fluxo e ao equilíbrio. É desse modo, de maneiras que não podem ser compreendidas pelo intelecto, que podemos nos harmonizar com o fluxo da natureza e do Tao.

Se você ainda não estabeleceu uma prática de movimento regular, este é um bom momento para fazer isso.

33º Passo

Conhecer os outros é sabedoria
mas conhecer a si mesmo é iluminação.
Aqueles que conquistam os outros
necessitam de grande poder.
Mas conquistar a si mesmo
requer força interior.
Aqueles que sabem que têm o suficiente
já são ricos.
Aqueles que perseveram têm força de vontade.
Aqueles que não se afastam
do próprio centro perdurarão por muito tempo.
Podem morrer, mas não perecerão.
Eles se tornarão imortais.

O comentário

Este é um dos passos mais importantes da jornada. Não basta compreender os costumes dos outros; o que precisamos conhecer e compreender de fato é a nós mesmos. Podemos nos tornar sábios com relação aos hábitos do mundo, mas, para alcançar o Tao, é necessário conhecer as profundezas da escuridão de nosso ser. Assim, ao trazer essa escuridão para a luz, tornamo-nos iluminados — plenos de luz. Lao-Tzu usa a palavra *ming*, como fez no 27º Passo. *Ming* é uma luz que brilha além do que podemos enxergar com os olhos. Só podemos ver *ming* se olharmos com o olho interior.

Embora possamos sobrepujar os outros, para ter um verdadeiro poder, necessitamos de força interior. Esse é um tipo de força diferente daquela que usamos para controlar. Este tipo perdurará: não tem ostentação, mas firmeza;

não é forçado, e sim fluente; não é insistente, mas passivo; não é rígido, e sim suave. É o verdadeiro poder, o poder do Tao. Sua utilização requer força de vontade, mas não uma vontade de ferro.

Para ser mais exato, requer a força suave capaz de se curvar com o vento e fluir com a corrente. As pessoas que têm esse tipo de força sabem que são ricas se tiverem apenas o suficiente para viver. Possuem conexão com seu centro, sua raiz, seu ser mais profundo. Desse modo, não apenas perduram, como também alcançam um estado de imortalidade.

A PRÁTICA Conhecendo a si mesmo por meio do *gongfu*

O termo *gongfu* (*goong fu*) significa qualquer habilidade que seja adquirida por meio de trabalho árduo e prática. Não significa "artes marciais", que são chamadas *wushu*, embora possa significar artes marciais se isso for algo que a pessoa aprenderá por meio de uma prática profunda. Pode também significar jardinagem, culinária, pintura, carpintaria, cerimônia do chá (veja o 77º Passo — O Caminho do Chá) — qualquer coisa a que dediquemos tempo e esforço para aprender e aperfeiçoar. Diz respeito também a nos envolvermos profundamente e nos dedicarmos com entusiasmo a qualquer habilidade ou projeto, entre eles, o cultivo de nossa conexão com a Origem, ou Tao.

Conhecer os outros é fácil, afirma Lao-Tzu, mas conhecer a si mesmo é difícil. Requer dedicação e trabalho árduo, sendo a meta mais valiosa de todas. A melhor maneira de realizar o autoconhecimento é por meio da prática do *gongfu*. A atenção interior e o autoaperfeiçoamento promovidos pelo *gongfu* podem ser aplicados a qualquer atividade. Você pode praticá-lo com mais formalidade por meio dos movimentos do *tai chi* ou do *chi gong*, da cerimônia do chá ou da prática da caligrafia. Você também pode praticá-lo em todas as suas atividades: quando estiver conversando, limpando a casa, cuidando do jardim, dirigindo no trânsito, respondendo a e-mails ou pintando uma paisagem. Faça o que gosta de fazer com a ideia do *gongfu* em mente. Alcançar o autoconhecimento por meio do *gongfu* é alcançar o verdadeiro poder.

Lembre-se de que *gongfu* significa algo que exige prática para ser dominado a fundo. Há uma razão para que essas meditações e esses movimentos sejam chamados de *práticas*. Você está praticando uma coisa repetidas vezes, nas variadas maneiras que sua vida se apresenta a você, a fim de se tornar competente o bastante para ser chamado de mestre (*shifu*).

As práticas taoistas são para a vida toda; elas se originam na tradição *yang sheng* (*vida saudável*). Consequentemente, não são algo para se fazer por um breve período e já dominá-las. Encare-as como o eixo central ao redor do qual sua vida gira. Quando você pratica com regularidade o autoaperfeiçoamento ao modo *gongfu*, está em contato com a Origem e vive próximo ao Tao. Dedique-se a essas práticas com entusiasmo e deixe que o espírito do *gongfu* eleve seu ser. Depois, sua prática se tornará a bela dança que retrata você.

34º Passo

O grande Tao circula por toda parte
tanto à esquerda quanto à direita.
Todos os seres dependem dele para viver.
Ele nada retém.
Realiza muito
porém nada reivindica.
Sustenta os dez mil seres
mas não age como senhor deles.
Podemos chamá-lo de pequeno
embora todos os seres retornem a ele
e ele não age como senhor deles.
Pode ser chamado de grande
porém não se esforça para sê-lo.
Desse modo, ele alcança a grandeza.

O comentário

O Tao é o *chi* primordial que sustenta todas as coisas vivas. Encontra-se nas menores formas de vida e, no entanto, encerra tudo o que existe. Ele é grande no sentido de ser nobre, grandioso e universal, embora não se esforce para sê-lo. Não se esforça, aliás, para ser qualquer coisa diferente do que é, sendo portanto verdadeiramente grande. Uma vez mais, Lao-Tzu atribui palavras ao inominável, imagens a algo além da forma, e significado a um estado que tudo transcende.

Com o que nos identificamos? Identificamo-nos com a noção diminuta e limitada do eu ou com nossa Origem eternamente renovável e inexaurível? É óbvio que é muito mais fácil nos identificarmos com nosso diminuto eu, já que é ele que se apresenta a nós diariamente. É muito mais difícil a identificação com o grande Tao.

A PRÁTICA A jornada sem palavras

Assim como no 33º Passo, é preciso prática, empenho e abertura de espírito para vivenciarmos a unidade com o Tao.

- Pense em algo como um belo pôr do sol ou uma flor encantadora, e tente descrever isso a alguém sem usar palavras.
- Que tipo de gestos ou expressões faciais você pode usar para expressar a imagem?
- Agora, pense em algo um pouco mais sutil, como uma emoção, ideia ou conceito que você deseje compartilhar com alguém, de novo sem usar palavras.
- Como você pode compartilhar uma ideia, um conceito ou uma visão com os outros sem recorrer a palavras ou atividades do lado esquerdo do cérebro?

Este exercício nos ensina muito a respeito de como recorremos a palavras ou métodos intelectuais de comunicação quando há tantas outras maneiras de nos comunicarmos. Como Lao-Tzu nos diz no 1º Passo, o Tao não pode ser descrito em palavras; só pode ser experimentado diretamente. Nossa jornada é composta por cada passo que damos, a cada vez que respiramos, a cada pequena porção de entendimento que alcançamos, a cada instante que passamos na zona atemporal, a cada momento de entrega e não interferência, a cada vez que somos capazes de nos identificarmos com o "eu superior", nossa verdadeira origem.

35º Passo

Aquele que é fiel à grande imagem do Tao —
todos os seres sob o Céu seguirão.
Não conhecerão nenhum dano,
apenas paz e contentamento.
Haverá comida e música de qualidade
e os viajantes passarão por perto e se deterão.
No entanto, pronunciar a palavra Tao
será insípido e não terá sabor.
Quem tentar avistá-lo não conseguirá vê-lo.
Quem tentar escutá-lo não conseguirá ouvi-lo.
Entretanto, ele nunca será exaurido.

O comentário

Em outra bela descrição do seguidor do Caminho, Lao-Tzu mostra como, ao se ater à realidade do Tao, o sábio atrai as pessoas. Elas não sofrerão nenhum dano. Com comida e música de qualidade, os viajantes serão atraídos por sentimentos de segurança e paz (*tai ping*). Quem tem verdadeiro poder possui uma aura atrativa. As pessoas são atraídas por ela, às vezes sem saber por quê. Sentem-se mais leves, como se as preocupações e aflições se amenizassem. Essa pessoa emana alegria e bem-estar, rindo com frequência e profundamente. A atmosfera dá a impressão de que ocorre um banquete, ao som de graciosa canção. Um sábio como este serve de exemplo para o que é possível alcançar por meio do autoaperfeiçoamento. Embora o Tao seja fugidio, o sábio nos mostra que é possível aproximar-se dele, que a união com o Tao *pode* ser alcançada e que *podemos* nos tornar maiores do que somos agora, mais profundos do que somos agora, mais sábios do que somos agora.

Sem gosto e sem sabor, o Tao é invisível e silencioso. Como pode algo tão fugidio ter tanto poder? No mundo do dualismo, encaramos o poder como uma coisa tangível, óbvia e "real". Ele se expressa por meio da força bruta ou do avanço agressivo até o topo. Os poderosos são os que estão no comando — o chefe, o rei ou a rainha —, os que detêm todo o dinheiro, fama e conhecimento.

É inútil a mera pronúncia da palavra *Tao* pensando se tratar da experiência do Tao. A efetiva experiência do Tao vai além de meras palavras e denominações. Quando tentamos ver o Tao com nossa visão limitada, não conseguimos emxergá-lo. Quando tentamos escutar o Tao com nossa audição limitada, não conseguimos ouvi-lo. No entanto, esse mesmo Tao nunca se exaure, sendo sempre renovado. É por isso que quem tem o verdadeiro poder é o humilde, o quieto, aquele que ninguém nota, aquele que se submete diante da força, que se curva ao desconhecido, que parece embotado e tolo, e que, tal como no 20º Passo, curva-se com o vento e flui com a água.

A PRÁTICA   Tornando-se quem se é de verdade

Em seu diário, reflita sobre as seguintes perguntas e responda a elas:

- Como você pode se tornar quem é de verdade, seu verdadeiro eu ilimitado?
- O que o impede de alcançar esse nível de existência?
- O que seria preciso para deixar seu medo e suas preocupações para trás?
- O que seria preciso para você colocar de lado as insignificantes estruturas mentais dualistas e iniciar esse profundo relacionamento com o Tao?

Uma maneira de fazer tudo isso é permanecer fiel à sua jornada e às orientações e instruções que receber ao longo do caminho. Mais importante ainda é *aplicar* efetivamente essas instruções e lições à sua vida cotidiana. O esclarecimento, a iluminação e a imortalidade serão alcançados com um passo de cada vez. Você não pode encerrar a jornada antes de iniciá-la. Até mesmo a escola da "iluminação repentina" do budismo e do taoismo reconhecem que o que pode parecer "repentino" na verdade é resultado de vários pequenos passos ao longo do caminho.

Assim como os degraus de pedra nas montanhas da China — alguns dos quais são altos e outros baixos, alguns são largos e outros estreitos, alguns são recém-construídos e outros estão em ruínas, apresentando perigo e riscos —, cada um dos seus passos será diferente do outro, com diferentes desafios. No entanto, se perseverar na jornada e não desistir com excessiva facilidade, nem se perder em meio às atrações espalhafatosas do caminho, você chegará ao final como uma pessoa diferente, alguém a respeito de quem poderá se dizer: todos os seres sob o Céu o seguem.

36º Passo

Se quiseres reprimir algo
precisas primeiro expandi-lo.
Se desejares enfraquecer algo
precisas primeiro fortalecê-lo.
Se desejares abandonar algo
precisas primeiro elevá-lo.
Se desejares obter algo
precisas primeiro doá-lo.
Isso se chama *iluminação sutil* (*wei ming*)
O que é suave e débil
conquista o que é rígido e forte.
Os peixes não podem sair da água.
As grandes armas de uma nação
não devem ser mostradas a ninguém.

O comentário

Esses versos podem não fazer sentido a princípio. Como expandir uma coisa pode ajudar a reprimi-la? Como fortalecer algo o tornará fraco? E como dar alguma coisa poderá nos ajudar a obtê-la? Isso é muito difícil de entender, porque fomos criados para acreditar que o que está em cima é muito diferente do que o que está embaixo; que o grande é muito diferente do pequeno; que o alto é o oposto do baixo; e que o forte é o oposto do fraco.

Lao-Tzu vem nos mostrar a natureza cíclica de todas as coisas. Quando trabalhamos dentro desses ciclos, podemos dançar com graça ao lado deles em vez de combatê-los arduamente. Uma das maneiras conduz à saúde e à evolução espiritual, e a outra leva à frustração e à doença. Viver dentro desses ciclos chama-se *iluminação sutil* (*wei ming*). Tornamo-nos muito sutis e atuamos de maneira oculta para a maioria. No entanto, ao longo de toda a vida, todos nós passamos por ciclos. Até mesmo dentro de um único dia, esses ciclos podem se suceder de maneira poderosa, porque nós, assim como o próprio universo, somos governados por leis naturais. Neste caso, trata-se das leis naturais de dar e tomar, ir e voltar, perder e receber. A compreensão e a aplicação consciente dessas leis acrescenta uma iluminação sutil, e no entanto poderosa, à nossa vida. O que parece forte hoje pode parecer débil amanhã. O que parece certo hoje pode parecer errado amanhã. O seguidor do Tao tem conhecimento disso e não se apega a uma parte do ciclo, recusando a outra.

Como diz Lao-Tzu, os peixes não podem viver fora d'água; quando são retirados dela, sufocam e morrem. Do mesmo modo, vivemos no Tao enquanto nos esforçamos para sair da unidade e entrar no mundo da dualidade. Somos como o peixe, sufocando aos poucos por nos desviarmos de nossa verdadeira natureza; com raízes no que é sem forma, sufocamos no mundo da forma. Retornar ao mundo do Tao significa voltar à água da qual viemos, a água que nos sustenta.

Uma das lições mais importantes neste passo é que, a fim de receber, precisamos primeiro dar — sobretudo quando achamos que nada temos para dar. Uma vez que tenhamos nos destituído de tudo o que julgamos saber e ser, encontraremos a joia oculta de nossa natureza do Tao nas profundezas da nuvem da ignorância. Essa também é a chave para que a fraqueza sobrepuje a força.

A iluminação sutil é outro ponto crucial para o entendimento das práticas de aperfeiçoamento taoistas. Elas não são espalhafatosas nem chamam atenção, porque aqueles que cultivam o Tao "falam com suavidade e agem com esmero". São tão cuidadosos no início de uma jornada quanto no final. Repousam no conhecimento de que o que tem valor duradouro não é a joia mais brilhante, e sim a humilde pedra, a mesma que tem o poder de desgastar mentalidades mais egoístas e dualistas — as quais grande parte do mundo enaltece.

A PRÁTICA A suavidade superando a rigidez

A ideia de que a suavidade pode sobrepujar a rigidez desafia uma sociedade na qual "quem tem o poder é quem manda" e os fortes sempre podem vencer os fracos. A prática para este passo nos incentiva a começar a refletir sobre como a suavidade supera a rigidez; como ensinar sem palavras e realizar sem agir. Sugerimos as seguintes perguntas:

- Como é possível o que é suave e fraco superar o que é rígido e forte?
- Como podemos fortalecer uma coisa primeiro enfraquecendo-a e enfraquecer uma coisa fortalecendo-a?
- Como podemos obter uma coisa doando-a?

Identifique em seu diário as áreas de sua vida nas quais se sente forte e nas quais se sente fraco. Você sempre se sentiu dessa maneira, ou as coisas mudaram com o tempo? Foi você que mudou as circunstâncias? Se pensar em cada situação sob a perspectiva dos ciclos, alguma delas deu uma volta completa? Se conseguir identificar onde está no ciclo, conseguirá saber o que vem a seguir?

Depois de fazer isso, pense em algo que queira. Você consegue aplicar a essa situação o que está sentindo a respeito dos ciclos, de maneira que o lugar vazio que sente agora possa ser preenchido com o que deseja? Há alguma coisa no caminho que você precise abandonar primeiro? Pense em como poderia ofertar essa coisa a alguém que a apreciaria, ao universo ou até mesmo devolvendo-a à Terra. Em seguida, pense em como pode pedir o que deseja. Há algo que possa dar que simbolize o que você anseia receber? Ou que, no ato de dar, invoque uma experiência a respeito do assunto? Uma vez mais: você pode fazer essa oferta a alguém, ao universo e aos espíritos que o ajudam. Mas a pergunta crucial é: o que você pode ofertar?

Pense a respeito disso por um tempo. É bom saber o que está pedindo, em prol do que está disposto a trabalhar e do que está disposto a desistir em troca. Medite, peça orientação, respire fundo. Você só conseguirá obter as coisas quando não se apegar mais a elas.

37º Passo

O Tao não age
porém não há nada que ele não consiga.
Se as pessoas pudessem preservar isso
tudo se transformaria com naturalidade.
Se ainda assim elas desejarem agir
devem voltar
à inominável simplicidade (*pu*).
No retorno à inominável simplicidade
não há desejo
e sem desejo
as coisas voltam à tranquilidade.
Então, tudo sob o Céu
naturalmente se acalmará.

O comentário

O Tao é o supremo exemplo do *wu wei*. O Tao não age como agem os humanos, como agem as divindades de várias religiões — entretanto, nessa não ação, não há nada que o Tao não realize. A natureza não deixa nada de fora em seu processo. Tudo é feito no tempo natural, e tudo é completo por si só. Se pudermos aplicar esse nível de não ação harmoniosa à vida, nosso aperfeiçoamento natural também se desenvolverá com naturalidade. Se percebermos que estamos tentando agir ou obrigar algo a acontecer, é melhor apenas retornar ao mundo informe. Com a meditação e a prática do *nei dan*, retornamos a um estado no qual a vida se expande de maneira natural e simples.

Quando encaramos o mundo como estático, com os seres humanos sendo os únicos agentes ativos, carregamos o fardo da responsabilidade para o mundo. Isso cria superioridade e direito de dominação. Mas, se nos enxergarmos tão somente como uma parte do todo — um aspecto de um conjunto vasto e transformador de todos os seres vivos —, compreenderemos e vivenciaremos a nós mesmos como verdadeiros seres espirituais.

Como seres espirituais, transformamo-nos a cada momento. A maioria das pessoas não percebe isso: elas acham que sempre foram as mesmas e que assim serão até morrer. Embora externamente mudem a alimentação, a cor do cabelo e o gosto musical, por dentro, acham que são estáticas. No entanto, estamos em constante estado de autotransformação (*tzu hua*). Hua-Ching Ni diz o seguinte:

> Todos os seres vivos estão em transformação. Ninguém para de se transformar nem mesmo por um único segundo. Com ou sem seu conhecimento, o processo de transformação prossegue de maneira constante e sutil.*

Esta é a segunda vez que Lao-Tzu usa a palavra *pu*, que significa "simples", "sem ornamento", "algo em estado original". Os japoneses têm uma estética maravilhosa, que capta o espírito de *pu*, chamada *wabi sabi* — a apreciação das coisas em seu desgastado estado natural e imperfeito. Entre os exemplos estão produzir objetos irregulares de cerâmica *raku* com formatos estranhos; usar utensílios feitos de bambu em estado natural para a cerimônia do chá; ou construir uma cabana sagrada para o chá com material reciclado. Pessoas também podem ser *wabi sabi*. Alguém perfeitamente natural, com todas as suas arestas irregulares e imperfeições, está mais próxima da verdade de como é um sábio desenvolvido espiritualmente do que qualquer ideia a respeito de um santo prístino e perfeito. A diferença entre um sábio e uma pessoa comum, espiritualmente adormecida, é que o sábio tem consciência de suas imperfeições e é capaz de usá-las de modo criativo e franco. Ele é, portanto, capaz de ser perfeito em sua imperfeição, simples em seu ser interior e natural nas interações com o mundo.

---

* Hua-Ching Ni, *The Gentle Path of Spiritual Progress* (Santa Monica, CA: SevenStar Publications, 1987), p. 366.

A PRÁTICA Mudança, transformação e a arte da imperfeição

Quando nos deparamos com um grande desafio na vida — um acidente, um grave problema de saúde repentino ou uma experiência de quase morte —, não raro passamos por uma mudança significativa. Ficamos tão abalados que não temos escolha a não ser mudar quem somos de um modo bastante real e crucial. Mas não seria agradável se pudéssemos provocar esse tipo de mudança positiva sem precisar quase morrer? A vida não seria fascinante se pudéssemos nos permitir ser os seres em transformação que somos na legitimidade? Não seria maravilhoso descobrir uma maneira de dançar em par com a mudança em vez de combatê-la? O que nos impede de fazê-lo?

- Dedique algum tempo para uma reflexão sobre sua resistência à mudança e à transformação, ou escreva a respeito disso em seu diário. Você se vê como um ser estático, sempre em um estado permanente desde que nasceu? Selecione um evento do passado que tenha marcado um momento importante de sua vida. Você é hoje a mesma pessoa que era naquela época? Se passasse pela mesma situação de novo, as coisas seriam diferentes?
- Agora, avalie se você não está apegado a um eu ideal. Esse eu é um epítome da perfeição, que não comete erros e se expressa com um controle impecável? Provavelmente não.
- Aproxime-se de suas imperfeições, relacionando-as no diário. Elas podem ser físicas, emocionais ou comportamentais; podem ser atividades com as quais você tem dificuldade ou talentos desenvolvidos de modo insuficiente.
- Leia sua lista e aplique a estética *wabi sabi* de apreciação dos defeitos, encontrando beleza no acidental ou no incompleto e celebrando a excelência na imperfeição. Veja se consegue se aproximar da perfeição em suas imperfeições.
- A última prática neste passo é voltar a contemplar a mudança e a transformação. Elas parecem tão assustadoras agora?

38º Passo

A virtude superior (*Te*) não é superficial,
por esse motivo, ela é a virtude superior.
A virtude inferior é sempre superficial.
Por essa razão, não é a verdadeira virtude.
A pessoa de virtude superior age
sem intenção (*wu wei*).
A pessoa de virtude inferior
age com intenção, mas não obtém nada.
A pessoa de benevolência superior (*ren*)
age sem intenção.
A pessoa de integridade superior
age com intenção, porém sem pensamento.
A pessoa do ritual age, e não há resposta.
Ela arregaça as mangas e começa a coagir os demais.
Quando se perde o Tao, o que permanece é a virtude.
Quando se perde a virtude, o que permanece é a benevolência.
Quando se perde a benevolência, o que permanece é a integridade (*yi*).
Quando se perde a integridade, o que permanece é o ritual vazio (*li*).
Quem dá ênfase ao ritual
promove palavras superficiais e muita confusão.
O limitado conhecimento reduz o Tao a frases elegantes.
Eis o início da insensatez.
É por isso que o sábio se concentra na profundidade
e não na superficialidade.
Concentra-se na solidez, e não em frases elegantes.
Ele abandona *aquilo* e adere a *isto*.

O comentário

Este passo é uma crítica às ideias convencionais sobre espiritualidade. Lao-Tzu inicia estabelecendo uma distinção entre o *Te* superior e o *Te* superficial.

Qual é a diferença entre os dois? Quando o praticante desenvolve o próprio *Te* — não por meio de ações, mas por meio do próprio ser —, ele se harmoniza com o Tao e as correntes naturais para respaldá-lo. Esse é o nível mais elevado de *Te*. Outro tipo de pessoa faz um grande esforço para alcançar poderes especiais ou discernimento espiritual, mas acaba desperdiçando tempo e só consegue atingir um *Te* superficial, de baixa qualidade.

O caractere chinês para *ren*, ou benevolência, é a imagem de uma pessoa e o número dois. Lao-Tzu descreve o processo pelo qual uma pessoa deixa o Tao e entra no mundo dualista da sociedade humana — descendo de imediato um nível para chegar à benevolência, um estado inatural de falsa virtude. A partir daí, ele desce outro nível para chegar à integridade, que Lao-Tzu considera uma forma artificial de virtude porque é transmitida pelo governante ao resto da sociedade. O nível inferior seguinte é o "ritual vazio". A questão que Lao-Tzu aborda a respeito é que os rituais criam um espaço entre a pessoa que realiza o ritual e a natureza original do Tao — desse modo, separando-as. O ritual só se tornou importante porque a humanidade sucumbiu e se afastou muito da natureza original do Tao. O ritual não é algo inútil, mas, se ainda estivéssemos conectados à nossa origem, não precisaríamos ser tão insistentes nem exigentes com relação a resultados que, no final, não acontecem.

O sábio se concentra na profundidade, não na superficialidade. É fácil ficarmos enredados nos aspectos superficiais do mundo, já que são muito perturbadores e deslumbrantes. É desafiador encontrar o caminho para a profundidade e, depois, uma vez que o encontramos, permanecer nele. Muitos trajetos fazem desvios em diversas direções. Alguns parecem promissores e até mesmo fascinantes, mas todos são distrações em nossa jornada. Como permanecer no caminho? Não se enredando *naquele* — o mundo da forma e das distrações —, mas, em vez disso, escolhendo *este* — o mundo simples e natural do Tao.

Uma das ferramentas para permanecer no caminho é o *I Ching* (*Yijing*), também conhecido como *O Livro das Mutações* ou *O Livro das Transformações*. O *I Ching* é o mais antigo livro do mundo, tendo talvez 6 mil anos de idade. Por um longo tempo conhecido como um livro de adivinhação, é também um manual para o autoaperfeiçoamento, aplicando princípios do taoismo, em particular o *wu wei*, às circunstâncias da vida. Por intermédio do *I Ching* é possível receber orientação e informações sobre as várias forças que estejam influenciando nossa situação, a qualquer tempo. Então criaremos o futuro por meio do modo como trabalhamos, ou até mesmo jogamos, com essas forças. Dessa maneira, qualquer situação, por mais desafiadora que seja, poderá ser usada para dar outro passo ao longo do caminho do autoaperfeiçoamento.

A PRÁTICA O *I Ching*

Para aprender maneiras de agir segundo o *wu wei* em qualquer situação na vida, podemos consultar o *I Ching*. Ele oferece alternativas para o forte anseio de mudar situações que parecem incômodas ou dolorosas. Em geral, quando nos sentimos imobilizados, queremos abrir caminho para o outro lado. No entanto, quando lutamos muito para mudar a situação, não raro tornamos as coisas piores. O conselho do *I Ching* é que nos mantenhamos firmes sem fazer nada, conservando nosso *chi* até que as coisas mudem. Esse antigo livro e a orientação que ele contém detalham como fluir *com* as mudanças que a vida nos oferece em vez de lutar contra elas.

Ao usar o *I Ching* como ferramenta de adivinhação, é importante abordá-lo com humildade e mente aberta. O livro em si é um canal para que o espírito, o Tao, ou o eu superior, fale conosco. Se abrirmos o coração-mente para receber orientação e informação, criamos uma ressonância com o universo que será responsiva. No caminho do Tao, consta que "os pensamentos são mais sonoros que o trovão".

Há muitas versões do *I Ching* disponíveis, e todas oferecem instruções sobre como usá-lo tanto como fonte de contemplação e estudo quanto como ferramenta de adivinhação. Como é de se esperar, tenho predileção pela versão de meu mestre Hua-Ching Ni, publicada sob o título *The Book of Changes and the Unchanging Truth*. Sinto que a versão dele se aproxima mais do uso do *I Ching* como método de autoaperfeiçoamento do que vários outros que já vi.

Há diversas maneiras de fazer a leitura. Eis algumas dicas básicas para trazer o *I Ching* para sua jornada.

- Sente-se durante algum tempo e medite sobre sua pergunta. Quanto mais centrado estiver e quanto maior for sua clareza, mais fácil será para o espírito do *I Ching* falar com você. Como diz Chuang Tzu, não podemos ver nosso reflexo com clareza na água corrente, somente na água em mansidão.
- Se precisar tomar uma decisão a respeito de alguma coisa, é melhor fazer duas perguntas relacionadas — por exemplo: (1) Qual seria o resultado se eu seguisse o plano A?, e (2) Qual seria o resultado se eu seguisse o plano B? Às vezes, o plano A parece muito bom, e você se sentirá tentado a ir em frente com ele, mas depois, ao examinar o plano B, ele se revelará ainda melhor!
- Não é apropriado fazer perguntas cuja resposta seja sim ou não ao *I Ching*. O livro transmite muita sutileza a respeito da situação e nunca apresenta respostas simplistas.
- Pode parecer difícil entender a antiga sabedoria do *I Ching*. Contudo, ela se tornará mais clara à medida que for usando-a nas práticas de autoaperfeiçoamento.
- Deixe que a orientação dos antigos mestres permeie seu ser, usando o conhecimento da barriga em vez do conhecimento da cabeça.

39º Passo

Nos tempos antigos, todas as coisas
haviam alcançado a Unidade.
O Céu a alcançou e se tornou límpido.
A Terra a alcançou e ficou tranquila.
Os espíritos a alcançaram e se tornaram ativos.
O vale a alcançou e se tornou pleno.
Todas essas coisas alcançaram a Unidade.
Desse modo, os dez mil seres
alcançaram a Unidade.
Reis e governantes a alcançaram
e governaram tudo sob o Céu.
Por causa disso, eu digo:
Se o Céu não fosse límpido, ele se estilhaçaria.
Se a Terra não for tranquila, ela se desintegrará.
Se os espíritos não forem fortes, eles definharão.
Se o vale não for pleno
poderá se esgotar.
Se os dez mil seres não surgissem,
poderiam ser extintos.
Se os governantes não forem leais às pessoas,
sua honra se perderá, e serão derrubados.
O alto precisa tomar a humildade como sua raiz
e o baixo como sua base.
É por isso que os verdadeiros príncipes e reis
referem-se a si mesmos como órfãos e *imprestáveis*.
Por acaso não tomam a humildade como sua raiz?
Sendo assim, o ilustre louvor não é realmente louvor.
Por essa razão, não deveríamos desejar
ser requintados como o inestimável jade,
e sim humildes como uma simples pedra.

O comentário

Estes versos descrevem o mundo em ordem, tal como é, em paz e em tranquilo movimento. Neste passo, limitamo-nos a relaxar e sentir como é isso. No início sem início, todas as coisas se harmonizam com a Unidade (Tao). O Céu, a Terra, o espírito do vale e outros inumeráveis espíritos se harmonizam com o Tao. Todas as coisas vivas (os dez mil seres) harmonizam-se com o Tao. Reis e governantes, quando em harmonia com o Tao, também são capazes de governar vastos reinos.

No entanto, se os céus não estiverem límpidos, eles se estilhaçarão; se a terra não estiver tranquila, ela se desintegrará; se o espírito não for forte, ele definhará; se o espírito do vale não estiver pleno, ele se esgotará; se todos os seres vivos não surgirem e se realizarem no Tao, eles serão extintos; e, se os próprios governantes não forem leais às pessoas que governam, também perderão seu lugar no mundo.

Não devemos confiar em palavras vazias nem em louvores floreados. O verdadeiro sábio não cobiça coisas como o jade requintado, mas permanece humilde como uma simples pedra.

A PRÁTICA Meditação da lua cheia

Esta prática pode ser usada quando quisermos experimentar a sensação de Unidade; quando precisarmos de um lembrete ou desejarmos deslocar nosso centro; ou sempre que ansiarmos pelo Tao. Ela também é proveitosa quando estivermos com dificuldade para dormir ou precisarmos encontrar um espaço tranquilo dentro de nós.

Se realizar esta prática à noite, deixe que a energia da lua desça até seu *dantian* inferior. Se houver excesso de energia na cabeça, isso poderá impedir que você adormeça.

- Sente-se ou deite-se. Feche os olhos e comece a fazer a respiração do *dantian*.

- Em vez de inspirar e expirar pelo nariz, você pode inspirar pelo nariz, ou Portão do Céu (*tianmen*), e depois soltar o ar pela boca, ou Porta da Terra (*dihu*). Imagine esses dois lugares abrindo e fechando enquanto inspira e expira.
- Em seu olho mental, visualize a lua cheia luminosa pairando logo acima de sua cabeça.
- Sinta a luz dourada dela vertendo sobre o topo de sua cabeça (*bai hui*), seguindo depois através do canal central (*chong mai*) e descendo até o *dantian* inferior, enchendo-o com a rica energia *yin* da lua.
- Você também pode deixar que ela entre em seu corpo através do ponto do *dantian* superior (terceiro olho).
- Sinta a energia *yin* reconfortante da lua preenchendo seu ser com paz e tranquilidade.
- Ao terminar, junte as palmas das mãos e friccione-as 36 vezes, colocando-as em seguida sobre os olhos, o calor delas penetrando seus olhos e depois espalhando-se pelo cérebro.

40º Passo

O retorno é o movimento do Tao.
A suavidade (*ruo*) é a função do Tao.
Todas as coisas sob o Céu
nascem da existência.
No entanto, a existência nasce da não existência.

O comentário

Retorno, ou reversão, é a instrução de trazermos de volta, à consciência do mundo da dualidade, o mundo da unidade ou não dualidade. Essa é a jornada mística no taoismo. A suavidade, ou *ruo*, é a natureza do Tao. *Ruo* também pode significar "passivo", "brando", "maleável" ou "flexível". No 36º Passo, Lao-Tzu nos apresentou a *ruo neng ke gang*: "a suavidade superando a rigidez". Essa suavidade contém muita força.

Todas as coisas sob o Céu se originam da não existência. No 1º, 14º e 25º Passos, Lao-Tzu descreveu como toda forma se origina da ausência de forma. Por sermos parte deste mundo, também temos nossa origem na ausência de forma. Como é poderoso entender isso! Ho Shang Kung nos diz:

O Céu e a Terra, os espíritos e tudo o que voa e rasteja se origina do Tao. O Tao é informe. Por isso, dizem que eles se originaram da não existência. Isso significa que o fundamental vence o exterior, a fraqueza vence a força e a humildade, a autossatisfação.*

---

* Eduard Erkes, *Ho-Shang-Kung's Commentary on Lao-Tse* (Zurique: Artibus Asiae Publishers, 1950), p. 78.

A jornada mística na prática taoísta é retornar do mundo da forma ao mundo do informe. Eis uma antiga ilustração desse processo, chamada *Taichi Tu* (*taiji tu*), ou Diagrama do Grande Supremo, criada há mais de mil anos.

O diagrama ilustra a jornada mística do taoismo, o retorno à unidade. O círculo vazio no alto representa *wuji* — o estado original, primordial da existência. Descendo, o círculo seguinte é do *yin/yang* (*taiji*), em que a energia original e indiferenciada do universo começa a se transformar nas duas forças primárias do universo: *yin* e *yang*. A negra é a força quiescente e a branca, a força ativa. A partir daí, a jornada avança para as Cinco Fases de Transformação (*wu xing*), na qual *yin/yang* transformam-se nos cinco elementos básicos da vida: madeira, fogo, terra, metal ou ouro, e água. Esse é o mundo onde vivemos, onde as coisas estão em constante estado de transformação.

Dizem que o pequeno círculo vazio sob *wu xing* é a "força estabilizadora" entre as outras quatro. Debaixo dele há um círculo vazio que representa a combinação das energias do Céu e da Terra, que cria toda a vida conhecida por nós. O último círculo representa os "dez mil seres" — toda a vida na esfera manifesta.

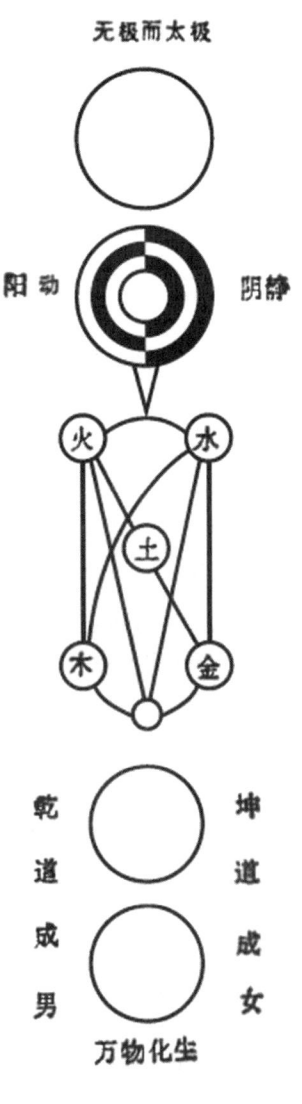

Diagrama do Grande Supremo*

---

* Hua-Ching Ni, *Mysticism: Empowering the Spirit Within* (Santa Monica, CA: SevenStar Publications, 1992), p. 70.

A PRÁTICA Retorno à Origem

Quando usamos o poder que o mundo material nos confere — o *chi*, o coração-mente, a intenção e a capacidade de concentração e perseverança na prática do autoaperfeiçoamento —, iniciamos a subida a partir da base da imagem, passando pelos diversos círculos, rumo aos símbolos do *wu xing* e do *taiji*, retornando depois ao estado original e puro de *wuji*. Esse é o caminho de retorno dos inúmeros seres para a Origem de toda a existência.

- Ao longo das eras, este diagrama foi considerado útil por várias pessoas, pois é um roteiro de nossa jornada. Tenha em mente essa imagem enquanto estiver lendo o restante do livro. Veja se consegue localizar onde você está ao considerar determinado momento.
- Mantenha os olhos e a mente nesse trajeto enquanto permanece receptivo às maravilhas que se apresentam a você ao longo do caminho. Deleite-se com elas, mas sem se afastar do seu rumo. Não se apresse; mantenha o coração aberto; e lembre-se de respirar, lembre-se de rir. Desse modo, sua jornada será uma celebração de retorno ao lar.

41º Passo

Quando o homem superior
ouve falar no Tao,
ele o pratica diligentemente.
Quando o homem comum
ouve falar no Tao,
ele o pratica durante um momento
e depois o perde no seguinte.
Quando o homem inferior
ouve falar no Tao,
ele ri dele.
No entanto, se não rirmos,
nunca conheceremos o Tao.
Portanto, dizem que:
O Tao luminoso
às vezes parece sombrio e obscuro.
Avançar no caminho do Tao
às vezes parece um recuo.
A suavidade do caminho do Tao
às vezes parece acidentada.
A virtude superior do caminho do Tao
às vezes parece um abismo.
A perfeita clareza do Tao
às vezes parece conspurcada.
A grande virtude
às vezes parece insuficiente.
A virtude mais bem estabelecida
parece débil.
A verdade genuína do Tao
às vezes parece instável.
O grande quadrado não tem cantos.
A ferramenta perfeita
às vezes é concluída por último.

> A nota perfeita
> é às vezes difícil de ouvir.
> A imagem perfeita não tem forma.
> O próprio grande Tao
> parece oculto e inominável.
> No entanto, o Tao sustenta todas as coisas
> e a todas completa com êxito.

O comentário

A primeira parte deste passo compara os diferentes níveis de aspirantes espirituais. Eles se sentem inspirados ou frustrados porque é muito difícil alcançar a verdadeira compreensão do Tao, pelo menos no início. Os ensinamentos, embora simples, podem, muitas vezes, parecer difíceis de entender, sendo até mesmo obscuros. E, quando empreendemos nossa jornada, podemos ter a sensação de que recuamos dois passos a cada um que damos à frente. Podemos achar até que estamos retrocedendo. Isso é muito comum e nem um pouco preocupante.

Nossa jornada pode parecer às vezes um pouco acidentada. Podemos sentir até que estamos à beira de um profundo abismo. Podemos não ter certeza de para onde vamos; nossa energia pode parecer fraca; nosso entendimento pode mudar a cada dia. Essa jornada não possui parâmetros definidos. A ferramenta ou o recipiente mais importante às vezes é o último a ser produzido, em um momento "eureca!". A perfeita nota, ou sabor, de sabedoria é difícil de ser ouvida se nosso ouvido, ou paladar, não estiver acostumado a ela.

A perfeição do Tao parece-nos oculta. O próprio Tao parece oculto e inominável. Isso se deve ao fato de ele ser a origem inominável e misteriosa (*xuan*) de todas as coisas.

A PRÁTICA Senso de humor é fundamental

O senso de humor é benéfico em todo caminho espiritual, mas é crucial no taoismo. Os textos taoistas, em particular *Chuang Tzu*, usavam, por tradição, o humor em suas histórias de ensinamento. Eis uma de *Chuang Tzu*.

Chuang Tzu e seu amigo Hui Tzu atravessavam uma antiga ponte sobre o rio Hao. Chuan Tzu disse ao amigo:

— Os peixes que vemos embaixo de nós nadam de um lado para o outro com enorme tranquilidade. Essa é a alegria dos peixes.

Hui Tzu virou-se para ele e perguntou:

— Como pode saber o que os peixes apreciam? Você não é um peixe!

— Desde que você não é eu — respondeu Chuang Tzu. — Como pode saber o que eu sei a respeito da alegria dos peixes?

— Bem — respondeu o amigo, indignado —, posso não ser você, e portanto não saber o que sabe. Porém, como com certeza você não é um peixe, não existe nenhuma possibilidade de que saiba o que os peixes apreciam.

— Ah, então — disse Chuang Tzu, que brincava com os dedos na água enquanto peixinhos vinham mordiscá-los —, vamos voltar ao início de nossa conversa. Quando me perguntou "Como pode saber o que os peixes apreciam?", você sabia que eu sabia. Sei disso porque estou andando sobre o rio!

Como costumava acontecer nesse tipo de conversa com o amigo, Hui Tzu olhou furioso para Chuang Tzu, que mexia os dedos na água com languidez, rindo baixinho consigo mesmo.*

Manter o senso de humor o ajudará bastante nesta jornada. Às vezes, o caminho será acidentado, o tempo incerto, e você poderá sentir que não está fazendo progresso. Mas manter o senso de perspectiva e de humor — aliado a uma boa dose de paciência — tornará a jornada muito mais fácil.

Rir de si mesmo é sempre um bom remédio. Mas rir do absurdo que é a vida o levará muito mais longe em seu caminho. O excesso de seriedade com relação ao caminho espiritual na verdade interromperá seu progresso. Portanto, desfrute a jornada, até mesmo as partes desafiadoras dela, e será capaz de viajar como se estivesse nas asas de um dragão ou de uma borboleta.

---

* Solala Towler, *Tales from the Tao* (Londres: Watkins Publishing, 2010), p. 166.

42º Passo

O Tao gera o um.
O um gera o dois.
O dois gera o três.
O três gera os dez mil seres.
Os dez mil seres carregam o *yin*
e abraçam o *yang*.
Alcança-se a harmonia pela mistura dessas duas coisas.
As pessoas encaram com desprezo os solitários,
os órfãos, os viúvos e os indignos
embora os nobres apliquem esses termos a si mesmos.
Dessa maneira, perdemos ao ganhar
e ganhamos ao perder.
O que os outros ensinam, eu também ensino:
quem usa a violência
não morrerá de morte natural.
Este é meu principal ensinamento.

O comentário

Este passo fala sobre as origens do universo e do nosso lugar dentro dele. O próprio Tao, como a Origem inominável e informe, gera a Unidade — que é a forma. Essa Unidade cria então as duas energias primordiais do *yin* e do *yang*, ou o Céu e a Terra. A partir da interação, ou combinação, do *yin* e do *yang*, produz-se o três: o Céu, o humano e a Terra. A partir do três, todas as coisas vivas são geradas.

Toda a vida, os dez mil seres, voltam-se para o sol (*yang*), dando as costas para a Terra (*yin*). A Terra, ou o *yin* cósmico, é nossa origem, e o sol, ou *yang* cósmico, nosso destino. Com base no *yin*, podemos ascender ao *yang*. Precisamos combinar esses dois aspectos para prosseguir na jornada de maneira harmoniosa.

No caminho do Tao, embora pareça que estamos desistindo de muita coisa — maus hábitos arraigados, falsos egos, o apego ao mundo do dualismo e qualquer propensão à violência —, na verdade é somente ao "perder" essas coisas que obteremos o completo entendimento e a cura.

A PRÁTICA **A não violência contra si mesmo**

A violência pode assumir muitas formas; pode proceder tanto do mundo exterior quanto de dentro de nós. Às vezes, outras pessoas nos infligem violência, mas em outras ocasiões atacamos a nós mesmos com armas emocionais, psicológicas ou até mesmo espirituais.

- Reserve duas páginas de seu diário e faça em cada uma quatro colunas. A primeira página é para a violência externa que você sofreu, ou está sofrendo, na vida. Coloque os seguintes títulos nas colunas: "Física", "Emocional", "Psicológica" e "Espiritual". Faça o mesmo na segunda página, que é para a violência interna.
- Dedique um momento para se sentir enraizado na Terra, mas também como se estivesse se estendendo para o Céu. Sinta que todas as críticas a si mesmo e aos outros vão deixando seu corpo.
- Deixe surgir uma palavra ou frase que capte uma experiência sua de violência. Pode ser o nome de uma pessoa ou de um lugar, algo que você diz a si mesmo ou que outros lhe disseram, ou pode ser ainda a idade que você tinha quando o evento ocorreu.
- Registre essa palavra, frase ou imagem em uma das duas páginas, na coluna mais relevante. Anote tudo o que surgir.
- Avalie como essa experiência de abuso recebida por outros o marcou de forma profunda, de modo que agora é você quem pratica o abuso contra si mesmo. Isso é particularmente comum no caso de abuso infantil.

- Quando sentir que chegou ao fim, examine todas as formas de violência em sua vida. Comece perguntando a si mesmo: como posso interromper isso e encontrar um novo caminho?
- Você pode estabelecer uma base para um novo caminho aprendendo a aquietar sua mente, que vive em um turbilhão. As práticas de meditação, *tai chi* e *chi gong* podem ser úteis nesse caso, porque o ajudarão a se separar das ilusões que você pensa que são reais.
- Embora suas experiências sejam reais no mundo da dualidade, uma vez que aprenda a se separar da mentalidade dualista, você verá, como afirma Chuang Tzu no 45º Passo, que tudo isso é um sonho e que um dia você vai acordar e enxergá-lo do modo que é de verdade.

43º Passo

O mais macio sob o Céu
sobrepuja o mais rígido sob o Céu.
O que não tem forma pode entrar
onde não há espaço.
Por esse motivo, eu sei
que a não ação é extremamente benéfica.
Ensinar sem palavras
e fazer sem fazer —
são poucos os que conseguem entender isso.

O comentário

Há uma história no *Chuang Tzu* que descreve como o *wu wei* é vivenciado. Um príncipe é informado de que há um mestre taoista trabalhando em sua cozinha. Curioso, ele desce até as profundezas da imensa cozinha e encontra um cozinheiro que, embora já trabalhe lá há muitos anos e tenha trinchado inúmeros bois, nunca precisou afiar seu cutelo.

Quando o príncipe pergunta ao cozinheiro como isso é possível, ele retruca:

"É simples, meu senhor. Sou um seguidor do Caminho em tudo o que faço. Quando comecei a trinchar bois, tudo o que eu conseguia ver era a parte do boi que estava diante de mim. Passados três anos, fui capaz de ver o boi inteiro de uma só olhada. Agora, não uso mais os olhos, e sim o meu *chi*. É assim que deixo a própria faca seguir a direção das fibras da carne. Deixo que a faca talhe o próprio trajeto através dos espaços das articulações e cavidades do boi, sem jamais tocar tendões ou ligamentos, e muito menos o osso. Ao seguir o caminho natural e permitir que a faca faça sozinha seu trabalho, tornei-me exímio em minha função.

"Às vezes, deparo com um corte difícil. Em vez de brandir com mais força meu cutelo, detenho-me por completo e medito sobre a situação. Examino com bastante atenção a articulação e movo a lâmina bem devagar, sem usar nenhuma força, até que, de repente, a carne cai como um bloco de terra que cai ao chão. Em seguida, paro e olho em volta para verificar se ainda estou de acordo com o Caminho. Se estiver, fico feliz. Então, limpo meu cutelo com muito cuidado e o coloco em seu lugar. E assim termino meu trabalho."

"Ah" disse o príncipe. "Ao ouvir as palavras deste maravilhoso cozinheiro, aprendi a arte de nutrir a vida (*yang sheng*)".*

A PRÁTICA Regras da estrada

- Preste atenção às placas de "dê a preferência".
- Pratique ser "informe".
- Não force nada.
- Mantenha os olhos, ou a atenção, no prêmio: a iluminação espiritual.
- Compartilhe seu espaço.
- Evite a "violência no trânsito", que é o esforço ineficaz por meio da direção.
- Desfrute a paisagem.
- Escute a trilha sonora de sua mente, mas não se deixe enredar nela.
- Ria de si mesmo.
- Preocupe-se menos; celebre mais.
- Dê a si mesmo certa liberdade.
- Preste atenção às pessoas à sua frente e atrás de você.
- Fique atento às placas ao longo do caminho.
- Preste atenção aos animais e a outras criaturas indefesas.
- Tome cuidado para não perder a saída ou a entrada.

---

* Solala Towler, *Chuang Tzu: The Inner Chapters* (Londres: Watkins Publishing, 2010), p. 60.

- Não escute apenas com os ouvidos, mas também com o coração; não escute apenas com o coração, mas também com todo o seu ser.
- Respeite seus professores.
- Não resista; regozije-se.
- Ame o mundo inteiro como se ele fosse seu próprio eu.

44º Passo

O que é mais desejado: a fama ou a vida?
O que é vale mais: a vida ou a riqueza material?
O que é mais nocivo: o ganho ou a perda?
Emoções excessivas causarão grande sofrimento.
O acúmulo de riqueza material causará uma grande perda.
Aqueles que sabem quando têm o bastante
não sofrerão desapontamentos.
Aqueles que sabem quando se deter
não vivenciarão desgraças.
Viverão uma longa vida.

O comentário

A primeira linha deste capítulo usa mais uma vez a palavra *ming*, só que dessa vez ela significa "nome". Ter o próprio nome reconhecido é uma forma de brilho e fama. Para algumas pessoas, isso é muito importante. No entanto, para os seguidores do Tao, a vida em si é muito mais importante.

Em seguida nos é perguntado o que é mais importante para nós — a riqueza material ou a vida em si? O que é mais nocivo — o ganho ou a perda? Como o ganho se torna um peso na vida, quanto mais riqueza acumulamos, mais nos preocupamos com a possibilidade de perdê-la. Qualquer emoção excessiva causa ainda mais problemas: psicológicos, emocionais e energéticos.

Aquele que sabe quando tem o bastante não tem nada com que se preocupar. Outra maneira de dizer isso é que aquele que sabe quando tem o bastante sempre terá o suficiente. Saber onde e quando parar de acumular coisas evita o sofrimento e a desgraça que acompanham a perda ou o desapontamento. Preservar o *chi* que costumamos desperdiçar com preocupações a respeito do futuro nos libertará, possibilitando-nos usá-lo na vida cotidiana, no autoaperfeiçoamento espiritual. Nós nos sentiremos em paz conosco e com o mundo ao nosso redor.

Contudo, é aceitável ter metas e trabalhar para alcançá-las. É aceitável ser financeiramente solvente; é melhor sustentar a si mesmo que depender de outra pessoa. Mendigar nossa comida não é uma tradição taoista.

A PRÁTICA Fortalecimento da energia terrestre do baço

Embora a vida em si seja muito mais valiosa do que qualquer tipo de riqueza material, viver na pobreza esgota muito nosso *chi*. A preocupação constante com dinheiro danifica o *shen*, nosso espírito, bem como a energia da Terra, que se conserva no baço. O excesso de preocupação e retraimento causa essa deficiência; da mesma maneira, ter energia fraca no baço, causada por maus hábitos alimentares, faz com que nos preocupemos ainda mais. O indício de deficiência no baço é ficar revendo um problema ou uma preocupação incessantemente na mente ou por meio de palavras. Entre as coisas que enfraquecem a energia do baço estão o excesso de grãos e de açúcar, e quantidades exageradas de alimentos processados.

Eis um exercício que você pode fazer para reforçar sua riqueza interior e fortalecer a energia terrestre do baço.

- Como descrito no 23º Passo, o som associado ao baço é HU, ou *ruuuuuuuu*. Emita esse som várias vezes ao longo do dia.
- Enquanto fizer isso, visualize o som como uma luz amarela, que é a cor associada à energia da Terra.
- Acrescente algum movimento, ficando em pé ou sentando-se em uma cadeira, e — enquanto emite o som — levante o braço direito diante de você, com a palma da mão voltada para baixo. Quando atingir o nível da cabeça, vire a palma para cima e levante inteiramente o braço, fazendo um bom alongamento.

- Ao mesmo tempo, abaixe o braço esquerdo à sua frente e alongue-o em direção ao chão.
- Em seguida, inspire e alongue cada braço na direção oposta.
- Emita o som HU durante todos os movimentos e visualize o baço se tornando forte e saudável, para que possa fazer um bom trabalho ao digerir a comida que você ingere — e também as experiências de sua vida.
- Faça isso três, seis ou nove vezes de cada lado.

45º Passo

As maiores realizações parecem imperfeitas
porém sua utilidade não envelhecerá.
A grande abundância pode parecer vazia,
mas, se a usarmos com sabedoria,
ela não se esgotará.
O reto pode parecer torto;
a grande habilidade pode parecer desajeitada;
os grandes discursos podem parecer inadequados.
A atividade sobrepujará o frio.
A quietude serena conquista o calor.
A mansa quietude equilibra
todas as coisas sob o Céu.

O comentário

Ao entender as coisas tal como descritas neste passo por Lao-Tzu, chegamos mais perto de casa, de nossa Origem, do Tao. As quatro últimas linhas nos oferecem um conselho bastante prático sobre como encontrar equilíbrio na vida.

Este passo evidencia a mensagem de que, quando enxergamos com os olhos externos e dependemos disso para decifrar o que é "real", as coisas podem ser enganosas. Apenas com a visão interior podemos ver o que é real e verdadeiro, e distinguir isso do que é ilusão — o que Chuang Tzu chama de "sonho".

> Aqueles que sonham com um grande banquete podem acordar e chorar na manhã seguinte. Aqueles que sonham com uma grande lamentação podem na verdade desfrutar uma grande caçada no dia seguinte.

Quando estão sonhando, eles não sabem que estão sonhando. Em meio a um sonho, podem até tentar interpretá-lo! Somente depois que acordam é que percebem que estavam dormindo. Na ocasião do Grande Despertar, todos acordaremos e veremos que tudo não passou de um sonho.*

Quando sonhamos, afirma o mestre Chuang, achamos que o sonho é real e ficamos felizes ou tristes com ele. Depois, quando "acordamos" no dia seguinte, compreendemos que foi um sonho e deixamos de ficar felizes ou tristes com ele. No entanto, naquela noite, ou até mesmo no próprio dia, temos outro sonho e ficamos alegres ou tristes com ele. É por isso que quase tudo o que vemos e vivenciamos em nossa suposta vida faz parte dessa atividade onírica. Todos os problemas e desafios fazem parte da atividade onírica. Todas as tentativas de escapar do sonho também fazem parte do sonho. Como então podemos saber o que é "real" e o que é sonho?

Acordar do sonho é um caminho de abandono de todas as ideias, medos e hábitos autolimitantes. Desde tenra idade, eles nos são passados e inculcados pelos nossos pais ou pela sociedade. Depois, transmitimos essas mesmas ideias, medos e hábitos para os nossos filhos. É um ciclo vicioso que nunca termina, a não ser que decidamos acordar e abandonar essas ideias, medos e hábitos acumulados ao longo de muitas vidas; a não ser que fiquemos abertos à possibilidade de nos tornarmos um ser desperto a cada momento.

A PRÁTICA Meditação tranquila

Outra maneira de despertar do sonho é praticar a meditação tranquila (*zuo-wang*). Quando praticamos essa meditação, nós a fazemos com o coração leve. Meditamos com alegria, com um espírito de abandono em relação a tudo o que não precisamos, a fim de alcançar um estado de profunda paz interior.

---

* Solala Towler, *Chuang Tzu: The Inner Chapters* (Londres: Watkins Publishing, 2010), p. 39.

- Relaxe os músculos da face em um pequeno sorriso. Não se sente para meditar com uma expressão carrancuda. Pense nas estátuas ou pinturas do Buda e dos mestres taoistas, e tente se lembrar de se já os viu de cara fechada. Experimente sorrir, apenas um pouquinho, na próxima vez que meditar. Você vai ficar impressionado com como isso tornará seu espírito mais leve.
- Quando meditar, não tente deter o cavalo selvagem que é sua mente — mas também não sucumba a ele.
- Medite com o desejo de despertar, de abandonar os vínculos que o detêm e oprimem seu movimento entre os mundos. Esta é uma ocasião para abandonar maus hábitos, medos, a preguiça ou qualquer outra coisa que esteja impedindo seu despertar.
- Medite com uma ardorosa determinação, bem como com jovial aceitação de si mesmo, exatamente como você se encontra neste momento.
- Sente-se ereto, não desabe; entretanto, tampouco assuma uma postura rígida demais.
- Aprenda a dançar com o sonho.
- Não deixe que o sonho o detenha; não deixe que ele o oprima; não deixe que ele determine quem ou o que você será.
- Siga o Caminho do Curso D'Água e flua com o sonho, o tempo todo sabendo que ele não é real.
- Dessa maneira, você será uma dessas pessoas que os antigos taoistas chamavam de "seminais" (*zhongmin*). Pessoas seminais são as que aconselham os outros sobre como despertar. São as que já despertaram, às vezes em outra vida. Elas vieram para cá, nesta vida, para nos lembrar de quem somos de verdade.
- Quando entrar na esfera da meditação tranquila, deixe que a pessoa seminal que você verdadeiramente é possa emergir.

46º Passo

Quando o Tao está presente no mundo,
cavalos são usados nos campos.
Quando o Tao não está presente no mundo,
cavalos de guerra são treinados fora da cidade.
Não há maldição maior
do que não saber quando se tem o bastante.
Não há maior infortúnio
do que o desejo de riqueza material.
Somente aqueles que estão satisfeitos com o que têm
sempre terão o suficiente.

O comentário

Quando os ensinamentos do Tao estão presentes e as coisas estão em harmonia, cavalos são usados para arar os campos. Eles são o cerne de nossa criatividade, e sua força é usada na lavoura. Mas, quando as coisas não estão em harmonia, o que, em grau extremo, ocorre durante a guerra, os mesmos animais são treinados como cavalos de batalha. A força e o poder deles estão localizados longe dos campos e das casas da cidade.

Sentir que não temos o suficiente — dinheiro, respeito, amor ou qualquer outra coisa — conduz à depressão, à raiva e ao estresse. Lao-Tzu considera correr para acumular uma quantidade maior de qualquer coisa, sem levar em conta a saúde mental, física ou emocional, uma espécie de maldição. Correr atrás de bens materiais de que julgamos precisar para ser felizes é uma maldição que criamos para nós mesmos. Por outro lado, quando estamos satisfeitos com o que temos, ficamos contentes. Não importa o muito ou o pouco que tenhamos, possuímos o bastante.

A PRÁTICA O verdadeiro coração

Ficar satisfeito com o que você tem proporciona bem-estar e boa saúde psicológica, emocional e espiritual. Ho Shang Kung chama esse estado de "preservar a própria raiz" e ter um "coração sem desejos".* O coração que está sempre desejando mais é chamado Coração Falso. O coração que sabe quando tem o bastante e está satisfeito com o que tem é chamado Coração Verdadeiro.

Eis alguns ensinamentos que você pode contemplar para cultivar seu Coração Verdadeiro.

- Pense no que você tem e que o deixa contente, em vez de pensar no que não tem.
- Você pode levar uma vida muito simples, sem correr atrás de riqueza ou aclamação.
- A jornada em que você se encontra é longa e sinuosa. Quanto mais bagagem estiver carregando, mais árdua ela vai parecer. É por isso que se entregar, abandonando não apenas as posses materiais, mas também o *desejo* de possuí-las, é muito importante.
- Isso não significa que você precise ser pobre e sem-teto, ou ser destituído de qualquer coisa que tenha valor. O mais destrutivo é o desejo de riqueza material e a interminável busca por ela. É isso que perturba a harmonia interior. O resultado do desejo insaciável é uma vida muito triste e frustrante, bem como um nível de estresse que pode deixá-lo doente.
- Não ter desejos não significa que não possa trabalhar pelo que você quer na vida.

---

* Eduard Erkes, *Ho-Shang-Kung's Commentary on Lao-Tse* (Zurique: Artibus Asiae Publishers, 1950), p. 86.

- Não ter desejos não significa ter de viver uma existência de severo ascetismo.
- Não ter desejos significa que você pode ser feliz com o que tem; se isso mudar e você passar a ter mais, poderá ser feliz com isso também.
- E, se perder parte do que tem, poderá continuar feliz.
- No final, depois que seu corpo se exaurir ou sofrer um dano irreversível, tudo o que lhe restará será o amor que você compartilhou e os frutos de seu aperfeiçoamento espiritual. Nada mais.

47º Passo

Sem sair de casa,
você pode saber tudo sob o Céu.
Sem olhar pela janela,
você pode ver o Tao no Céu.
Quanto mais para longe viajamos,
menos sabemos.
O sábio sabe sem viajar,
enxerga sem olhar
e realiza tudo sem fazer esforço.

O comentário

Estamos em uma jornada interior. Podemos percorrê-la sem sair de casa. Quanto mais nos afastamos da raiz ou origem da vida, menos efetivamente sabemos. Podemos pensar que, por ter frequentado universidades e recebido diplomas e coisas assim, sabemos muito. Podemos sentir que somos velhos o bastante para ter vivenciado muito da vida e que, portanto, somos sábios. No entanto, na realidade, a maioria de nós sabe muito pouco a respeito do que é real, verdadeiro e duradouro.

Até mesmo dentro de casa podemos viajar para longe, ver muitas coisas e compreender mais. Ao despender tempo com viagens interiores, veremos todo tipo de maravilhas. Não precisaremos sequer olhar para fora para ver coisas incríveis. Na verdade, é apenas olhando para dentro que veremos e vivenciaremos tais coisas. Cada passo interior é mais um rumo à totalidade, à cura e à completa identificação com o Tao.

A PRÁTICA **Jornada interior**

Essa é uma jornada que podemos empreender bem onde estamos, seja o lugar que for. A busca espiritual é a jornada que realizamos para chegar à raiz de nosso ser, de nosso Coração Verdadeiro. Eis algumas diretrizes.

- Esta jornada que você está empreendendo é repleta de surpresas e lições que o conduzirão mais longe do que qualquer outra jornada poderia conduzir — mesmo que viajasse ao redor do mundo.
- Se viajar, seja para onde for, sem enxergar com a visão interior e sem olhar profundamente através da janela do coração-mente, será como se você nunca tivesse deixado sua casa repleta de ilusões, construída com base no engano e no desejo.
- Quando você viaja pelo mundo exterior, é possível ir a toda parte e ainda assim não aprender nada a respeito de si mesmo. Você pode gostar de observar as paisagens, apreciar a comida e ouvir os sons de outra cultura, mas, se essas coisas não lhe ensinarem nada a respeito de si, você acabará sua jornada no mesmo lugar em que a começou.
- A peregrinação espiritual, por outro lado, o conduz a terras desconhecidas de maneira diferente: você se esforça para descobrir algo novo a seu respeito como se descobrisse um lugar.
- O sábio não precisa viajar a terras desconhecidas para aprender sobre si mesmo.
- Tal como no 1º Passo, o sábio vê sem olhar.
- Ele aprende sobre si mesmo e seu relacionamento com o Tao com facilidade, sem fazer esforço, sem exagerar, sem ir a lugar nenhum e, principalmente, "sem ir contra a corrente". Como o cozinheiro do 43º Passo, ele viaja seguindo a direção do Tao.
- Que você tenha a oportunidade de viajar profundamente dentro de si. Que seja capaz de devolver ao mundo sua experiência nessa viagem e, assim, beneficiar a si mesmo e os outros à sua volta.

48º Passo

> Na busca do conhecimento mundano
> todos os dias algo mais é acrescentado.
> Na busca do Tao
> todos os dias algo é abandonado.
> O sábio faz cada vez menos,
> até que atinge o estado da não ação.
> O sábio não age,
> porém não há nada que não alcance.
> Para ser um governante de tudo sob o Céu
> é preciso praticar a não interferência.
> Se uma pessoa encarar as coisas dessa maneira
> ela poderá se tornar governante do mundo inteiro.

O comentário

Neste passo, Lao-Tzu faz uma profunda distinção entre o conhecimento mundano, ou dos livros, e o verdadeiro conhecimento. Todos os dias nos abarrotamos de mais conhecimento, mais experiências e mais pensamentos inúteis na cabeça — em particular na era da internet, quando as informações são consultadas e esquecidas com a mesma facilidade. Mas a pessoa que busca o Tao (*tao ren*) abandona tudo isso. Ela remove o conhecimento inútil para dar espaço ao verdadeiro. Além disso, dia após dia, ela vai fazendo cada vez menos coisas, até enfim alcançar o verdadeiro *wu wei*.

A cultura tradicional chinesa conferia grande valor ao papel do erudito. Ser um erudito significava pertencer a um dos degraus mais elevados da sociedade. Os jovens passavam muitos anos fazendo exames para obter cargos no governo. Esses exames eram, em teoria, abertos a qualquer tipo de pessoa. No entanto, na prática, somente as famílias ricas podiam arcar com o custo das aulas e o tempo livre necessário para o estudo. Os exames se inspiravam em material extraído de textos confucianos, e não se esperava que os estudantes criassem novas ideias; deviam se limitar a regurgitar o conhecimento que fora vertido sobre eles.

Esses exames eram repletos de tensão. Os eruditos que passavam conseguiam estabilidade e boa remuneração, ascendendo socialmente com toda a família. Com tanta coisa em jogo, não é nenhuma surpresa ouvir as numerosas histórias de rapazes que eram reprovados nos exames e cometiam suicídio. É por esse motivo que Lao-Tzu é inflexível a respeito de não nos deixarmos enredar por esse acúmulo de conhecimento inútil.

Eis o que diz Chuang Tzu, que levou os ensinamentos de Lao-Tzu à geração seguinte:

> O Tao está oculto atrás do entendimento parcial, e o significado de nossas palavras está oculto atrás de um biombo de retórica floreada. O grande Tao está além de palavras e além de argumentos. O grande conhecimento não precisa de palavras. Aquele que é capaz de falar sem palavras e que pode conhecer o inominável Tao — isso se chama Casa do Tesouro do Céu.*

O sábio é aquele que torna perfeita a vida no *wu wei*. Pode parecer que ele não está fazendo nada: ele não acumula realizações, triunfos ou posições invejáveis. No entanto, realiza muita coisa que é de fato importante. Em vez de realizações mundanas, ele alcança o autoaperfeiçoamento, que é um nível de realização bem mais elevado.

A PRÁTICA **Abandono do supérfluo**

Reduzir o conhecimento inútil significa diminuir os pensamentos em nossa mente, em especial na prática da meditação. A fim de aquietar a mente para a

---

* Solala Towler, *Chuang Tzu: The Inner Chapters* (Londres: Watkins Publishing, 2010), p. 32.

meditação profunda, precisamos abandonar os pensamentos que correm pela cabeça como cavalos selvagens. Isso inclui os pensamentos *a respeito* desses pensamentos. Ao praticar a "meditação tranquila", devemos dedicar várias sessões ao abandono do supérfluo.

Escolha entre as opções que seguem, como orientação, uma das instruções para o trabalho em uma sessão.

- Abandone o desejo de alcançar qualquer coisa com a prática da meditação tranquila.
- Abandone a imagem de quem e o que você é, construída ao longo dos anos.
- Abandone a necessidade de aprovação e reconhecimento por parte do mundo exterior.
- Abandone seu crítico interior, ou pai ou mãe interior, que o perturba e desaprova o que você faz.
- Abandone a necessidade de estar certo, a necessidade de aprovação e a necessidade de ser recompensado.
- Abandone todas as suas ideias a respeito de como é uma pessoa espiritualizada ou iluminada.

Cada momento é uma dádiva, uma oportunidade e uma chance de abandonar alguma coisa, de esvaziar a cabeça e abrir o coração para a mente celestial que reside dentro de todos nós. Assim, poderemos experimentar o que é importante na vida; não se trata de quanto "sabemos", mas sim de quanto compreendemos.

49º Passo

O sábio não segue
seu coração-mente,
e sim o coração-mente
das pessoas como sendo o seu.
Com as pessoas boas
ele é bom.
Com as pessoas que não são boas
ele também é bom.
Para aquelas que confiam
ele oferece confiança (*xin*).
E para as que não confiam
ele também oferece confiança.
Ser virtuoso é confiar.
O sábio no mundo
se une ao coração-mente de todos.
As pessoas erguem os olhos e os ouvidos para ele
e ele as leva de volta
ao coração infantil delas.

O comentário

O sábio, ou ser autorrealizado, coloca os desejos das pessoas à sua volta acima dos próprios desejos. Ele trata aqueles que são bons e os que não o são da mesma maneira, oferecendo confiança a todos, sejam eles confiáveis ou não. Só é capaz de fazer isso porque seu *Te*, ou poder espiritual, é muito forte. Sente-se assim verdadeiramente unido a toda vida.

Como foi descrito no 17º Passo, outras pessoas o procuram para orientação e como exemplo. Ele as inspira a retornar ao coração infantil delas, o que é um retorno à inocência e pureza de sua juventude, quando eram intocadas pelos problemas do mundo.

Realiza isso oferecendo sua confiança aos outros. E, ao fazê-lo, permite aos demais se sentirem confiáveis. Define-se *confiabilidade* como "a qualidade de ser autêntico e fidedigno", como é um sábio, ou a Pessoa Autêntica. A palavra chinesa para confiança, *xin*, também significa "verdadeiro", "sincero" e "fiel". Ao oferecer sua confiança, o sábio também oferta veracidade e sinceridade, trazendo à luz, desse modo, essas qualidades nas pessoas à sua volta.

Como podemos aprender a confiar em nós mesmos tal como o sábio faz? Como podemos oferecer essa confiança aos outros: aos bons e aos que não são tão bons? Como podemos ter um espírito livre e forte para poder fazer isso?

Lao-Tzu afirma que a resposta para todas essas perguntas é seguir o coração-mente e, ao mesmo tempo, nos unir aos outros. Como não estamos paralisados em nossas próprias opiniões ou ideias, abrimo-nos às dos outros. Ficamos receptivos às pessoas ao redor e, ao fazê-lo, despertamos algo nelas: elas sentem vontade de abrir o coração para nós e ouvir o que temos a dizer.

Quando nos restringimos às nossas ideias, opiniões e entendimento limitados, isolamo-nos daqueles que nos cercam. No entanto, se nos mostrarmos receptivos a aprender com os outros, sejam eles bons ou não tão bons, expandiremos nosso entendimento do mundo e vivenciaremos um nível de confiança que não sabíamos ser possível.

Abrimos o coração-mente primeiro a nós mesmos e depois às pessoas ao redor. Em seguida, construímos confiança dentro de nós e, depois disso, a estendemos aos outros. Entretanto, só somos capazes de fazer isso se também formos capazes de confiar em nosso próprio processo, nos ensinamentos inspiradores dos mestres do Tao e nas práticas que nos levarão de volta à Origem. A prática deste passo favorece tudo isso.

A PRÁTICA Tornando-se o observador

Como afirma Lao-Tzu no 13º Passo, só é possível confiar o mundo àqueles que valorizam o próprio bem-estar *tanto quanto* valorizam o bem-estar do mundo. Por meio da prática da meditação profunda, podemos começar a confiar em nosso eu superior, em nossa natureza do Tao. Ao abandonar opiniões e julgamentos, tanto a nosso respeito quanto a respeito dos outros, podemos experimentar o poder que surge quando entregamos os pontos e deixamos que as coisas sejam como são.

Observação interior

- Ao se sentar em uma almofada ou cadeira, respire profunda e lentamente, deixando os pensamentos do dia passarem pela sua consciência como se estivesse olhando para uma tela de cinema. Isso o ajudará a se afastar desses pensamentos e a não se identificar com eles.
- À medida que os pensamentos passam pela tela, sinta como eles têm muito pouco a ver com você. Eles fluem, enquanto você tem raízes, é forte e está em harmonia com o mundo. Deixe esse sentimento permear seu ser. Deixe que ele preencha todas as partes sombrias e perturbadoras do seu eu.
- Vivencie o "observador", a parte de sua consciência que deixa os pensamentos e sentimentos passarem sem que você se apegue a eles ou os julgue. Ao se concentrar no observador, você terá o poder de reconhecer se está apegado aos pensamentos que passam. Se não estiver apegado a nenhum deles, tanto melhor. Mas, caso perceba algum apego, observe-o ir embora com o restante do filme.
- Permita que seu ser seja preenchido com essa experiência do Tao: a natureza indescritível, silenciosa e insípida de tudo o que existe, de tudo o que somos e de tudo o que jamais precisaremos.
- Quando terminar, abra os olhos e sorria.

Observação exterior

- Sente-se em uma cadeira ou deite-se no chão. Olhe para o céu.
- Observe os galhos superiores das árvores dançando ao sabor da brisa.
- Observe as nuvens flutuando no céu. Repare no formato que assumem, deixando sua imaginação livre para ver coisas como animais e castelos.

- Observe as nuvens passando, sem nenhum revestimento conceitual. Limite-se a permanecer sentado ou deitado, observando as nuvens que deslizam pelo céu e as árvores dançando à brisa, sem nenhuma opinião a respeito dessa experiência ou necessidade de forçar qualquer coisa a ser melhor do que é.
- Experimente essa meditação observando um rio, um lago, as ondas do mar, uma vela ou uma fogueira.

A observação interior e exterior o ajudará a se tornar mais objetivo e imparcial, e também menos emocional a respeito de sua vida e dos desafios ou frustrações que se manifestam nela.

50º Passo

Ao *entrar* (nascer)
e ao *sair* (morrer)
aqueles que seguem a vida
são três em dez.
Aqueles que seguem a morte
também perfazem três em dez.
E aqueles que estão vivos
mas avançam em direção à morte
também são três em dez.
Qual é a razão disso?
É que a maioria das pessoas
consome sua força vital (*chi*).
Aqueles que sabem como
manter a força vital
não encontram perigos no caminho.
Podem lutar em uma batalha
e não ser feridos pelas armas.
Não há nenhum lugar neles onde os rinocerontes
possam inserir seu chifre.
Os tigres não conseguem encontrar nenhum lugar
onde usar as garras.
Nenhuma arma pode lhes fazer mal.
Qual é a razão disso?
É que não há nenhum lugar neles
por onde a morte possa entrar.

O comentário

O mundo está repleto de pessoas que nascem e morrem; no entanto, parece que a maioria delas apenas avança em direção à morte. Por que isso acontece?

Devido à maneira como vivem, elas consomem a força vital (*chi*) sem a repor e, portanto, aproximam-se cada vez mais da morte. O *chi* anima toda espécie de vida; uma vez que vá embora, a vida deixa de existir.

É por esse motivo que quem administra bem seu *chi* não enfrenta os mesmos perigos que os demais. Essas pessoas podem travar as batalhas da vida sem se ferir. Como nutrem e mantêm sua energia vital, nem mesmo os animais selvagens são capazes de lhes fazer mal. Como têm uma poderosa força vital, os desafios da vida — que Lao-Tzu descreve como armas, chifres de rinoceronte e garras de tigre — não são capazes de feri-las.

O *chi* precisa ser cultivado e mantido para que a vida possa florescer. Muitos desperdiçam seu *chi* ao manter um estilo de vida inadequado, ingerir alimentos não saudáveis, nutrir pensamentos impróprios e se debater em estados emocionais improdutivos. A provisão de *chi* então se desgasta e, a não ser que se dediquem a práticas de autoaperfeiçoamento, a força vital dessas pessoas se esgota, conduzindo-as à morte. Por outro lado, quem mantém uma vida saudável e equilibrada vive por longo tempo, prospera e se sente feliz. Embora doenças graves possam ser kármicas e, por isso, atingir pessoas que têm um estilo de vida saudável, de modo geral, quem vive em equilíbrio vive mais tempo e é mais feliz.

Se ingerirmos alimentos que não têm *chi*, eles não podem produzir nem fortalecer o *chi* em nosso corpo. Se levarmos um estilo de vida estressante, não seremos saudáveis. As causas disso podem estar em qualquer coisa, desde o uso excessivo de drogas e álcool a permitir que nossas emoções oscilem desenfreadamente. Embora muitos problemas de saúde, entre eles os emocionais, possam ser tratados por meio da medicina chinesa e de práticas de autoaperfeiçoamento, precisamos prestar bastante atenção ao que está acontecendo em nosso corpo para que o que surja, ou se manifeste, seja positivo e saudável.

Uma alimentação à base de *fast-food* não contém nenhum *chi*, tampouco nutrição para uma vida saudável. Os textos taoistas apresentam várias instruções para que "evitemos os grãos", o que indica uma dieta com baixo teor de carboidratos. Mesmo que não seja alérgico ao glúten do trigo, ainda assim é uma boa ideia consumir o mínimo possível de grãos, já que eles são de difícil digestão e até mesmo um pouco tóxicos. No caso da maioria das pessoas, é melhor ingerir uma grande variedade de vegetais e uma quantidade moderada de carne.

No pensamento taoista, as emoções são encaradas como estados energéticos. Quando não estão equilibradas nem harmoniosas, elas estressam e exaurem nossa força vital. Observe suas emoções: você está deprimido ou triste grande parte do tempo? Fica sempre zangado com as pessoas ou as circunstâncias? Acorda no meio da noite com ataques de pânico ou até mesmo suores noturnos? Sente-se exageradamente feliz, tendendo à histeria?

Os pensamentos também podem se tornar tóxicos. Observe-os com cuidado: seu raciocínio é repleto de queixas e temores? Tende a seguir uma rotina desgastada? Seus pensamentos se agitam quando você está tentando dormir ou mesmo relaxar? Eles oscilam e o fazem se sentir irritado? Você se esquece das coisas? Estes são sinais de desequilíbrio que resultam na perda do *chi*.

É proveitoso passar mais tempo se dedicando a práticas de quietude e "quietude por meio do movimento". Como afirma Hua-Ching Ni: "A melhor nutrição procede da mente calma e relaxada. Se ingerir bons alimentos, mas sua mente estiver perturbada, os resultados não serão bons".*

Este passo nos lembra de que devemos cuidar bem do nosso *chi*. Por meio de escolhas de estilo de vida e práticas de aperfeiçoamento, ficaremos a salvo de danos externos e viveremos uma existência longa e serena — até que chegue a hora de nos fundirmos mais uma vez ao infinito.

A PRÁTICA Orvalho Celestial

Esta prática favorece a digestão, estimula o cérebro e nutre o *chi* em todo o ser.

Para estimular tanto as gengivas quanto o cérebro, como você fez no 2º Passo, bata os dentes uns contra os outros 36 vezes, lenta e suavemente. Todos os dentes podem se tocar ao mesmo tempo, ou você pode fazer o exercício nove vezes com os dentes da frente, nove vezes com os dentes do fundo, nove vezes à direita e nove vezes à esquerda.

---

* Hua-Ching Ni, *8,000 Years of Wisdom,* Volume 1 (Santa Monica, CA: SevenStar Publications, 1983), p. 183.

Em seguida, exercite a língua com a prática denominada Girar o Dragão Vermelho. Faça isso passando a língua em toda a parte interna da boca, com os lábios fechados. Execute o movimento da esquerda para a direita, 21 vezes. Em seguida, inverta a direção, e execute o movimento da direita para a esquerda, também 21 vezes.

Ao final, você deverá ter bastante saliva acumulada na boca. Os taoistas chamam isso de Orvalho Celestial, porque a saliva contém coisas benéficas como hormônios, proteínas e outras substâncias com funções digestivas, antibacterianas e formadoras de minerais. Engula todo o Orvalho Celestial de uma só vez ou em três partes — e emita um som que enfatize esse movimento.

Visualize a saliva descendo até o *dantian* inferior.

Enquanto fizer outras práticas, se mantiver a ponta da língua no céu da boca, também produzirá bastante Orvalho Celestial. Você deve engoli-lo da mesma maneira.

51º Passo

O Tao gera todos os seres.
A virtude (*Te*) os alimenta.
O *chi* primordial lhes confere forma.
As circunstâncias os completam.
Sendo assim, os dez mil seres
reverenciam o Tao e estimam a virtude.
O Tao é respeitado e a virtude é reverenciada
de maneira natural e espontânea (*tzu ran*).
Sendo assim, dizemos que o Tao
gera todos os seres
e que a virtude os alimenta,
os nutre e permite que cresçam;
ele os cria e permite que amadureçam;
ele os sustenta e os protege.
Ele gera, mas não possui,
Favorece, mas nada reivindica,
Desenvolve, mas não é dominador.
Isso se chama *profunda virtude*.

O comentário

De fato, todas as coisas procedem do Tao, mas é o *Te* que as alimenta. Como o *Te* é a manifestação do Tao, ele faz de nós quem e o que somos. Todos os dez mil seres — toda a vida na Terra — são manifestações do Tao, com o *Te* conferindo-lhes forma e substância. Podemos pensar no *Te* como a função do Tao no mundo.

O Chi primordial (*yuan chi*) confere-lhes forma. O Chi primordial é a força vital fundamental do universo. Como ressalta Hua-Ching Ni:

Ao compreender que todas as coisas no universo são diferentes manifestações do *chi*, podemos perceber por que os sábios sempre disseram: "Todas as coisas são o uno, e o uno é todas as coisas". Sem a expansão e o retraimento, a doação e o retorno do *chi*, a transformação de todas as coisas seria impossível.*

Tanto no mundo físico quanto no mundo espiritual, o Tao e o *Te* devem ser reverenciados e estimados. Isso se faz com naturalidade e sem premeditação (*tzu ran* ou *ziran*), não para louvar ou suplicar, mas porque é natural fazê-lo.

Se nos opusermos à natureza, ou ao que é natural, acabaremos em dificuldades. Se formos contra a própria natureza, sofreremos. A esse entendimento denominamos Profunda Virtude (*xuan de*). Assim como no 10º Passo, a palavra *xuan* pode significar "escuro", "misterioso" ou até mesmo "mágico", indicando um entendimento muito profundo.

A ideia de *tzu ran* é fascinante. Ela pode significar "natural", "espontâneo" e "as coisas como elas são". O 25º Passo ensinou que os humanos seguem a natureza, a natureza segue o Tao, e o Tao segue a própria natureza (*tzu ran*). É por esse motivo que *tzu ran* pode ser associado ao Chi primordial, como o é neste passo.

Se o Tao é a origem e o destino de toda a vida, e se *tzu ran* significa ser fiel à nossa natureza essencial, o resultado é que agimos de maneira espontânea, porém natural — a "perambulação sem rumo" mencionada por Chuang Tzu. Eis uma forma de viver e nos relacionarmos com completa sinceridade e prontidão.

Podemos nos sentir nervosos ao agir com espontaneidade porque nos preocupamos com a possibilidade de atrair atenção excessiva ou de os outros nos julgarem e nos criticarem. Lembre-se apenas de que ser espontâneo não é o mesmo que agir por impulso, assim como possuir uma alegria ou inocência infantil é diferente de ser imaturo. O verdadeiro *tzu ran*, ou a verdadeira espontaneidade, se dá quando agimos com base em nossa natureza profunda, nossa natureza do Tao. Isso não é algo que possa ser aprendido; só pode ser vivenciado no momento certo, quando se houver alcançado aperfeiçoamento

---

* Hua-Ching Ni, *Ageless Council for Modern Life* (Santa Monica, CA: SevenStar Communications, 1991), p. 1.

suficiente e quando nos sentirmos à vontade em nossa pele e com nossa natureza essencial.

A PRÁTICA Viver segundo o coração infantil

O sábio sempre age segundo seu coração infantil. Os discípulos costumam tentar imitar essa atitude, mas acabam se atrapalhando, porque ela não é genuína.

- As seguintes dicas o ajudarão a viver segundo seu coração infantil.
- Quando fizer as coisas, esqueça qualquer intenção que possa ter.
- Aja e se comunique mantendo a mente intelectual desligada.
- Não se preocupe em estar fazendo as coisas "direito".
- Corra riscos.
- Mantenha o coração aberto. Mantenha os olhos abertos. Respire concentrando-se na barriga.
- Imagine que é uma criança inocente encarando decisões e pessoas, como se vivenciasse tudo pela primeira vez.
- Deixe seu espírito flutuar além dos muros de sua mente e seja como uma criança que dança, sem se importar com o que os outros possam achar; sem se preocupar em estar fazendo as coisas "direito". Apenas desfrute o próprio ser e seu corpo animal.
- Dedique um dia por semana a fazer tudo e interagir com todos segundo seu coração infantil. Você pode até preparar as pessoas que o rodeiam, explicando-lhes de antemão o que vai fazer, para o caso de não se comportar exatamente como esperam. Uma prática espiritual como esta trará alegria para sua vida, encantando seu coração e lhe dando asas para voar até o infinito.

52º Passo

Todos os seres sob o céu têm uma origem
que é a Mãe de todas as coisas.
Conhecer a Mãe é conhecer seus filhos.
Conhecer os filhos
é também estar ligado à Mãe
é viver até o fim da vida sem sofrer nenhum dano.
Fecha a boca, fecha a porta dos sentidos
e viverás muito e sem nenhum problema.
Se continuares a interagir com o mundo
procurando controlá-lo
e deixando abertos os portões dos sentidos,
estarás perdido.
Perceber o que é pequeno chama-se *iluminação*.
Preservar a suavidade e a brandura chama-se *força*.
Usa a luz para retornar à luz interior.
Dessa maneira, não atrairás nenhum desastre
e adentrarás a eternidade.

O comentário

Neste passo, o Tao é chamado de Mãe de todas as coisas. Para conhecer nossa origem, a Mãe, precisamos conhecer seus filhos: nós. Conhecer a nós mesmos é estarmos conectados à Origem cósmica. Quando experimentamos uma profunda conexão com essa Origem, vivemos sem nenhum dano, sendo capazes de dançar com a transformação e fluir com os desafios e as oportunidades que a vida nos trouxer.

Para fazer isso, Lao-Tzu oferece mais instruções para a meditação profunda, ou prática da quietude. Ao fechar a boca e a porta de nossos sentidos, entraremos nessa meditação e viveremos uma longa existência, com menos problemas do que alguém cujas portas dos sentidos estejam sempre abertas e dominadas pelos costumes do mundo. As pessoas do mundo, que nunca têm momentos de quietude consigo mesmas, tornam-se vítimas de suas projeções e fantasias, vivenciando ameaças ou ofensas. A tentativa de controlar o mundo fora delas as isola do verdadeiro mundo exterior. Elas perdem a importantíssima conexão com a Mãe.

Se quisermos entender quem e o que somos, precisamos dedicar tempo aos pequenos momentos da vida. A vida não é composta de uma aventura grandiosa após outra; para ser mais exato, é uma sucessão de momentos corriqueiros. No mesmo espírito de apreciação, todos temos ciclos pessoais: às vezes estamos para cima, outras vezes, para baixo. Embora possamos apreciar muito mais os ciclos de alta do que os de baixa, costumamos aprender muito mais com os ciclos de baixa. Ao respeitá-los e prestar bastante atenção ao que eles têm a nos ensinar, tornamo-nos sábios. Entender e valorizar o pequeno e o baixo denominamos *iluminação*, que pode se traduzir também por "iluminado interiormente".

Lao-Tzu oferece-nos a prática de "direcionar a luz para sua origem" — a luz da atenção volta-se para a consciência mental original. Ao permitir que a luz da percepção penetre os recônditos obscuros de nossa mente, o verdadeiro eu essencial — ou o Tao — emerge. Como não nos identificamos mais apenas com os constructos intelectuais e energéticos, passamos a ser capazes de distinguir o que é real do que é falso; o que é eterno do que é passageiro. Quanto mais um praticante se liberta dos apegos mentais, mais ajuda ele recebe — em nível espiritual e energético. Os taoistas chamam isso de *ming shen*, "mente radiante", ou "espírito radiante".

A prática de "Direcionar a luz para sua origem" é apresentada em detalhes em *Taiyi Jinhua Zongzhi* [*O Segredo da Flor de Ouro*], texto escrito pelo famoso e imortal Lu Dong Bin. O livro dá instruções sobre como focar e refinar nosso espírito original por meio de imagens do ouro como a luz do espírito original e da flor como o despertar — ou florescer — desse espírito.

A PRÁTICA Direcionar a luz para sua origem

Esta prática volta nossa luz para dentro, a fim de que possamos chegar à mente original, "a mente dentro da mente", a Origem, nossa Mãe.

- Sente-se em uma almofada ou na beirada de uma cadeira. É importante manter o corpo ereto, embora sem rigidez.
- Imagine que um fio está saindo do *bai hui*, o topo de seu crânio, rumo aos Céus, que com delicadeza sustenta sua cabeça.
- Coloque a ponta da língua no céu da boca e respire lenta e profundamente, sentindo o *dantian* inferior.
- Feche os olhos completamente ou os deixe semicerrados, concentrando-se na ponta do nariz.
- Permita que seus pensamentos desacelerem até conseguir manter apenas um, seguindo a antiga instrução para entrar em estado de tranquilidade: "Substitua dez mil pensamentos por um". Isso significa que, em vez de deixar que o cavalo selvagem do pensamento percorra toda a sua consciência, você deve conduzi-lo com delicadeza a um único caminho — e mantê-lo lá.
- Uma maneira de fazer isso é se concentrar na respiração. Conte cada inalação e exalação como apenas uma respiração, e continue a contar até dez ou mesmo mais vezes — embora seja melhor não chegar a mais de 36 respirações. Deixe que a respiração se torne tão natural e espontânea, a ponto de não parecer mais que você respira conscientemente, e sim que está "sendo respirado". Isso ajudará sua mente a se aquietar, a ficar menos ativa e a se mover mais devagar. Não é necessário matar o cavalo selvagem — você quer apenas domá-lo. Quanto mais tranquila estiver sua mente, mais calmo se tornará seu espírito (*shen*).
- Volte agora seu foco para dentro. Coloque-o em seu eu interior; abandone o eu exterior. O mundo exterior pode ser tão perturbador que, no caso da maioria das pessoas, ele exerce forte controle sobre elas mesmo quando estão meditando. Agora é o momento de abandonar

tudo isso, de afastar o olhar do mundo e voltá-lo para seu profundo eu interior.

- Deixe que a luz de seu olhar interior o conecte a seu espírito original. Aprofunde cada vez mais o olhar e o relaxamento, observando o que surge nessa experiência. Passe pelo menos vinte minutos nesse estado, para que ele crie raízes em seu ser.
- Para encerrar a prática, tal como feito antes, friccione as palmas das mãos 36 vezes e em seguida esfregue-as no rosto para cima e para baixo.
- Abra os olhos. Fique sentado e quieto durante alguns instantes, para concentrar suas energias antes de reingressar no mundo exterior do "fazer" depois de ter passado algum tempo com o "ser". Não dê um salto brusco para a sua rotina; entre nela aos poucos. Como poderá estar sensível ao sair da meditação, evite durante algum tempo qualquer tipo de comunicação emocionalmente perturbadora.

Ao praticar desta maneira, você alcançará o que os taoistas chamam de Meia-Noite Viva — um estado de profunda tranquilidade e quietude, que permite o aparecimento do espírito original ou celestial.

53º Passo

Se eu possuo algum conhecimento
percorrerei o grande caminho do Tao
e meu único medo será que me desvie dele.
O grande caminho do Tao é muito seguro
porém as pessoas preferem se afastar dele.
Quando a corte real é perdulária
os campos do povo são cultivados em excesso.
Os celeiros ficam vazios,
embora as roupas dos cortesãos sejam ricas e vivamente coloridas.
Eles usam espadas afiadas
e se refestelam comendo e bebendo.
Possuem mais riqueza do que podem usar.
Essas pessoas são como bandidos.
Isso não é seguir o Tao.

O comentário

É importante, e até mesmo crucial, ater-nos a nossa jornada e não nos desviarmos do rumo. Sempre haverá reluzentes distrações na vida que, a não ser que sejamos vigilantes, nos afastarão para outros caminhos. Ho Shang Kung diz: "O grande Tao é muito suave. Mas as pessoas adoram atalhos".* As pessoas tentam pegar esses atalhos na tentativa de evitar o trabalho árduo, porém os desvios as conduzem para bem longe do caminho, rumo a becos sem saída,

---

* Eduard Erkes, *Ho-Shang-Kung's Commentary on Lao-Tse* (Zurique: Artibus Asiae Publishers, 1950), p. 94.

ou podem até levá-las a se perderem e tornarem-se incapazes de encontrar o caminho de volta.

A parte seguinte desse passo pode ser interpretada de várias maneiras. Pode ser uma crítica à classe governante, que dissipa a riqueza do reino e leva os agricultores — o esteio da civilização — à miséria. O povo se torna faminto enquanto as classes dominantes vestem-se com fina seda, usam armas sofisticadas e se empanturram com comidas e bebidas requintadas. De modo resumido, a classe governante consiste em bandidos que vivem à custa do povo.

Outra maneira de interpretar essas linhas se origina do entendimento de que a corte real pode indicar praticantes espirituais que acumulam riquezas esotéricas, intelectuais ou misteriosas, enquanto desconsideram as necessidades dos que estão a seu redor. Seus campos estão vazios, o que significa que seu coração e espírito estão vazios, sem serem cultivados. Embora exibam erudição espiritual, não têm nada realmente valioso a oferecer. Seus campos de *chi* também estão vazios: eles dissiparam o *jing* e se vestem com roupas coloridas para atrair atenção e seguidores. Exibem com alarde as pequenas habilidades que adquiriram, tentando obter glória e atenção. Essas pessoas não estão interessadas no sincero autoaperfeiçoamento; para ser mais exato, estão atrás de poderes triviais a fim de controlar os outros ou ganhar dinheiro. Alimentam-se dos elogios dos seguidores e buscam o poder e a riqueza.

De acordo com Lao-Tzu, essas pessoas são bandidos. Podem falar de modo convincente, mas não são coerentes com o próprio discurso. Podem se vestir como mestres espirituais, mas não têm nada de valor para ensinar. Podem cobrar muito dinheiro para transmitir seu "conhecimento", mas este é vazio. Isso não é o Tao, insiste Lao-Tzu; esse não é o verdadeiro caminho.

Pode ser difícil — sobretudo no início — distinguir os falsos mestres dos verdadeiros. Precisamos nos ater ao próprio caminho e dedicar o tempo necessário ao cultivo de algo que seja duradouro. Quando falsos mestres oferecem atalhos e caminhos mais fáceis, é importante não cairmos nas armadilhas deles.

Esta jornada na qual você se encontra é empreendida passo a passo, e somente *você* pode percorrer o caminho. Apenas *você* pode saber o que precisa fazer para atingir suas metas. Somente *você* pode resolver quaisquer problemas kármicos com os quais tenha vindo para cá a fim de alcançar uma visão clara. Apenas *você* pode evoluir da ignorância para a iluminação. Como pergunta Hua-Ching Ni: "A coisa mais importante é o seguinte: você alimenta e desenvolve sua própria natureza?"* Nada mais — a carreira, a saúde, os relacionamentos — é tão importante quanto isso, porque tudo começa a fazer sentido quando você está em seu caminho, aquele que nasceu para percorrer. Essa jornada o conduzirá a muitos lugares; nem todos são agradáveis, mas são importantes para seu crescimento espiritual — desde que os encare dessa maneira.

Se encarar os lugares dolorosos como problemas, aborrecimentos, punições ou julgamentos, você sofrerá. Embora o sofrimento seja inevitável no mundo do dualismo, pode-se aprender a usá-lo como incentivo ao crescimento, reduzindo desse modo a dor que você sente. Todos sofrem neste mundo, até mesmo os sábios, mas eles usam o sofrimento como remédio, como oportunidades de crescimento e como maneira de aprofundar seu autoaperfeiçoamento.

A PRÁTICA A dor como remédio

Seria maravilhoso aprender apenas com experiências positivas. Mas, quando as coisas estão indo bem, temos a tendência de deixar de lado a prática do autoaperfeiçoamento e seguir na onda dos bons tempos. Depois, quando aparecem tempos não tão bons, ficamos zangados, magoados ou frustrados.

Na próxima vez em que alguma coisa lhe causar dor, procure vê-la como algo que lhe está sendo oferecido pelo Tao. Encare-a como uma dádiva, não uma punição.

- Na próxima vez que a dor entrar em sua experiência, reserve alguns momentos apenas para respirar.
- Respire profundamente algumas vezes e depois relaxe o corpo.
- Respire profundamente mais algumas vezes e depois relaxe a mente.

---

* Hua-Ching Ni, *The Gentle Path of Spiritual Progress* (Santa Monica, CA: SevenStar Communications, 1987), p. x.

- Respire profundamente mais algumas vezes e depois relaxe o sistema nervoso.
- Respire profundamente mais algumas vezes e depois relaxe o *chi* ou corpo de energia.
- Não lute contra a dor, tampouco se entregue a ela.
- Siga o Caminho do Curso d'Água, deixando que a dor flua para você — e depois para fora de você. Sinta-se fluindo como a água, eternamente adaptável e mutável, alterando a forma e a direção conforme a necessidade.
- Como a água é sempre dócil, e no entanto muitíssimo poderosa, ela sempre triunfa. Sinta-se fundindo-se com o incessante fluxo da água que viaja para o mar.
- Relaxe ao compreender de está fluindo como a água em sua jornada sagrada rumo à Origem de toda a vida, o Tao.

54º Passo

Quem está plantado firmemente no Tao não pode ser extirpado.
Quem se segura com firmeza ao Tao não será afastado dele.
Os netos fazem oferendas aos ancestrais.
Cultiva o Tao no teu ser
e tua virtude (força espiritual) será verdadeira.
Cultiva o Tao na tua família
e a virtude da tua família será forte.
Cultiva o Tao na tua aldeia
e a virtude da tua aldeia será duradoura.
Cultiva o Tao na nação
e a virtude da nação será abundante.
Cultiva o Tao com tudo sob o Céu
e tua virtude permeará todos os lugares.
Contempla a unidade por meio de ti mesmo (*kuan*).
Contempla a grande família
por meio da tua própria família.
Contempla a grande aldeia da humanidade
por meio da tua própria aldeia.
Contempla a nação universal
por meio da tua própria nação.
Contempla tudo sob o Céu
para compreender o mundo inteiro.
Como sei que isso é verdadeiro?
Ouvindo o que é falado dentro de mim.

O comentário

Se estivermos firmemente arraigados em nossa prática, não seremos afastados com facilidade de nosso rumo. Se cultivarmos o Tao com seriedade, não o perderemos. O conhecimento e a experiência adquiridos por meio do esforço do aperfeiçoamento podem ser passados à próxima geração. Mesmo que nossos filhos não sigam o Tao, eles não podem deixar de ser influenciados de maneira positiva pelo aperfeiçoamento espiritual. Se cultivarmos o Tao com todo o nosso ser, o *Te* do sábio preencherá nosso corpo e coração. Precisamos cultivar o Tao em todos os aspectos da vida para que esse cultivo floresça, afetando aqueles que nos cercam.

Se quisermos "salvar o mundo" ou causar qualquer efeito nele, temos de começar por nós mesmos. Em seguida, estendemo-nos, camada por camada, até podermos influenciar de verdade nossa família, o local de trabalho, a comunidade e até mesmo os detentores do poder. Ho Shang Kung diz: "Aquele que cultiva o Tao dentro do corpo economiza sua respiração, nutre seu espírito, aumenta sua vida e acumula anos. Se o *Te* dele for assim, ele se tornará um sábio (*zhen ren*)".*

Há uma conexão sagrada entre nosso coração e o coração de todos em nossa comunidade. Embora há muito tempo seja um caminho de eremitas e eruditos, o taoismo também sempre "reuniu multidões". Xuezhi Hu afirma:

> Quantos corações vivem no meu coração? Uma ideia surge assim que outra se extingue. Meu ego existe como um entre inúmeros corações (pessoas) que habitam meu coração. Desse modo, disciplinar meu coração é o mesmo que disciplinar os corações de meu infinito povo.**

Embora seja importante manter o senso de comunidade no caminho espiritual, isso pode parecer desafiador para quem gosta de praticar sozinho e seguir o próprio caminho. Mas todos precisamos da comunidade — todos precisamos ter a sensação de pertencer a uma família. Não precisa ser a família genética; pode ser uma comunidade inclinada à espiritualidade, que se reúna para permutar apoio e inspiração.

Neste passo, Lao-Tzu descreve como a prática espiritual repercute através das camadas de nossa família, aldeia e nação — até que nos reunamos todos

---

* Eduard Erkes, *Ho-Shang-Kung's Commentary on Lao-Tse* (Zurique: Artibus Asiae Publishers, 1950), p. 95.
** Xuezhi Hu, *Revealing the Tao Te Ching* (Los Angeles: Ageless Classics Press, 2005), p. 159.

em uma vasta rede de realizações e conexões espirituais. Conectamo-nos com essa unidade da Origem por meio de nós mesmos. O termo que Lao-Tzu emprega é *kuan* (*guan*), que significa "observação interior" ou "visão mística", indicando ainda um local sagrado ou um mosteiro. As práticas taoistas utilizam a energia ou consciência do corpo para nos conduzir a uma percepção que se expande além dele. Ao irradiar a luz da consciência sobre nosso corpo e nosso *chi*, ligamo-nos com aquilo que anima esse corpo e o sistema de energia. Descobrimos que não estamos restritos aos limites físicos; nossa mente pode ir bem mais além, e a consciência, ou *shen*, pode ir mais além ainda.

Embora desejemos nos sentir conectados a todo o mundo, precisamos começar com um princípio taoista fundamental: curar e fortalecer primeiro a nós mesmos. Precisamos antes de qualquer coisa saber o que é verdade. Como fazer isso? Escutando o que "é falado" dentro de nós. No entanto, nunca ouviremos essa "pequena voz serena" se nossa mente estiver transbordando de pensamentos e desejos. Quando ouvimos de fato com a mente e o coração abertos, recebemos poderosos apoio e orientação.

A PRÁTICA O Palácio da Observação Interior

Praticamos este passo conduzindo a atenção para o corpo e depois "esquecendo" dele. Em vez de seguir a mente, essa meditação usa a prática do *chi kuan*: "observando o *chi* do corpo". Ao prestar atenção aos lugares onde o *chi* circula com vigor, onde ele é fraco e onde está bloqueado, podemos obter uma boa representação de nosso estado energético.

- Sente-se ou deite-se na postura de meditação. Feche os olhos e deixe que sua respiração se torne bastante lenta e profunda. Permita que a mente relaxe; entregue-se.
- Sinta a consciência se propagar por todo o corpo. Respire enquanto se conscientiza de seu corpo e do que está acontecendo dentro dele. Não julgue, critique ou force qualquer coisa a acontecer.

- À medida que sua percepção, ou consciência, preencher todo o seu corpo, conduza a luz do entendimento para cada um dos cinco sistemas de órgãos — e depois ao corpo inteiro.
- Não guie o *chi* de nenhuma maneira; em vez disso, permita que as informações reunidas pela consciência que observa circulem através de você. Você poderá usá-las mais tarde na prática de *chi gong*.
- Uma variação dessa prática é projetar a consciência para fora do corpo e observá-lo de fora. Pode-se descrever isso como "envio do coração para fora do corpo", com o centro do coração sendo nosso centro espiritual e um órgão de diferenciação.
- Depois de algum tempo, bem devagar, para que possa sentir e vivenciar de fato cada camada de existência, deixe que a luz do entendimento se expanda até observar toda a sua família, seja ela a genética ou sua comunidade espiritual.
- Em seguida, expanda isso para incluir toda a sua cidade.
- Depois, expanda ainda mais para incluir todo o país.
- Por fim, inclua todos os seres — todos aqueles sob o Céu.
- Encerre a meditação levando a consciência de volta através de cada camada enquanto retorna ao corpo — ao seu eu. Sempre que desejar, você pode evocar o maravilhoso sentimento de estar conectado a todos os habitantes do planeta em uma grande rede espiralada ou uma teia de aranha.

55º Passo

Aquele que está repleto de *Te*
é como um bebê recém-nascido.
Os animais venenosos não o picarão.
Os animais selvagens não o atacarão.
As aves de rapina não se lançarão sobre ele.
Seus ossos são fracos
e seus músculos, tenros,
porém ele exerce forte pressão.
Ele não conhece a união do homem com a mulher,
mas seu pênis fica ereto.
Sua força vital (*jing*) é tão vigorosa
que ele pode chorar o dia inteiro sem ficar rouco.
Compreender a verdadeira harmonia
é viver no imutável.
Conhecer o imutável
denomina-se *luminosidade interior* (*ming*).
Viver apenas para si mesmo considera-se *infausto*.
Quando os desejos da mente
controlam a força vital
o resultado é a *força vazia*.
A força vazia conduz ao esgotamento e à deterioração.
Isso não é o Tao.
O que não é o Tao
resulta em morte prematura.

O comentário

A pessoa repleta de *Te*, ou potência espiritual, é comparada a um bebê puro e inocente, que não atrai inimizade de ninguém nem de nada. O bebê, apesar de músculos tenros e tendões fracos, tem o aperto firme. Da mesma maneira, os discípulos do Tao precisam ter um "aperto firme" em relação ao autoaperfeiçoamento, para que possam praticar a grande arte do *wu wei* — permanecendo flexíveis, porém inabaláveis, em seu caminho.

Tanto o pênis ereto sem energia sexual quanto a capacidade de chorar sem ficar esgotado ou rouco mostram a força de *jing*. A ereção do adulto depende de estímulo sexual, e ela vem e depois vai embora. E qualquer lamentação com rapidez o enfraqueceria e o faria perder a voz no período de uma hora.

No entanto, existe a verdadeira potência do sábio. A verdadeira harmonia surge dessa potência, pois não nos identificamos com nossa personalidade limitada, individual e em eterna transformação, e sim com o que é eterno e imutável. Conhecer isso é *ming*, a "luminosidade interior". Quando estamos repletos de *Te*, tornamo-nos tão puros e fortes que as influências negativas, que Lao-Tzu simboliza por meio de animais poderosos, animais selvagens e aves de rapina, não podem nos causar dano.

Jing é ao mesmo tempo a energia sexual e criativa. Quando nosso *jing* é forte, tornamo-nos radiantes e atraentes; quando nosso *jing* é fraco, tornamo-nos impotentes e obtusos. *Jing* é um dos Três Tesouros (*sanbao*): *jing*, ou "energia generativa"; *chi*, ou "força vital"; e *shen*, ou "espírito". No *nei dan*, ou prática de alquimia interior, o praticante transforma *jing* em *chi* e depois este em *shen*. Por fim, *shen* é transformado de novo em Tao ou *wuji*, o primordial. (Você pode ver como esse processo ocorre no Diagrama do Grande Supremo, apresentado no 40º Passo.)

Jing fica armazenado nos rins e é um recurso finito, já que pode se esgotar — o que causa o envelhecimento. Se cuidarmos bem de nosso *jing* nos alimentando de modo adequado, tratando bem nosso corpo e nos abstendo de praticar atividades sexuais prejudiciais, envelheceremos devagar e permaneceremos vigorosos até a velhice. No entanto, se nos envolvermos com atividades prejudiciais, esgotaremos o *jing* e não poderemos substituí-lo. Não podemos criar um novo *jing*, de modo que temos de reforçar o que temos o máximo possível. Práticas de movimento, como o *chi gong*, favorecem bastante o *jing* — em particular se fizermos movimentos que trabalhem com a energia dos rins.

Nas práticas sexuais taoistas, os homens reduzem a ejaculação, economizando dessa maneira a energia do *jing*. Também conduzem a energia sexual pelo canal *du mai*, ao longo da coluna vertebral, prática chamada "devolução da essência para reabastecimento do cérebro". (Você pode encontrar mais informações a respeito em meu livro *The Tao of Intimacy and Ecstasy*.) *Jing* também está associado a *yuan chi*, ou "*Chi* primordial" — a energia que recebemos de nossos pais na concepção.

Problemas com o *jing* têm sua fonte no desenvolvimento durante a infância, na baixa energia sexual e na fadiga. Como todas as partes do corpo estão interligadas, baixos níveis de *jing* afetarão não apenas a energia das suprarrenais como também a energia do coração-espírito. Problemas com a energia do coração-espírito, ou *shen*, manifestam-se por meio de dificuldades cognitivas, como raciocínio confuso, perda de memória, intervalo breve de atenção, insônia e alienação.

A PRÁTICA Preservação do *jing*

Modere o fogo e estimule a água

Como o *jing* reside nos rins, ele tem sua natureza na água. A energia do coração-espírito reside no *dantian* do meio, tendo, portanto, a natureza do fogo. Há um outro nível de água dentro do fogo. Com a prática da quietude, tentamos descobrir a água que reside dentro do fogo, acalmando desse modo a mente e o espírito. É apenas acalmando a mente e o espírito que poderemos alcançar a verdadeira harmonia e vivenciar o que Lao-Tzu chamou de luminosidade imutável ou interior.

- Sente-se em silêncio na beirada de uma cadeira ou em uma almofada. Feche os olhos e respire lenta e profundamente pelo nariz.
- Envie a energia do fogo para baixo, ao *dantian* inferior, concentrando também sua atenção nele.
- Sinta o fogo da mente hiperativa ser moderado pelas águas tranquilas de seus rins.

Aquecimento dos rins

Esta simples prática fortalecerá e energizará seus rins, sendo particularmente importante realizá-la no inverno, quando os rins enfraquecem.

- Junte as mãos e friccione as palmas com vigor, pelo menos 36 vezes, colocando-as depois sobre os rins — na região lombar.
- Deixe o calor das palmas (*lao gong*) penetrar nos rins.
- Em seguida, esfregue as mãos nas costas em movimentos circulares, subindo pelo centro delas e estendendo o movimento para as laterais, pelo menos 36 vezes.

Dicas para preservar o *jing* em sua vida

Quando uma mente agitada controla a força vital, sentimo-nos esgotados e expressamos apenas uma força vazia. Para evitar nos tornarmos um fantasma faminto — sempre insatisfeito com a vida, como Lao-Tzu descreve no 60º Passo —, eis uma lista de coisas úteis.

- Prática da quietude.
- Prática da atenção plena.
- A velha e boa moderação — ou seja, você não precisa seguir cada pensamento ou desejo até o fim.
- Prestar atenção ao seu eu superior.
- Concentrar-se no *dantian* inferior ou do meio.
- Qualquer coisa que desacelere sua tagarelice mental.
- Quietude por meio do movimento (*tai chi* ou *chi gong*).
- Recordar sua meta de se tornar um ser desperto.
- Ler bons livros sobre ensinamentos espirituais.
- Ter um estilo de vida simples.
- Não ingerir álcool — pois ele perturba o espírito e o fígado.
- Reduzir a cafeína — pois ela perturba o sistema nervoso.
- Fazer boas escolhas na alimentação, em relação a exercícios e no que disser respeito a sua mente.

- Não ficar ruminando seus problemas.
- Entrar em contato com a natureza regularmente.
- Iniciar o dia com pensamentos de gratidão.
- Dedicar os frutos de sua prática aos outros.
- Absorver a bela energia de compartilhamento — que invoca o doce sentimento de dedicar seu autoaperfeiçoamento a todos os que vivem em dolorosos estados de sofrimento e ignorância.
- Sentir as bênçãos e alegrias resultantes de compartilhar a profunda cura do aperfeiçoamento interior.

56º Passo

Quem sabe, não fala.
Quem fala, não sabe.
Interioriza-te e retira-te do mundo.
Embota tua perspicácia,
põe de lado teus emaranhamentos,
suaviza tua luz,
incorpora-te à poeira da Terra.
Isso se chama *união primordial.*
Não te envolvas com amigos e inimigos.
Mantém teu centro em meio à atividade.
Sem se preocupar com o bom ou o mau, a honra ou a desonra
o sábio é respeitado sob o Céu.

O comentário

Este passo começa afirmando de modo taxativo que quem sabe não fala e quem fala não sabe verdadeiramente. Muitas pessoas alardeiam a realização espiritual na internet ou em vários tipos de publicação, mas, quanto mais essas pessoas falam a respeito de suas realizações, menos provável é que tenham realizado de fato alguma coisa. O verdadeiro Mestre do Tao não alardeia a realização para o mundo, porque o título é conquistado, e não outorgado a si mesmo. O verdadeiro Mestre personifica ensinamentos em seu ser. Ho Shang Kung traduz o segundo verso da seguinte maneira: "Quem sabe admira as ações, e não as palavras".*

---

* Eduard Erkes, *Ho-Shang-Kung's Commentary on Lao-Tse* (Zurique: Artibus Asiae Publishers, 1950), p. 99.

Ele aconselha: "Embora você possa ter uma iluminação de discernimento excepcional, é preciso harmonizá-la. Deixe que ela se torne obscura; não permita que se irradie".* Desse modo, nós nos interiorizamos e nos retiramos do mundo da forma, apartados dos emaranhamentos do mundo, e nos tornamos humildes o bastante para "nos incorporarmos à poeira da Terra". Essa união na humildade chama-se "união primordial" ou "união com o escuro" — *xuan*. É a união com a própria fonte de nossa existência.

Ao deixarmos de nos envolver com a dualidade e suas dicotomias de amigo/inimigo, bom/mau, honra/desonra, e ao mantermos nosso centro em meio à atividade, podemos nos tornar verdadeiros sábios, venerados sob o Céu.

A PRÁTICA Quietude em meio à atividade

Manter nosso centro em meio à atividade é desafiador, já que a atividade do mundo tende a nos afastar de nosso centro. Uma coisa é repousar em um estado de tranquilidade e centrado aos nos recolhermos à quietude ou nos dedicarmos a práticas de movimento; outra coisa bem diferente é manter nosso centro em meio ao estresse do envolvimento com a vida cotidiana.

Nesta prática, você não vai meditar sobre a almofada. Em vez disso, fará uma pequena pausa durante a atividade.

- Em meio à vida cotidiana, pare o que estiver fazendo e permita-se desligar-se — não se estiver dirigindo!
- Recue um passo, energética e emocionalmente, para entrar em um profundo estado de relaxamento e satisfação.
- Deixe de lado os emaranhamentos com o ambiente e mergulhe por instantes preciosos no mundo ainda mais vasto que existe dentro de você.
- Feche os olhos, desacelere a respiração e concentre a atenção no centro do coração e no *dantian* inferior.

---

* *Ibidem.*

- Coloque de lado o medo e as preocupações a respeito do futuro para aproveitar seu tempo no eterno presente.
- Não se preocupe em alcançar nada com esta breve prática. Permita-se apenas imergir em um estado que pareça protegido da avidez do mundo; que o una à humilde Terra sob seus pés.
- Esse estado, denominado "união primordial", vai revigorar e equilibrar sua energia com bastante rapidez. Realize esta prática sempre que tiver se afastado de seu centro, de seu *shen*. Não a realize apenas quando se sentir estressado — até mesmo quando estiver alegre e se sentindo criativo, é bom fazer uma pequena pausa para recarregar e estabilizar a energia; para encontrar o equilíbrio e, sendo assim, afastar a histeria.
- Como você não está preocupado em alcançar nada, esta prática o conduzirá a um foco mais profundo e à capacidade de manter esse foco nas atividades cotidianas.

Cada instante que resistimos ao fascínio do mundo da dualidade é um tijolo a mais de aperfeiçoamento que adicionamos ao nosso ser.

57º Passo

Usa a justiça ao governar um país.
Usa a astúcia ao conduzir uma guerra.
Usa a inação (*wu wei*)
para dominar tudo sob o Céu.
Como sei disso?
Por causa do seguinte:
Quando existe excesso de regras e regulamentos,
o povo fica mais pobre.
Quando o povo tem armas em excesso,
reina a desordem no país.
Quando o povo recorre a ardis e à astúcia,
coisas estranhas acontecem.
Quando há um excesso de leis e restrições,
há mais ladrões e criminosos.
O sábio-governante não age (*wu wei*)
e o povo se transforma.
Ele vive na tranquilidade
e o povo se torna naturalmente honesto.
Não interfere na vida do povo
e este fica rico.
Não tem desejos
e o povo se torna natural (*pu*).

O comentário

Para governar um país e travar uma guerra são necessários diferentes conjuntos de habilidades; o mesmo se aplica a viver no mundo espiritual enquanto também vivemos no mundo material. Precisamos desenvolver habilidades para nos locomovermos em cada função e esfera. Neste passo, recebemos conselhos para aplicar o *wu wei* como método de autodomínio em meio a isso tudo.

É possível viver como se estivesse nas montanhas, longe das distrações do mundo, mesmo dentro de sua casa. Esse estilo de vida inclui meditações regulares para a jornada interior, práticas físicas e energéticas como o *tai chi* ou o *chi gong*, e estudo e aplicação de ensinamentos dos mestres antigos e contemporâneos. Você pode ser uma "pessoa da montanha" (*shanren*) sendo forte, estável e sólido — como uma montanha — na vida cotidiana.

Quando existe excesso de regras e regulamentos, tornamo-nos mais pobres, nosso espírito fica rígido e o *chi*, bloqueado. Quando as pessoas usam armas umas contra as outras, sejam físicas ou emocionais, todos os corações se oprimem. Quando usamos ardis para lidar com relacionamentos, acontecem coisas estranhas, que não parecem certas nem verdadeiras. Quando um excesso de leis restringe a vida pessoal e espiritual, as pessoas se tornam criminosas, roubando para obter o que necessitam.

O verdadeiro sábio-mestre, ou sábio-governante, não formula uma longa lista de regras e regulamentos. Em vez disso, seu apoio possibilita a discípulos ou súditos mudarem a si mesmos. Sua tranquilidade inspira as pessoas a serem honestas; ao encorajar a liberdade, a vida delas se enriquece. Seus discípulos evoluem com naturalidade, sem cumprir nenhum programa.

Como discípulos do Tao, também podemos evoluir com naturalidade. Ao permanecermos calmos e com o coração tranquilo, as coisas naturalmente nos são favoráveis. Outras pessoas percebem isso e, de modo inconsciente, nos tratam melhor. Começamos a influenciar de maneira positiva até aqueles que nos cercam. Como não somos regidos por desejos, sofremos menos. Nosso coração é mais leve, nosso espírito é mais luminoso, e começamos a sentir tranquilidade em tudo o que fazemos.

Quando enfatizamos o que é errado em nossa vida e no mundo, nosso coração fica bloqueado, o espírito sucumbe, a mente fica repleta de pensamentos insanamente agitados e a saúde declina. Embora ninguém deseje sofrer, o sofrimento faz parte da vida de todos nós, de modo que ansiamos pela alegria.

Sendo assim, como podemos nos tornar, com o tempo, uma influência positiva em um mundo tão negativo? Chuang Tzu diz o seguinte: "O sábio de antigamente se aperfeiçoava antes de tentar ajudar os outros. Se você não se aperfeiçoou, como pode ajudar os outros?"*

A PRÁTICA Uma coisa de cada vez

Quando tentamos realizar muitas tarefas ao mesmo tempo, nosso foco se dispersa e acabamos fazendo as coisas parcialmente bem — mas nada com perfeição. Fazer conscientemente uma coisa de cada vez traz foco e equilíbrio ao coração-mente.

Eis algumas maneiras de experimentar esses benefícios.

- Faça um retiro em casa. De vez em quando, tire uma folga do mundo. Desligue o telefone e desconecte o computador, faça um estoque de comida e passe o tempo sossegadamente, refletindo, estudando e dedicando-se a práticas de aperfeiçoamento. Diga às pessoas que moram com você ou à sua família que não vai participar de nenhuma conversa. Você ficará impressionado com quanto vai se aprofundar e se beneficiar ao fazer isso.
- Quando comer, apenas coma. Morda e mastigue devagar, para saborear de verdade o gosto e a textura do alimento.
- Quando dirigir, apenas dirija — não fale ao celular.
- Em seus pensamentos, viva no momento presente, e não no passado ou no futuro.
- É aceitável ouvir música enquanto estiver trabalhando, se exercitando ou dirigindo — certifique-se apenas de que ela o está ajudando a se concentrar em sua tarefa.
- Quando conversar com alguém, concentre-se no que a outra pessoa está falando em vez de no que você pretende dizer em seguida.

---

* Solala Towler, *Chuang Tzu: The Inner Chapters* (Londres: Watkins Publishing, 2010), p. 70.

- Em vários momentos do dia, preste atenção à respiração e certifique-se de que está respirando profundamente, sentindo o *dantian* inferior. Isso reduzirá o estresse, a tensão e o medo.
- Seja fiel a seu eu natural (*pu*) — não se obrigue a aceitar a ideia de outra pessoa a respeito de quem você deveria ser.
- Enquanto estiver praticando *chi gong* ou *tai chi*, deixe que cada movimento surja do movimento que o antecedeu. Em seguida, permita que o movimento flua para o seguinte, a fim de que todos eles estejam interligados, como as pinceladas que compõem um belo quadro.
- Na próxima vez que comer uma fruta ou um chocolate, deixe que cada mordida encha aos poucos suas papilas gustativas com a essência do alimento — como se você tivesse todo o tempo do mundo.

A verdade é que você tem todo o tempo do mundo. Aplique a prática de "Uma coisa de cada vez" ao longo do dia; você ficará surpreso com quanto conseguirá realizar se não se dedicar a diversas tarefas ao mesmo tempo.

58º Passo

Quando a mão do governante é leve
a vida do povo é simples.
Quando a mão do governante é pesada
o povo é esperto e astucioso.
O desastre pode se suceder ao sucesso.
O sucesso pode estar oculto no desastre.
Quem pode prever o futuro?
A justiça pode se transformar em injustiça.
O bem se transforma no mal.
Dessa maneira, o povo fica confuso e perdido.
Por causa disso, o sábio é aguçado, mas não corta.
É penetrante, mas não apunhala.
É objetivo, mas não vai longe demais.
É brilhante, mas não ofusca.

O comentário

Quando os detentores do poder governam com mão leve, o povo se sente à vontade, levando uma vida simples. Mas, quando os governantes usam mão pesada para dominar as pessoas, elas reagem, tal como no 57º Passo, com esperteza, tornando-se astuciosas para contornar as regras e os regulamentos opressivos.

Lao-Tzu nos lembra de que as coisas estão sempre se alterando, mudando, e podem não ser o que parecem. O desastre pode se seguir ao sucesso — e o desastre pode estar oculto, disfarçado de sucesso. Não sabemos se enfrentamos a justiça ou a injustiça dia a dia, momento a momento. O que parece bom hoje pode parecer ruim amanhã. Por causa disso, é fácil nos sentirmos perdidos e confusos.

No entanto, o sábio nunca se sente perdido ou confuso. Encontra-se aguçadamente desperto, mas não corta ninguém. A consciência dele é uma ponta afiada, mas ele não apunhala ninguém com ela. Nos relacionamentos, é objetivo, mas não vai longe demais; em vez disso, pratica o *wu wei*. Embora sua luz interior seja forte, ela não ofusca os outros com ela.

A PRÁTICA O Salão de Luz

Esta meditação trabalha com o *dantian* superior — ou terceiro olho — e é às vezes chamada Meditação Celestial ou O Salão de Luz. Esse centro de energia faz parte de um agrupamento maior de pontos na cabeça, chamados Nove Palácios (*jiu gong*). Quando conduzimos a atenção para lá de modo deliberado durante a meditação, energizamos e estimulamos esse ponto importante.

Embora esta possa ser uma prática poderosa quando feita à noite, certifique-se de levar a energia de volta ao *dantian* inferior ou para os pés; caso contrário, poderá ter dificuldade para dormir. Ao iniciar esta meditação, experimente-a primeiro pela manhã.

- Comece a meditação como de costume, respirando profunda e lentamente, sentindo o *dantian* inferior. Fique de olhos fechados para poder enxergar com sua visão interior.
- Em seguida, conduza a atenção para o terceiro olho, situado entre as sobrancelhas e a 2,5 centímetros cabeça adentro.
- Respire lentamente dentro dessa área. Tente sentir a profundidade desse ponto, enviando essa intenção para dentro do cérebro.
- Ao inspirar, mande luz dourada para essa área.
- Quando soltar o ar, irradie luz vermelha para a escuridão de sua ignorância espiritual, iluminando o caminho para obter entendimento e discernimento mais profundos.
- Sinta esse ponto se abrindo. Sinta como isso afeta outros lugares de seu corpo energético, revigorando-o ou curando-o, conforme necessário.

- É nesse lugar em que está entrando, o palácio interior, que a transformação acontece. É nele que ocorre a profunda cura interior da mente e do coração. É nele que você pode ser dotado de visão interior e percepção psíquica.
- Despenda algum tempo nesse importante centro espiritual/psíquico. Você pode ver cores, luz ou ter outras visões. Desfrute disso, mas não se apegue a nada.
- Ao terminar, volte sua atenção para o *dantian* inferior. Jamais deixe excesso de energia na cabeça, pois isso pode causar insônia ou mesmo dor de cabeça.
- Se se sentir zonzo ou tiver a sensação de que a cabeça está "entupida", conduza sua atenção para a sola dos pés. Você também pode massagear a sola dos pés — uma excelente maneira de eliminar quaisquer problemas de *chi* na cabeça.

59º Passo

Ao te aperfeiçoares
ou servires a todos sob o Céu
é melhor usar moderação.
Moderação chama-se *planejar à frente*.
Ao planejar à frente, acumulamos *Te* (poder interior).
Quando acumulamos *Te* continuamente,
não há nada que não possa ser realizado.
Quando não há nada que não possa ser realizado,
não conhecemos limites.
Quando não existem limites,
podemos governar uma nação (nosso próprio eu).
Quando estamos conectados à Grande Mãe,
podemos viver uma longa existência.
A isso denominamos *ter raízes profundas
e uma base sólida*.
Este é o *Te* da longa vida,
da visão profunda e do entendimento.

O comentário

Ao longo de toda a jornada de autodesenvolvimento, use a moderação. O excesso de ascetismo é tão pernicioso quanto ser permissivo demais: não seja rígido, tampouco preguiçoso. Fixe como objetivo o caminho diante de você e depois siga esse caminho — o que se chama "planejar à frente".

Com uma profunda conexão com o Tao como a Grande Mãe, viveremos uma existência longa e saudável. Como Lao-Tzu descreve no 20º Passo, embora os outros possam nos considerar lentos ou até mesmo idiotas, sabemos no fundo do coração que estamos interligados a uma Fonte preciosíssima que nos nutre e sustenta. Essa imagem do Tao como o grande *yin* (*tai yin*) — como o espírito do vale, a égua misteriosa e a Grande Mãe — é poderosa. Como nos sentimos nutridos e sustentados por essa Fonte, adquirimos raízes profundas e uma base sólida. Sendo assim, nosso amplo entendimento, tanto do Tao quanto de nós mesmos, é completo.

Estar física e emocionalmente arraigados nos ajuda a processar as experiências espirituais enquanto nossos pés seguem com firmeza o caminho do Tao. Se não estivermos emocionalmente estáveis, podemos ser lançados para fora de nosso centro e ficar assustados quando os guias espirituais se comunicarem conosco ou recebermos uma transferência de *chi* espiritual para o corpo. A prática taoísta nos conduz de uma experiência limitada do mundo ao mundo do ilimitado. É quando nos tornamos senhores, ou governantes, de nosso reino. Se mantivermos uma profunda conexão com a Grande Mãe, nossas raízes penetrarão profundamente na Terra. Isso proporciona uma sólida base espiritual, emocional e energética.

Para desenvolver uma profunda conexão com a Grande Mãe, podemos aprender com a natureza e trabalhar com a energia das árvores. Como ensina Hua-Ching Ni:

> A vida humana é conceitual; aprendemos com os livros e com novas ideias. As árvores não aprendem com ideias: aprendem diretamente da realidade. Quando qualquer coisa muda, elas logo têm conhecimento disso. Os seres humanos levam muito mais tempo para descobrir um problema, mas as árvores o percebem de imediato.*

Quase todo mundo que imagina uma árvore vê um tronco com galhos, folhas e talvez flores ou frutos; no entanto, uma parte grande e maciça dessa árvore está debaixo da Terra, em um aglomerado de raízes que costuma ser maior do que aquilo que vemos acima do solo. Como viajantes espirituais, precisamos dessa mesma base forte de raízes que uma árvore tem — como Lao--Tzu enfatizou no 26º Passo. A energia de uma árvore pode nos mostrar como

---

* Hua-Ching Ni, *The Gentle Path of Spiritual Progress* (Santa Monica, CA: SevenStar Communications, 1987).

estender profundamente na Terra nossa base energética de raízes. Depois, nas práticas de aperfeiçoamento, poderemos estabelecer essa forte base.

A PRÁTICA A Árvore do *Chi Gong*

Nesta prática, podemos desenvolver nossa conexão com a natureza e com os seres vivos ao nosso redor conectando-nos e aprendendo com uma árvore.

- Aproxime-se de uma árvore que pareça saudável e vigorosa. Fique de costas para ela, apoiado no tronco. Cruze os dedos na frente do *dantian* inferior. Feche os olhos e diminua o ritmo da respiração.
- Ao inspirar, deixe que o *chi* da árvore entre em seu corpo.
- Em seguida, ao soltar o ar, permita que todas as tensões, toxinas, doenças e dor saiam de você e entrem na árvore. (Isso não causará mal à árvore.)
- Enquanto você inspira e expira, sinta a forma de vida da árvore e fortaleça a conexão entre seu *chi* pessoal e o *chi* da árvore.
- As árvores têm um jeito próprio de respirar, que contribui para o rico oxigênio que os seres humanos e todas as criaturas vivas respiram todos os dias. Desse modo, uma vez que se forme a conexão, você e a árvore podem respirar juntos. Sinta que está respirando ao mesmo tempo que a árvore, e que seu *chi* se mistura ao dela. Isso lhe possibilitará receber informações a respeito do tipo de vida que há nas árvores que nos cercam.
- Neste ponto, você pode se estabilizar, como fez no 26º Passo, combinando suas raízes com as da árvore.
- Você também pode enviar seu *chi* para baixo através da sola dos pés, fazendo-o chegar às raízes da árvore sob você.
- Depois, em vez de conduzir seu *chi* para cima pelo *du mai* em suas costas, como fez em outras práticas, envie-o para cima por meio da árvore. Sinta o *chi* subir ao longo do tronco, até chegar aos galhos mais altos.

- Agora, direcione o *chi* desses galhos ao seu ponto *bai hui* no topo da cabeça, fazendo-o descer depois pela parte frontal de seu corpo — o *ren mai*. Conduza o *chi* para baixo, rumo ao *dantian* inferior.
- Mantenha-se em pé, quieto. Sinta o *chi* avançar do *dantian* inferior em direção a seus pés, descer até as raízes da árvore, subir pelo tronco da árvore em direção aos galhos mais elevados, depois descer através de seu *bai hui* e se encaminhar para o *dantian* inferior.
- Execute esse ciclo do *chi* de 9 a 36 vezes.
- Para encerrar, volte-se para a árvore e faça três reverências. A princípio, talvez pareça engraçado se curvar diante de uma árvore. No entanto — e em particular se a árvore for grande e saudável —, ela não apenas tem o próprio *chi* como também uma sabedoria que é tão real quanto a de qualquer sábio humano.

60º Passo

Governar um grande país é como cozinhar um pequeno peixe.
Usa o Tao para te aproximares de todas as coisas sob o Céu
e o mal não terá nenhum poder.
Não é que o mal não tenha poder,
mas o poder dele não poderá te causar nenhum dano.
Não apenas o poder dele não te causará nenhum dano,
como o sábio também não causa dano a ninguém.
Quando o sábio e o mal
não causam dano um ao outro,
a virtude se unifica e se restaura.

O comentário

Eis outro ensinamento sobre o *wu wei* ou a não interferência. Quando você cozinha um peixe pequeno, quanto menos o virar, menos provável é que ele se desmanche. Naturalmente, a imagem de "governar um país" também é uma descrição de governar nossa paisagem interior. É importante cuidar de cada detalhe de nosso aperfeiçoamento (cozinhar o peixe), mas ao mesmo tempo, também, não revolver demais as coisas. Conhecemos o caminho que está à frente e conhecemos as práticas necessárias para podermos seguir esse caminho. Temos nosso mapa, e vários mestres sábios e maravilhosos nos deram orientações.

Se nos harmonizarmos com o Tao, o mal (a negatividade) não terá influência sobre nós. Somos informados de que não é que o mal em si não tenha poder, e sim que esse poder não poderá nos causar malefícios. Não apenas o mal não tem poder sobre nós, mas, à medida que nos tornarmos sábios, além de não causar dano aos outros, também serviremos de canal para que o *Te*, ou virtude espiritual, resida em todos aqueles que encontrarmos.

Uma vez mais, vemos que a metáfora de governar um país se equipara a cuidar do nosso próprio país — nosso pequeno eu —, para que possamos cultivar o grande eu, ou o que os budistas chamam de Natureza do Buda e os taoistas, de Natureza do Tao. Gastar tempo demais tentando descobrir as coisas com nossa pequena mente, assim como acontece com o peixe que cozinha demais, destruirá a própria coisa da qual queremos cuidar.

A palavra usada nos versos três, quatro e oito, que optei por traduzir como "mal", é *gui*, que também pode significar "fantasma" ou "demônio". Na mitologia chinesa, há uma figura chamada "fantasma faminto". Trata-se de pessoas que vivem uma existência de ganância e egoísmo. Quando morrem, elas se tornam fantasmas com enormes barrigas vazias, porém com um pescoço e uma boca tão finos que, por mais que comam, nunca conseguem se saciar.

Muitos de nós já encontramos esses fantasmas famintos na vida, pessoas cuja ganância é insaciável. Elas querem sempre consumir mais — dinheiro, sexo, poder e comida. Tentam devorar quem está à sua volta, na esperança de que isso amenize sua fome. Podemos até encontrar pessoas muito poderosas que, na realidade, são fantasmas famintos. No entanto, se nos aperfeiçoarmos, não seremos prejudicados por elas. Elas são apenas a casca de pessoas que tentam, em vão, se empanturrar, mesmo que isso signifique se alimentar dos outros ao redor. Não é que essas pessoas não sejam reais, porque elas são; mas não conseguem fazer mal a alguém que tenha aperfeiçoado seu poder espiritual.

Se você teme a possibilidade de ser um fantasma faminto, o melhor a fazer é se aperfeiçoar o máximo possível para permitir que seu entendimento espiritual se desenvolva, de modo que sua ganância decline e você se transforme em alguém verdadeiro ou autêntico (*zhenren*). Pode levar algum tempo, talvez até mais do que uma vida, para se desenredar das dívidas kármicas que o transformaram em um fantasma faminto, mas é algo que pode ser realizado.

A PRÁTICA Fantasmas famintos

Quando encontrar fantasmas famintos em sua vida, lembre-se do seguinte:

- Os taoistas não acreditam em "danação eterna".
- Toda pessoa pode ser salva.
- Toda pessoa pode se desenvolver espiritualmente e, por meio da graça da Grande Mãe, deixar de ser gananciosa e voraz, e se tornar encantadora e generosa.
- Todos possuímos as ferramentas de que precisamos.
- Temos um mapa claro a seguir.
- Temos guias que nos ajudarão ao longo do caminho.
- Nada de desculpas! Não há razão para não tentar evoluir e se transformar.
- Não seja um fantasma faminto e sedento, sempre procurando empurrar uma enorme quantidade de conhecimento, poder ou experiências (até mesmo espirituais) pela sua minúscula garganta.
- Sinta-se satisfeito em assimilar aos poucos o conhecimento e as experiências, uma mordida, um passo e um momento de cada vez.

61º Passo

Um grande país é como as planícies de um rio,
para onde todas as coisas convergem.
Assim é a natureza feminina
do universo.
O feminino usa a quietude
para sobrepujar o masculino.
Na quietude, assume a posição mais baixa,
mais humilde.
Assim, a nação verdadeiramente grande
assume uma posição inferior à da nação menor.
Dessa maneira, obtém o domínio
sobre a pequena nação.
Quando uma pequena nação
se submete com humildade a uma grande nação,
ganha a proteção da grande nação.
Dessa maneira, um país pode usar humildade para obter
domínio ou proteção.
O desejo de uma grande nação
deve ser unir e liderar seu povo.
O desejo de uma pequena nação
deve ser se associar a outras.
Para que ambas as nações obtenham o que desejam,
a grande precisa agir com humildade.

O comentário

Hua-Ching Ni afirma que é a virtude suave, perseverante e constante do vale universal que se manifesta como as virtudes espirituais da sutil Origem universal.*

Lao-Tzu usa a imagem do "espírito do vale", descrevendo-o como as planícies do vale de um rio. Os taoistas veem o *yin* e o *yang*, mas enfatizam que a verdadeira natureza do universo é *yin*, ou feminina. Embora a posição *yin* em qualquer relacionamento possa a princípio ser encarada como inferior e mais humilde, ela é na verdade o ponto de poder. Ao reconhecer a energia *yin* como mais importante e duradoura, os taoistas sempre enfatizaram o poder da quietude sobre o movimento. Mesmo nas práticas de movimento taoistas, sempre há um lugar de quietude interior. Alguns mestres descrevem isso como "água dentro do fogo".

O 61º Passo costuma ser traduzido como um manual sobre relações internacionais, mas também podemos interpretá-lo como uma série de orientações a respeito de como devemos nos relacionar com as pessoas à nossa volta. Pessoas em uma posição de poder ou autoridade podem ser comparadas a um grande país, enquanto aquelas em posição política inferior podem ser consideradas um pequeno país. Quando alguém com menos poder ou autoridade assume a posição *yin* de humildade, quem tem mais poder fica impressionado e, não raro, torna-se menos dominante, a fim de conceder à pessoa com menos poder espaço para crescer. Ao deixar de atacar ou forçar o avanço, o "país menor" acaba com mais poder.

Aquele que é realmente grande, o sábio, coloca-se sob os demais, assumindo a menor parcela de autoridade e permanecendo humilde e sincero. Desse modo, recebe mais reconhecimento. Algumas pessoas querem liderar e dar ordens, ao passo que outras preferem trabalhar as demais, tornando-se assim ainda mais realizadas. Isso requer um tipo especial de humildade.

É fácil aplicar o 61º Passo à vida cotidiana e a qualquer tipo de relacionamento — emprego, família, parceria ou casamento. Se trabalharmos bem *com*

---

* Hua-Ching Ni, *Mystical Universal Mother* (Santa Monica, CA: SevenStar Communications, 1991), p. 9.

os outros em vez de querer que eles trabalhem *para* nós, personificaremos o que Lao-Tzu menciona ao descrever o grande e o pequeno país. Muitas vezes, quando as pessoas se encontram em uma posição de poder e autoridade, comportam-se como figurões, agindo de modo arrogante com os outros ao redor. É de esperar que ninguém goste de interagir com pessoas assim. Podemos até conhecer mais o trabalho e ser mais competentes, e assim ficarmos ressentidos com elas.

O conselho taoista é de que não devemos nos promover, e sim assumir uma atitude mais humilde diante de quem é mais poderoso que nós. Se nos contivermos e fizermos o melhor para apoiar e até mesmo ajudar essa pessoa, não raro ela responderá de maneira mais positiva do que se apenas reclamássemos ou a prejudicássemos. No entanto, se nos encontrarmos em posição de poder, em vez de tratarmos os outros com superioridade e arrogância, seria melhor que escutássemos os que estão abaixo de nós com sincera prontidão. Esse é o verdadeiro poder, o poder do *yin*, da quietude e da humildade.

Às vezes precisamos avançar; outras vezes, recuar. Às vezes precisamos dar um empurrãozinho em nós mesmos; outras vezes, parar de nos pressionar. Às vezes temos de assumir a posição *yin*, inferior, mas outras vezes precisamos assumir uma posição *yang*, mais elevada. Não há nada de errado com a energia *yang* ou masculina quando está em equilíbrio, mas com frequência o que encontramos é uma versão desequilibrada. O problema com o excesso de energia *yang* é que é fácil começar projetos, novos empregos e novos relacionamentos, mas não raro é difícil lhes dar continuidade. É por isso que precisamos tanto do *yin* quanto do *yang*, e é por esse motivo que a ênfase taoista recai no *yin*, como maneira de contrabalançar o que se considera um excesso de energia *yang* no mundo.

Sem o aspecto *yin* para apoiá-la e harmonizá-la, o excesso de energia *yang* ou masculina causará problemas, seja em casa, no trabalho ou até mesmo entre países.

A PRÁTICA Equilíbrio entre *yin* e *yang*

Na prática taoista, reverenciamos o *yin* e o *yang*, a Terra e o Sol, o feminino e o masculino, a quiescência e a atividade, a direção de fora para dentro e também a de dentro para fora. Somos todos criaturas tanto de *yin* quanto de *yang* e precisamos ter um equilíbrio saudável entre ambos dentro de nosso ser. Permanecer apenas com o *yin* ou o *yang* por razões "espirituais" causará um desequilíbrio energético/espiritual em nosso sistema de órgãos.

Olhe dentro de você e determine qual a maneira correta de agir:

- Se você tende para a energia *yang*, na próxima vez que sentir o anseio de avançar de maneira *yang*, ou masculina (não importa se você é mulher ou homem), detenha-se durante alguns momentos e tente olhar para a situação de outro aspecto, de outro ângulo — da perspectiva *yin*. Procure moderar seu ardoroso e criativo *yang* com a reservada e amena sabedoria do *yin*. Você poderá ficar surpreso com quanto mais conseguirá realizar.
- No entanto, se você tende a ter uma inclinação para o *yin*, procure criar um pouco da força (equilibrada) do *yang* em sua vida.
- Tente não exagerar.
- Procure não forçar a barra, desconsiderando os sentimentos ou a energia das pessoas à sua volta.
- No taoismo, praticamos não apenas a quietude grande e profunda como também o movimento energético e gracioso. Dessa maneira, respeitamos tanto a natureza *yin* quanto a *yang*.

62º Passo

O Tao é a grande e misteriosa origem de toda a vida.
Quem é bom (o sábio) o mantém próximo.
Ele é a proteção da pessoa má.
Embora belas palavras possam comprar uma posição de destaque
e boas maneiras comprem uma condição de vida elevada,
não devemos descartar aqueles que não são bons.
Quando o imperador é coroado
e três dignitários são empossados,
embora estejam acompanhados
por muitos cavalos e peças de jade,
nada disso é tão valioso
quanto a harmonia com o Tao.
Por que o Tao tem sido reverenciado dessa maneira
desde os tempos antigos?
Dizem que,
se procurares, encontrarás.
Se tiveres cometido crimes,
serás perdoado.
Dessa maneira, o Tao é reverenciado acima de tudo o mais.

O comentário

O Tao é a origem de toda a vida, sendo descrito como um grande mistério. "Pessoas boas" ou virtuosas sabem que podem residir nesse grande mistério, e ele as envolverá em seu vasto e benéfico abraço; no entanto, "pessoas más", que podem não ser éticas nem virtuosas, também fazem parte dele. Podemos ascender no mundo material por meio de nossas boas graças, bom karma ou apenas sorte, mas os pobres, rejeitados e sem-teto que vemos nas ruas são tão merecedores de recompensas quanto nós.

Na Antiguidade, quando um novo imperador era coroado, havia uma grande celebração e um solene ritual. A coroação dos "três dignitários", que estariam trabalhando em estreito contato com o imperador, era um importante elemento desse ritual. É claro que se gastava muito dinheiro com toda essa ostentação.

No entanto, Lao-Tzu nos diz que a harmonia com o Tao é ainda mais importante. Sempre foi assim. Se buscarmos uma profunda conexão com o Tao com uma atitude franca e humilde, nós a encontraremos. Se desejarmos modificar nosso estado desventurado ou maculado, também podemos fazer isso. O mais importante de tudo é o relacionamento com o que é eterno.

Na China antiga, a punição podia ser aplicada a toda a família. A família inteira dos criminosos, em particular os culpados de traição, era executada, não raro ao longo de três gerações. Entretanto, segundo o Tao, os virtuosos e os não virtuosos são todos iguais. Isso poderá parecer errado para algumas pessoas, pois achamos que os malfeitores merecem ser punidos. Não importa. Segundo o Tao, somos todos iguais. É claro que os malfeitores podem criar muito karma difícil para si mesmos e sofrer por causa disso, mas, se evitarem o mal e se voltarem para o Tao, o Tao os receberá de braços abertos.

Os "três dignitários" também podem ser vistos como os Três Tesouros, ou *san bao* — essência ou *jing*, energia vital ou *chi*, e espírito ou *shen*. O caractere para *chi* retrata uma tigela de arroz com vapor emanando dela. Como sabemos, *chi* é a energia que anima toda a vida. No entanto, há diversos tipos de *chi*. Até mesmo as condições meteorológicas são um tipo de *chi*, e os alimentos que comemos nos fornecem um tipo dele (*gu chi*).

Há duas diferentes formas básicas de *chi* — o pré-Céu (o *chi* original ou *yuan*) e o pós-Céu. O pré-Céu é o *chi* que recebemos de nossos pais no momento da concepção, e dizem que ele começa com nossa primeira respiração fora do útero. O pós-Céu é o *chi* com o qual trabalhamos na prática do *chi gong*.

Shen, ou espírito, também tem duas formas diferentes — a pré-celestial (*yuan shen*) e a pós-celestial (*houtian shen*). Na prática de *nei dan*, ou alquimia interior, usamos a respiração "embrionária" para alcançar um estado luminoso ou espírito *yin*, às vezes chamado de Embrião de Ouro ou Bebê Vermelho, que deixa o corpo pelo topo da cabeça (*bai hui*), podendo viver fora dele.

Durante milhares de anos, os aspirantes taoistas praticaram o desenvolvimento de cada um dos Três Tesouros em seus estados mais elevados. E, embora o mundo em que vivemos tenha mudado incomensuravelmente desde a época de Lao-Tzu, nosso corpo e sistemas energéticos permaneceram os mesmos. As práticas a que os taoistas vêm se dedicando durante todos esses milênios continuam a funcionar para nós da mesma maneira como funcionavam para os antigos taoistas.

No entanto, essas práticas essenciais não são nada se não nos harmonizarmos com o Tao nas profundezas de nosso ser. Sempre foi assim, afirma Lao-Tzu. Se buscarmos a união com o Tao, o próprio ato de nos abrirmos para ele possibilitará essa realização. Não importa quanto nosso passado tenha sido ruim; se buscarmos a união com o Tao de forma verdadeira, ela acontecerá.

A PRÁTICA Clareza e quiescência

A prática da clareza e da quiescência (*qing jing*) é considerada o estado ideal do corpo e da mente. Essa é uma ideia muito antiga, que remonta pelo menos ao *Tao-Te King*. Também teve muita influência sobre práticas religiosas taoistas posteriores.

- Sente-se ou deite-se, como em passos anteriores. Respire bem devagar e profundamente, através do nariz, com a ponta da língua no céu da boca.
- Deixe que a respiração se desacelere o máximo possível, até se tornar leve e muito, muito profunda.
- Sinta todo o abdômen se expandir devagar enquanto você inspira, e depois se contrair bem devagar enquanto você solta o ar.
- Sinta-se abrindo como uma flor.
- Expanda seu ser; deixe que ele se estenda, tal como uma flor que se abre para o sol.

- Sinta seu ser se abrindo para a mística Grande Mãe do Tao.
- Sinta-se envolvido pelos braços dela, onde você está em segurança, aquecido e se sente amado.
- Enquanto continua a respirar lenta e profundamente, permita-se sentir sua conexão com a Origem.
- Nos momentos da vida, quando se sentir em desconexão com essa Origem, permita-se voltar a essa meditação até se sentir conectado de novo. Na realidade, nunca nos desconectamos do Tao, embora as experiências no mundo possam nos dar essa impressão.
- Permaneça com esta meditação até sentir um forte vínculo com o Tao, que permeará cada parte do seu corpo e espírito.
- Deixe a mente relaxar e liberte-se do controle dela sobre seu corpo de energia.
- Limite-se a ficar sentado e permita-se "ser respirado".
- Permita-se se tornar a bela flor que você é.

63º Passo

Pratica a não ação ou o *wu wei*.
Realiza sem realizar.
Saboreia o que não tem sabor.
O grande vem do pequeno.
O mais começa com menos.
Retribui aspereza com bondade.
Lida com o difícil enquanto ainda é fácil.
Cria o grande a partir do pequeno.
O sábio não aspira à grandeza,
por isso é grande.
Promessas feitas levianamente são difíceis de manter.
Tarefas fáceis costumam se tornar difíceis.
O sábio está sempre preparado para dificuldades
e por essa razão nunca as vivencia.

O comentário

Temos aqui a receita para uma vida longa e plena. Como de costume, Lao-Tzu nos dá o bom conselho de praticar o *wu wei*.

Tudo o que é grande, afirma Lao-Tzu, começa de algo pequeno. Podemos, é claro, ver isso na própria natureza, já que até mesmo uma árvore imensa começa como uma pequena semente. Do mesmo modo, a prática do aperfeiçoamento floresce quando plantamos e cuidamos de nossas "sementes" espirituais.

Não faça promessas levianas, diz Lao-Tzu. Quando fazemos promessas, precisamos estar certos de que seremos capazes de cumpri-las até o fim. Esse é um importante ensinamento. Fazemos promessas o tempo todo para as pessoas que nos cercam, não raro sem perceber. Sempre que dizemos que faremos alguma coisa ou que seremos determinado tipo de pessoa, isso é uma promessa. Sempre que começamos um novo projeto, fazemos uma promessa a nós mesmos, ou a outras pessoas envolvidas, de que vamos segui-lo até o fim. Sempre que começamos um relacionamento, fazemos a promessa de que seremos sinceros com o parceiro. Sempre que dizemos a nós mesmos que nos sairemos melhor no futuro, que seremos uma pessoa melhor ou que realizaremos nossas práticas com mais regularidade, estamos fazendo uma promessa.

Assim como é importante não fazermos promessas levianas aos outros, isso se aplica ainda mais a nós mesmos. Podemos nos esforçar para fazer sempre o melhor possível, com o pleno entendimento de que o que queremos dizer com "melhor" pode mudar com o tempo ou talvez todos os dias. Fazer o melhor possível, mesmo que nem sempre sejamos bem-sucedidos, vai nos harmonizar com nossa ordem Celestial, atraindo assim ajuda do plano espiritual.

Nossa jornada poderá nos fazer passar por algumas estradas acidentadas. Às vezes, sentiremos que estamos caminhando em uma infindável trilha na montanha, com despenhadeiros escarpados de um lado e um interminável declive do outro. Em outras ocasiões, acharemos que estamos andando em círculos. Tudo isso faz parte da jornada, mas, se fizermos a promessa consciente de realizar o melhor possível em cada momento, atingiremos a Origem.

A PRÁTICA O Caminho *wu wei* do Esforço sem Esforço

O caminho do *wu wei* aparece várias vezes no ensinamento de Lao-Tzu. Às vezes, *wu wei* significa que, em vez de *não* fazer alguma coisa, estamos na verdade *fazendo* algo, mas fazendo-o no lugar e na hora certos. Também pode significar *não* fazer as coisas que sabemos que não são boas para nós. Essa prática pode parecer simples, mas costuma ser bastante difícil.

Pergunte o seguinte a si mesmo: como sei quais coisas são boas para mim e quais não são? *Wu wei* significa não comer alimentos que contribuam para uma saúde deficiente? Significa não passar muito tempo diante da televisão? Significa não trabalhar demais, não dormir pouco, não comer em excesso e não ficar sentado durante muito tempo?

Wu wei pode significar todas essas coisas e muito mais. Já sabemos, bem lá no fundo, do que precisamos para manter um estilo de vida saudável, mas nossa força de vontade em geral é muito fraca. Cedemos a impulsos quando nossa energia está baixa, o que contribui para que nossa energia fique ainda mais fraca.

- O segredo de viver uma existência *wu wei* reside na moderação ou *manzou*.
- Ao tornar mais lentas suas ações, sua mente e suas reações às influências externas ou na interação com os outros, você começará a viver em harmonia com o *wu wei*.
- Quando você é rápido para julgar, rápido para formar opiniões, rápido para tomar decisões precipitadas, rápido para se irritar ou se ferir — todas essas coisas vão levar você cada vez mais longe do *wu wei*.
- Ao diminuir o ritmo, você será mais capaz de perceber o que acontece energeticamente em qualquer situação.
- Ao se deslocar devagar, você ficará menos propenso a se envolver em acidentes.
- Ao ouvir lentamente, você poderá entender de fato a outra pessoa.
- Ao dedicar tempo para que uma coisa pequena se torne algo grande, é mais provável que tenha sucesso em suas atividades.
- Portanto, aja com moderação, seja paciente, seja grato, e faça tudo da melhor maneira possível.

64º Passo

É fácil manter a paz.
É possível planejar o que ainda não aconteceu.
O que é frágil quebra-se com facilidade.
O que é pequeno se dispersa facilmente.
Age antes que as pequenas dificuldades se tornem grandes.
Controla os problemas antes que se tornem incontroláveis.
A grande árvore nasce de um minúsculo broto.
A torre mais elevada é construída tijolo a tijolo.
Uma jornada de mil milhas
começa com o primeiro passo.
Quem tenta demais fracassa.
Quem agarra as coisas as perde.
Por esse motivo, o sábio não força nada.
Dessa maneira, nunca é derrotado.
Ele não agarra, de modo que não perde.
Muitas vezes, as pessoas desistem quando estão à beira do sucesso.
Quem é tão cuidadoso no início
quanto no final de qualquer atividade
nunca será derrotado.
Por isso o sábio não deseja
o que as pessoas comuns desejam.
Ele não dá valor às coisas materiais.
Ele não estuda o que os outros estudam.
Ele valoriza o que os outros preteriram.
Ele deixa que as coisas sejam o que são
sem tentar modificá-las.

O comentário

É possível manter a paz, mas somente por meio de escolhas certas.

Ho Shang Kung diz o seguinte: "A pessoa tranquila tem facilidade em manter a prática do ascetismo e o governo do país".* Essa imagem de "pessoa tranquila" é poderosa. Ela descreve aqueles que estão em paz consigo mesmos. É por esse motivo que eles têm facilidade em manter a paz. Pessoas tranquilas fazem planos, de modo que o que criam dará frutos.

Elas entendem que o que é pequeno e delicado quebra-se com facilidade, enquanto o que é pequeno ou limitado se dispersa ou é esquecido facilmente. Quando não se tomam providências, as pequenas dificuldades ou problemas têm um jeito próprio de se tornarem grandes. O sábio cuida dos problemas enquanto ainda são pequenos e controláveis, evitando portanto problemas maiores mais tarde.

Árvores imensas, assim como problemas enormes ou grandes projetos, começam com uma pequena semente. Pode ser uma semente física no solo ou uma ideia ou inspiração. O prédio mais alto precisa ser construído do chão para cima. A jornada mais longa começa com o primeiro passo.

No entanto, se tentarmos *forçar* as coisas a acontecerem, elas costumam dar errado. Se agarrarmos demais as coisas, nós as perderemos antes de poder aproveitá-las. O sábio, por outro lado, não tenta forçar nem agarrar nada; desse modo, o que ele cria é duradouro. Ele não perde a confiança quando sua prática não produz resultados instantâneos. Não deseja o que os outros desejam; não dá valor às coisas materiais. O que ele valoriza não é o que o mundo valoriza. Ele aprecia o mundo como é, sem tentar modificá-lo.

Nossa jornada, afirma Lao-Tzu, começa sob nossos pés. Nós a concluímos colocando um pé na frente do outro. Um impulso inicia a jornada, e um impulso nos conduz até o fim. Ho Shang Kung explica isso ao dizer: "Prosseguindo a partir do que está perto chegamos ao que está distante".**

---

* Eduard Erkes, *Ho-Shang-Kung's Commentary on Lao-Tse* (Zurique: Artibus Asiae Publishers, 1950), p. 111.
** *Ibidem*.

É vivenciando a nós mesmos como "pessoa tranquila" que somos capazes tanto de começar quanto de continuar essa jornada. Se estivermos interiormente quietos e tranquilos; se formos tolerantes e estivermos envolvidos com o mundo como ele é, sem tentar mudá-lo, ficaremos mais propensos não apenas a apreciar nossa interação com o mundo como também a lucrar com ela.

Sendo assim, precisamos usar o mantra "prestar atenção". Ao prestar atenção aos problemas quando são pequenos, podemos evitar que se tornem grandes. Além disso, se prestarmos tanta atenção à conclusão dos projetos quanto a que prestamos quando os iniciamos, seremos mais bem-sucedidos. Se prestarmos atenção, plantarmos as sementes profundamente na Terra e cuidarmos bem delas, elas se transformarão em belas flores.

Prestemos bastante atenção ao funcionamento sutil e sublime da natureza e do mundo natural em vez de aos aspectos grosseiros e comerciais do mundo. Prestemos atenção ao que os outros deixam escapar porque se movem rápido demais, olham para baixo em vez de para cima, amortecendo seus sentidos com drogas, álcool e alimentos pouco saudáveis, desperdiçando seu *chi* em conflitos egoístas ou sendo apenas incapazes de imaginar um mundo fora do físico, com o qual se envolvem todos os dias.

Nossa jornada em direção ao Tao nos conduzirá a lugares desconhecidos e sentimentos que nem mesmo sabíamos ser capazes de alimentar. Ela nos mostrará coisas incríveis e mágicas, e estará sempre nos surpreendendo e estimulando. Enfim, possibilitará a expansão de nosso senso do eu e de existir, e também que nos vivenciemos como os sábios que verdadeiramente somos. Mas precisamos prestar atenção! Tudo isso envolve diminuir o ritmo, como fazem quase todas as práticas taoistas. Também envolve concentrar-nos em cada passo. No entanto, enquanto prestamos bastante atenção a onde colocamos os pés, é fundamental também que não nos esqueçamos de "olhar para cima".

É por meio dessa atenção, por não nos agarrarmos às coisas e por olharmos para cima que somos capazes de nos tornar o que os taoistas chamam de imortal ou *xianren*. O *xianren* é "a pessoa que atingiu a imortalidade e possui poderes supranormais como a capacidade de voar".* Outra tradução de *xianren* é "transcendente", ou alguém que transcendeu o plano Terreno ou

---

* Miura Kunio, *The Encyclopedia of Taoism* (Nova York: Routledge, 2008), p. 1092.

material (*di*), sendo capaz de voar aos Céus (*tian*). Esse tipo de pessoa costuma ser descrito nos textos taoistas como capaz de voar para as nuvens nas costas de um dragão quando a vida chega ao fim. Eis como Chuang Tzu descreve esse tipo de pessoa:

> Havia aqui uma pessoa que não era afetada por lisonjas nem elogios. Tampouco se deixava abalar caso o mundo inteiro a criticasse. Isso acontecia porque ela sabia a diferença entre o que era poder interior e o que era poder exterior; sabia a diferença entre o que era a verdadeira honra e o que era a verdadeira desonra. Mas, supondo que pudéssemos ser transportados pela energia do Céu e da Terra, e pelas seis transformações do *chi*, poderíamos então perambular para sempre pelo mundo afora e além dele.*

A PRÁTICA Olhar para cima

Para empregar esta prática, lembre-se das seguintes dicas:

- Ao caminhar, conscientize-se de onde está colocando os pés, mas ao mesmo tempo não se esqueça de olhar para cima.
- Ao percorrer a Terra, preste atenção ao que flutua acima de você.
- Observe o céu azul, as nuvens em movimento ou a luz do sol reluzindo sobre você.
- Ou aprecie as nuvens carregadas e escuras, e a própria chuva, dançando sobre você.
- Observe a bela dança dos pássaros enquanto mergulham e voam no alto em conjunto, ou um a um.
- Se levar a vida cabisbaixo (tanto física quanto energeticamente), deixará escapar grande parte da magia que acontece à sua volta.

---

* Solala Towler, *Chuang Tzu: The Inner Chapters* (Londres: Watkins Publishing, 2010), p. 121.

- Isso também significa prestar atenção e absorver a "realidade mais ampla" da própria vida.
- Você pode ficar tão atolado nas minúcias da existência cotidiana que perderá o que está acontecendo de fato em sua vida.
- Você pode ficar tão entretido com os detalhes de determinada situação, em certo momento, que deixará de perceber que não consegue mais assistir à revelação do grande mosaico de sua vida.
- Ao olhar para cima é quando você é mais capaz de olhar para dentro.
- Lao-Tzu nos diz que podemos sofrer porque temos um senso limitado do eu. É no ato de olhar para cima e depois olhar para dentro que você é capaz de transcender essa limitação e ver a si mesmo como o ser grandioso e notável que realmente é.
- Por que não deixar para trás seus problemas insignificantes e se abrir para o crescimento, o discernimento e a evolução espiritual?
- Por que não aprender a abrir as asas e se tornar um "viajante das nuvens"?
- Por que não aprender a voar nas costas de um dragão?

65º Passo

Antigamente os governantes sabiam como seguir o Tao.
Não tentavam esclarecer (*ming*) as pessoas
e mantinham as coisas simples.
É difícil governar as pessoas
se elas forem perspicazes demais.
Se o governante tentar usar um excesso de argúcia
para governar, o país ficará repleto de ladrões e bandidos.
Aqueles que tentam usar um excesso de argúcia
para governar o país não serão bem-sucedidos.
A compreensão desses dois princípios
chama-se *profunda virtude*.
A profunda virtude é penetrante
e poderosa.
Possibilita que todas as coisas retornem ao Tao
e resulta em grande harmonia.

O comentário

Uma vez mais, podemos usar a imagem do governante de um país como um sábio que governa o próprio reino interior. Nos passos anteriores, Lao-Tzu usa o caractere *ming* como iluminação ou autoconhecimento, mas existe um caractere diferente para *ming* que corresponde à "luz que nos torna autoconscientes e nos separa dos outros".[*]

Essa descrição de um estado de autoconsciência não é o que Lao-Tzu e outros antigos mestres procuravam. Na realidade, o excesso de ênfase na "ilu-

---

[*] Ellen M. Chen, *The Tao Te Ching: A New Translation with Commentary* (St. Paul, MN: Paragon House, 1989), p. 205.

minação" pode ser uma barreira ao processo da própria iluminação. Manter as coisas na simplicidade, sem enfatizar o objetivo, há muito tempo é uma tradição dos mestres taoistas, já antiga até mesmo na época de Lao-Tzu.

A obra de Lao-Tzu foi escrita de maneira muito simples. Ele seguia os caminhos dos antigos mestres, que sabiam como manter os ensinamentos simples e fáceis, sem obrigar os discípulos a passar por excessivos testes a fim de "obter o verdadeiro ensinamento". Dessa maneira, os estudantes do Tao não precisam ser "perspicazes" nem recorrer a nenhuma espécie de truque para ter acesso ao "material de qualidade", e os mestres não têm de usar perspicácia nem esperteza com os alunos. Isso resulta em um relacionamento saudável entre professor e aluno.

A ausência da argúcia forçada é chamada de "virtude primordial". Lao--Tzu usa aqui, mais uma vez, a palavra *xuan*. Como já mencionado, ela pode significar escuro, misterioso (tal como usada no 1º Passo), primordial, sutil, profundo, arcaico ou até mesmo maravilhoso. Esse tipo de entendimento profundo da natureza do universo é tão profundo e poderoso, que possibilita a qualquer pessoa que o tenha alcançado "retornar ao Tao".

Grande parte da prática taoista diz respeito ao retorno — o retorno ao estado primordial de completa naturalidade e unidade com o mundo ao redor e dentro de nós. É claro que isso pode exigir muito tempo e prática. No entanto, os ensinamentos de Lao-Tzu são bem simples; ele não elenca uma grande quantidade de práticas complexas. São princípios do *wu wei*, o Caminho do Curso d'Água, valorizar o conhecimento da "barriga" acima do conhecimento da "cabeça", respirar sentindo o *dantian*, a quietude no movimento — é muito fácil entender tudo isso. Naturalmente, colocar esses princípios em prática é algo bem diferente.

O termo *zhenren* (pessoa autêntica ou autorrealizada) tem relação com o termo *shengren* (sábio ou santo). Outro termo relacionado é *shenren*, que significa pessoa divina ou sagrada. Todos eles expressam o conceito do sábio que, por meio da prática do autoaperfeiçoamento, alcançou um nível elevado de existência. No entanto, até mesmo nessa elevada realização, esse sábio costuma passar desapercebido pelos outros. Que tipo de pessoa é capaz de passar desapercebida pelos outros? Lao-Tzu a descreve como aquela que usa por fora um traje rústico ou simples enquanto carrega jade (sabedoria, conhecimento espiritual) no coração. Às vezes, esse sábio pode parecer desinteressante ou até mesmo obtuso. Não é considerado especial e ensina sem usar palavras. Porém, as pessoas são atraídas para ele e adoram estar em sua presença. Ele é capaz de inspirar, instruir e iluminar os outros pelo simples fato de existir.

Isso é apenas uma pequena parcela que Lao-Tzu quer dizer quando afirma que o verdadeiro mestre não tenta "esclarecer" os discípulos nem fazê-los se sentir autoconscientes e apartados dos demais. Ele não usa perspicácia nem esperteza para ensinar; em vez disso, mantém seus ensinamentos na simplicidade, fáceis de serem aplicados.

Tudo no livro de Lao-Tzu pode ser aplicado à vida cotidiana. Tudo o que ele ensina ou descreve é proveitoso. No entanto, às vezes, é por meio do que ele *deixa de fora* que mais aprendemos.

A PRÁTICA Jornada rumo à totalidade

Esta jornada que empreendemos rumo à totalidade, à felicidade e a um profundo entendimento do universo e do nosso lugar nele pode ser desafiadora, frustrante, profundamente satisfatória e inspirar assombro, mas apenas se levarmos mesmo a sério as lições e as aplicarmos à nossa vida. Só podemos empreendê-la se formos além do que vemos bem à frente e examinarmos profundamente não apenas nosso coração, mas também o coração do mundo. Cada prática, cada princípio, cada passo ao longo do caminho pode ser um passo de alegria e expansão, de entusiasmo e satisfação. Cada lição que aprendemos pode ser outra entrada em um vasto mundo de conhecimento e realização, a Via de Acesso a Todas as Admiráveis Maravilhas, mas somente se prestarmos atenção, somente se despertarmos de nossos sonhos embotados, somente se escolhermos o caminho do conhecimento e da sabedoria, somente se acreditarmos ser capazes de alcançar o nível de *shenren*; e somente se aprendermos a carregar, bem no fundo do coração, o puro jade da sabedoria interior.

- Dedique tempo à leitura de cada capítulo, um de cada vez, e reflita sobre como pode aplicar cada trecho e ensinamento particular à sua vida.
- Não há pressa; não há imposição de tempo por nenhuma fonte externa para que você faça isso.
- Leve todo o tempo que precisar para efetivamente se aprofundar neste texto.
- Se se dedicar de verdade a cada passo, cada comentário e cada prática, você saberá quando for a hora de ir para o seguinte.
- Se se permitir se envolver profundamente com cada trecho, você saberá quais são os que se aplicam a você em determinado momento.
- Não se apresse, avance devagar; mantenha o tempo todo a respiração concentrada nos calcanhares.

66º Passo

Os grandes rios e mares podem se comportar como
o senhor de vales de cem rios.
Isso acontece porque eles fluem rio abaixo.
Sendo assim, podem se comportar como
o senhor de cem vales.
Dessa maneira, o sábio que deseja
ser um guia para os outros
precisa se posicionar abaixo deles.
Se quiser liderar as pessoas
precisa seguir na retaguarda.
Desse modo, o sábio vive acima do povo
mas o povo não se sente oprimido.
Ele caminha atrás do povo
mas este não é ferido.
É por isso que todos sob o Céu o apoiam
sem jamais desanimar.
Como ele não luta com ninguém
ninguém sob o Céu luta com ele.

O comentário

Todos os rios e córregos correm para o mar. É por isso que consideramos os grandes rios e oceanos como senhores dos rios e córregos menores.

O sábio se coloca em posição inferior em relação às pessoas à sua volta quando quer exercer uma boa influência sobre elas. É sendo humilde, liderando da retaguarda, que ele pode exercer uma influência mais positiva. Pode ser um líder, embora seus seguidores não se sintam oprimidos. Desse modo, ele recebe o apoio de pessoas do mundo inteiro, as quais, em razão de seu estilo humilde e sincero, não cansam nunca de apoiá-lo. Como ele não discute nem luta com ninguém, ninguém luta nem discute com ele.

O taoismo nos ensina que, quando desperdiçamos ou consumimos desnecessariamente o *chi*, sofremos. É essa a razão implícita no yoga sexual taoista, por exemplo, quanto à retenção do sêmen. Também podemos desperdiçar o *chi* de outras maneiras: expondo-nos a imagens violentas ou perturbadoras de filmes ou da televisão, olhando boquiabertos para os acidentes de carro pelos quais passamos na estrada e deixando de prestar atenção quando nos esgotamos ou nos dedicamos demais aos outros, ao trabalho ou tentando ser "os melhores".

Tudo isso contraria o Caminho do Curso d'Água. Batalhar é diferente de persistir. Persistir significa dar cada passo da jornada com firmeza e graça. Significa manter as práticas de meditação, *tai chi*, *chi gong*, *dao-in* (*yoga taoista*) ou o estudo. Significa manter nossa perspectiva quando as coisas ficarem difíceis.

A PRÁTICA Recolhendo *chi* da Terra e do sol

Qual é seu campo de batalha? Ele é mesmo necessário? Está melhorando a situação? É bem provável que as respostas a essas três perguntas apontem como você está consumindo ou "desperdiçando" energia ou *chi* em sua vida. O oposto de desperdiçar energia é recolhê-la. Eis uma maneira de fazer isso:

- Fique em pé, os pés plantados com firmeza na Terra, separados por uma distância equivalente à largura dos ombros.
- Contraia ligeiramente a pélvis e mantenha a cabeça e o pescoço retos, como se estivesse sendo sustentado por um fio no ponto *bai hui* do topo da cabeça.
- Mantenha as mãos diante de você, niveladas com o *dantian* inferior, as palmas voltadas para baixo.
- Permita que suas raízes penetrem profundamente na Terra, chegando a uma profundidade de pelo menos três vezes o comprimento de seu corpo.

- Mova os braços para fora em um grande círculo enquanto flexiona os joelhos, afundando em direção à Terra.
- Recolha o *chi yin* da Terra.
- Levante as mãos com as palmas voltadas para os Céus, diretamente à sua frente, e leve-as até o nível do terceiro olho.
- Em seguida, vire as palmas para baixo e faça o *chi* descer através do canal central (*chong mai*), indo até o *dantian* inferior.
- Faça isso nove vezes.
- Depois, fique em pé como antes.
- Mova os braços para fora, nos dois lados, em um círculo ainda maior, recolhendo o *chi yang* do sol, das estrelas e dos Céus.
- Junte os braços acima da cabeça e faça o *chi* descer mais uma vez pelo canal central até o *dantian* inferior, com as palmas voltadas para baixo.
- Faça isso nove vezes.
- Sinta a conexão com a Terra na sola dos pés (o ponto *yong chuen*), e com o sol e as estrelas no topo da cabeça (o ponto *bai hui*).
- Sinta a forte energia da Terra, do sol e das estrelas chegando ao seu corpo enquanto você a recolhe de baixo e de cima.
- Sinta essa forte energia descendo através do centro de seu corpo e preenchendo o *dantian* com o *chi* de cura.
- Quando terminar, coloque as mãos sobre o *dantian* inferior e respire profundamente pelo menos nove vezes concentrado nesse centro.
- Gire as palmas das mãos lentamente sobre o *dantian*, nove vezes em uma direção e depois nove vezes na outra.
- Você se sentirá revigorado e renovado com esta prática. Ela pode ser feita em qualquer ocasião em que sua energia pareça baixa ou obstruída.
- É claro que você pode executá-la mais de nove vezes, mas é uma maneira de começar, porque o nove é formado por três números três, sendo esse fato considerado bastante auspicioso.

67º Passo

Todo mundo diz que
meu ensinamento do Tao é notável.
Ele não se parece
com o ensinamento de nenhuma outra pessoa.
É por ser notável
que ele não se parece
com o ensinamento de nenhuma outra pessoa.
Se fosse como o ensinamento de todas as outras pessoas,
teria sido inútil.
Tenho três tesouros.
Eu os preservo e os mantenho em segurança.
O primeiro é a compaixão.
O segundo é a simplicidade.
O terceiro é não querer ser o primeiro.
Como tenho compaixão, posso ser valente.
Como dou valor à simplicidade, posso ser vasto.
Como não faço questão de ser o primeiro,
posso, em vez disso, me tornar o soberano de todos.
Hoje as pessoas abandonam a compaixão
e apenas *agem* corajosamente.
Abandonam a simplicidade
e apenas agem como se tivessem tudo.
Deixam de se colocar em último lugar
e, em vez disso, colocam-se em primeiro.
Assim, encontram a morte.
Se a pessoa lançar mão da compaixão
a vitória estará assegurada
e a defesa será duradoura.
O Céu protege todas as coisas
com compaixão.

O comentário

Lao-Tzu diz que seu ensinamento é notável — notável no sentido de vasto, ilimitado. Seu ensinamento não é como o de todas as outras pessoas. É isso que o torna tão notável. Se o ensinamento dele fosse como o de qualquer outra pessoa, seria inútil.

Em seguida, fala a respeito de três tesouros inestimáveis que possui — compaixão, simplicidade e não querer ser o primeiro. Por causa da compaixão, ele também pode ser valente. Por ser simples, pode ser vasto. E, como não está interessado em ser o primeiro da fila, pode se tornar um grande líder.

No entanto, quase todas as pessoas apenas *fingem* ser compassivas, de modo que somente *agem* como valentes. Ao abandonar a simplicidade, essas pessoas acabam desejando um excesso de coisas materiais. E, por não quererem ser as últimas da fila, sempre se esforçam para ser as primeiras.

Isso é errado, afirma Lao-Tzu; conduz à devassidão e à morte. É usando o primeiro dos Três Tesouros, a compaixão, que podemos nos tornar vitoriosos na vida. Se usarmos a compaixão em nossa defesa, esta será sempre forte. É por causa da compaixão que o Céu nos guia e protege.

O segundo tesouro é a simplicidade. Este é um dos ensinamentos básicos do taoismo: manter as coisas na simplicidade. A complexidade, quer no estilo de vida, quer nos ensinamentos espirituais, não os torna necessariamente melhores. Quase todos os capítulos do *Tao-Te King* são simples. Não contêm muita linguagem floreada nem ensinamentos arcaicos difíceis de entender. É útil saber um pouco a respeito da cultura e da história chinesa, mas qualquer pessoa pode pegar o livro do Velho Menino e aprender algo que possa ser aplicado de imediato à sua vida.

O último tesouro — não querer ser o primeiro, não querer ser o líder da fila, estar no topo da pilha, ser o mais visível e o mais importante — também é muito simples e, no entanto, poderosíssimo. Isso está de acordo com o princípio de *pu*, ou naturalidade. É sendo nosso eu natural, verdadeiro e autêntico que ficaremos em harmonia com o Tao. As coisas sempre mudam, nos diz o *I Ching*. Mudam e se transformam, assim como nós. Quando tentamos chamar atenção para nós mesmos de maneira egoísta, é certo que nossa derrocada chegará.

No final do passo, Lao-Tzu retorna ao primeiro tesouro, a compaixão. É com compaixão, afirma ele, que o Céu protege todas as coisas. Esse tipo de compaixão, tanto em relação aos outros quanto a nós mesmos, é um sinal de grande poder. Servir os outros de forma compassiva é o caminho do sábio. Chuang Tzu diz:

> Servir nosso próprio coração-mente significa nos livrarmos tanto da alegria quanto da tristeza; aceitar o que quer que esteja além de nosso controle; isso se chama virtude. Ao fazer o que precisa ser feito, sem pensar em nós mesmos, não teremos tempo para nos preocuparmos a respeito da vida e da morte. Apenas continue dessa maneira e tudo ficará bem.*

O coração (*xin*) é considerado o governante do corpo ou o soberano de todos os órgãos. Também é chamado Palácio Carmesim (*jiang gong*). É nele que acontece a transformação espiritual.

O coração não só é o lar do *shen* ou a consciência espiritual, mas também a sede da sabedoria e do crescimento espiritual. É ainda o lar do que no Ocidente chamamos mente, ou mente intelectual. Nessa condição, ele tem a ver com a função cognitiva. A energia do coração em desequilíbrio pode resultar em perturbação ou confusão de raciocínio, perda de memória recente, insônia e histeria.

Muitos de nós temos o *xin* excessivamente estimulado. Vivemos em meio a uma profusão de pensamentos interligados e, não raro, sem nenhuma ligação também, passando sem cessar por nossa cabeça. O coração está associado ainda ao elemento fogo; é o fogo dos processos de pensamentos descontrolados que nos causam tanto sofrimento.

Na cosmologia taoista, há dois tipos de *xin*. Um deles é o espírito dos seres humanos (*renxin*) e outro é o espírito do Tao (*taoxin*). *Taoxin* também é cha-

---

* Solala Towler, *Chuang Tzu: The Inner Chapters* (Londres: Watkins Publishing, 2010), p. 77.

mado de Mente ou Espírito Radiante (*zhaoxin*). Esse é o *xin* com o qual procuramos nos conectar na prática da meditação e que precisa ser nutrido por nossas atitudes e práticas, para que a natureza espiritual possa se desenvolver.

A PRÁTICA Respiração lenta

Na meditação sentada, procuramos desacelerar o cavalo selvagem de nossa mente, que corre loucamente. Uma maneira de fazer isso é colocar o foco na respiração. Essa prática é uma boa maneira de reduzir o ritmo da respiração e, desse modo, desacelerar o cavalo galopante.

- Sente-se ou deite-se e comece a respirar lenta e profundamente.
- Sinta o ar entrando em seu corpo através do nariz e descendo até o *dantian* inferior.
- Sinta o ar deixando seu corpo, partindo do *dantian* inferior, e depois saindo pelo nariz ou pela boca.
- Após alguns instantes, retenha um pouco a respiração em cada inalação e depois em cada exalação.
- Encontre o ponto de total quietude entre cada respiração.
- Inspire, retenha a respiração enquanto conta até três, e depois solte o ar.
- No final da exalação, retenha de novo a respiração enquanto conta até três.
- Encontre o ponto de total quietude que ocorre entre cada respiração.
- Deixe que sua mente se concentre na extremidade mais baixa do *dantian* inferior.
- Sinta o fogo de seu coração-mente descer devagar através da parte central de seu corpo, até repousar sob a água do *dantian* inferior.
- Visualize o cadinho ou caldeirão do *dantian* inferior se acendendo com essa energia do coração.
- Sinta a transformação do *jing*, ou energia produtiva, sendo aos poucos refinado e transformado em puro *chi* ou energia vital.

- Você poderá sentir, ou não, uma sensação de calor ou formigamento nessa área.
- Sinta todo o seu ser afundando aos poucos nas profundezas aquosas do *dantian* inferior.
- Deixe que seus pensamentos, seu medo e suas perguntas se dissolvam na água, na fumaça, na pureza de espírito.
- Quando terminar, esfregue as palmas das mãos 36 vezes e depois coloque-as sobre os olhos, passando o calor das mãos para os olhos.
- Em seguida, com as palmas ainda sobre os olhos, gire-os nove vezes em uma direção e depois nove vezes na outra.
- Para encerrar, esfregue as mãos no rosto com delicadeza, para cima e para baixo.

68º Passo

Os verdadeiros guerreiros não lutam.
Aquele que se destaca em combate
não perde a calma.
Aquele que é hábil em derrotar os inimigos
não procura a guerra.
Aqueles que têm competência em liderar os outros são humildes.
Isso se chama *poder de não lutar.*
Isso se chama *força para dominar os outros.*
Isso se chama *unindo-se ao Céu,*
a perfeição dos antigos.

O comentário

Os verdadeiros praticantes de artes marciais aprendem que, de modo geral, é melhor evitar uma luta. Caso precisem lutar, devem se certificar de que ela termine o mais rápido possível. Eles também têm o cuidado de não perder a calma, o que os levaria a sair de seu centro. Se puderem lutar centrados e tranquilos, serão muito mais eficazes.

Lao-Tzu nos diz que o nível mais elevado de guerreiro é o que permanece humilde e não procura uma luta. Lao-Tzu chama isso de poder de não lutar. Repare que ele usa a palavra *poder* para descrever a habilidade de evitar o conflito. Esse é um poder que provém apenas daquele que se aperfeiçoou. Esse tipo de guerreiro não está interessado em lutar, e sim em evitar a luta. É preciso treinar para se tornar um verdadeiro guerreiro a fim de evitar, de modo gracioso, usar as habilidades de um guerreiro. Isso se chama Wen Wu Xing, o Caminho do Guerreiro Instruído.

O Guerreiro Instruído evita lutar, embora possua força interior para se defender, caso necessário. Ele é treinado em certas técnicas que lhe permitem subjugar com rapidez um inimigo ou agressor, com o mínimo de dano. É interessante observar que, antigamente, os praticantes de artes marciais também eram treinados nas artes de cura, para que pudessem cuidar de seu adversário se este fosse gravemente ferido após o término do embate.

Isso se chama força para dominar os outros. O Guerreiro Instruído domina por meio da força interior, e não da força de sua personalidade. Ele inspira os outros para que também possam se tornar Guerreiros Instruídos. Dessa maneira, une seu espírito com toda a vida ou "tudo sob o Céu".

Tornar-se um Guerreiro Instruído requer treinamento e prática, bem como a sabedoria de como aplicar essa condição, sendo algo que qualquer um pode aprender. Com paciência e receptividade suficientes para o aprendizado e a mudança, qualquer pessoa pode se tornar esse tipo de guerreiro.

Primeiro, precisamos nos tornar senhores de nosso centro do *chi*, em particular do *dantian* inferior. Se estivermos nos dedicando à prática da espada, precisaremos aprender a canalizar nosso *chi* no *dantian* inferior, conduzindo-o em seguida para cima, ao longo do braço, depois para a espada, e então enviá-lo para fora através da ponta da espada. Dessa maneira, a espada ou outra arma se tornará uma extensão de nossa força vital. Quando alcançarmos isso, teremos dominado nosso *chi* e nosso espírito.

É provável que nem viremos a brandir uma espada de verdade, mas o princípio é o mesmo. Se o centro do *chi* for forte e conseguirmos canalizar essa energia de maneira proveitosa e poderosa, seremos como os fortes guerreiros de outrora.

O segredo é o relaxamento. Precisamos aprender a relaxar não apenas o corpo, mas também a mente. Depois, temos de aprender a relaxar o *chi*, a energia interior. Uma vez que consigamos fazer isso, o *chi* poderá circular com liberdade por todo o corpo. Mas, primeiro, precisamos aprender a acumulá-lo no *dantian*, o campo do elixir. Todo mundo tem esse campo, embora poucas pessoas o desenvolvam.

A PRÁTICA Respiração do guerreiro

O que acontece quando ficamos assustados ou levamos um choque? Costumamos parar de respirar ou prendemos a respiração. É treinando a respirar profunda e lentamente, não importa a situação em que nos encontremos, que seremos capazes de respirar como um guerreiro. A isso denominamos "respiração do guerreiro".

- Sente-se e comece a respirar lenta e profundamente, sentindo o *dantian* inferior.
- Sinta sua energia começar a se concentrar nesse centro importante e a fluir para lá.
- Sinta-o como um ponto de poder.
- Sinta sua força e seu poder acomodarem-se tranquilamente nesse centro, prontos para serem chamados a qualquer momento.
- Sinta-os como uma espécie de quietude, que pode se transformar em um tipo explosivo de poder quando necessário.
- Esta prática vai criar o alicerce no qual você se apoiará para encontrar seu guerreiro interior.
- Uma vez que tenha aperfeiçoado a respiração do guerreiro, você vai precisar aprender a relaxar a mente. O relaxamento da mente libera grande parte do seu *chi*.
- Se a sua mente estiver relaxada, seus reflexos serão mais rápidos.
- Você será capaz de reagir a qualquer perigo — físico ou emocional — e responder com bastante rapidez e o mínimo de estresse.
- É preciso cultivar uma mente calma e desobstruída se desejar de verdade percorrer o caminho do Guerreiro Refinado.
- O poder desse guerreiro nunca deverá ser usado para começar uma briga ou impor sua vontade aos outros.
- Esse tipo de poder não se destina à conquista de outras pessoas, e sim ao aperfeiçoamento de seu espírito interior e à proteção dos indefesos e desventurados.

69º Passo

> Na guerra existe uma máxima.
> "Não tomo a iniciativa,
> ajo como um hóspede.
> Não ouso avançar uma polegada
> porém recuarei um passo."
> Isso se chama *avançar sem se mover*,
> ou *arregaçar as mangas sem portar armas*,
> ou *capturar o inimigo sem atacar*.
> Não existe maior infortúnio do que
> subestimar o inimigo.
> Ao subestimar o inimigo, serei derrotado.
> Quando dois exércitos estão equilibrados,
> o que é compassivo vencerá.

O comentário

Uma vez mais vemos Lao-Tzu usando a metáfora da guerra. Para muitas pessoas, a vida em si parece uma guerra. Elas estão sempre em conflito com outras pessoas, sempre criando estratégias para avançar mais do que os outros, sempre na defensiva.

Lao-Tzu nos diz que, ao ter gestos de boa vontade para com os outros, podemos às vezes "desarmá-los" ou deixá-los à vontade. Se não formos agressivos; se arregaçarmos as mangas das nossas emoções e mostrarmos aos outros que não temos "armas", poderemos permitir que eles relaxem.

Assim como no 67º Passo, devemos aprender a usar compaixão ao lidar com os outros — os outros que com tanta rapidez se sentem ameaçados, desprezados ou atacados. Ao usar a compaixão como uma espécie de força, permitimos aos outros a compreensão de que não estão sendo ameaçados. É sendo forte em nosso ser e centrados na compaixão que podemos começar a oferecer algum tipo de cura às pessoas que estão sofrendo tanto no mundo.

A PRÁTICA Recolhendo *chi* das quatro direções

Esta prática se destina a fortalecer o sistema do *chi*. Ela nos ajuda a nos tornar pessoas fortes e centradas, como aquela que Lao-Tzu descreve neste passo.

- Comece voltando-se para a direção leste. Essa é a direção do nascer do sol e representa novos inícios. Está associada ao Dragão Verde, ao fígado, à cor verde e à primavera.
- Invoque a energia dessa direção antes de começar a se movimentar.
- Fique em pé e apoie os pés com firmeza na Terra.
- Faça suas raízes penetrarem profundamente na Terra, a uma profundidade equivalente a pelo menos três vezes o comprimento do seu corpo. (Consulte o 70º Passo.)
- Eleve as mãos até a altura do *dantian* inferior, com as palmas voltadas uma para a outra.
- No seu olho mental, veja uma bola de *chi*, mais ou menos do tamanho de uma bola de futebol, entre suas mãos.
- Junte as palmas, depois separe-as e, em seguida, junte-as de novo, até sentir uma espécie de substância entre elas, uma sensação de pressão nas palmas.
- Você também pode alternar entre inalar quando afastar as palmas e exalar quando as juntar.
- Ao recolher o *chi* dessa maneira, você preencherá a palma das mãos ou os pontos *lao gong*.
- Agora, deixe os braços penderem nas laterais do corpo, as palmas das mãos voltadas para cima.
- Erga os braços lentamente diante de você, levando-os ao ponto *bai hui* no topo da cabeça, com as palmas das mãos voltadas para baixo.

- Irradie o *chi* das palmas para o *bai hui*, com os braços sobre a cabeça, os dedos apontando uns para os outros.
- Entrelace os dedos sobre a cabeça e vire as palmas para cima, em direção aos Céus. Estenda as mãos até onde conseguir, fazendo um bom alongamento na coluna vertebral.
- Alongue-se para cima três vezes. Em seguida, com os dedos ainda entrelaçados, curve-se devagar, até conseguir colocar as palmas das mãos no chão, entre os pés. (Caso não consiga se curvar tanto, vá até onde puder e use a mente para enviar o *chi* das palmas para dentro da Terra.)
- Curve-se um pouco mais e toque o chão diante do pé direito e depois do esquerdo.
- Desta vez, imagine que está recolhendo a energia *yin* da Terra.
- Em seguida, endireite o corpo e fique em pé com os braços pendendo ao longo do corpo.
- Levante os braços como antes, segurando a bola de *chi* e indo até o ponto *bai hui*.
- Irradie o *chi* da Terra para o *bai hui*.
- Alongue o peito estendendo os cotovelos.
- Vire as palmas para baixo, com as pontas dos dedos apontando umas para as outras. Abaixe lentamente as mãos até a cintura, guiando o *chi* através do canal central (*chong mai*), que se estende para baixo através da parte central do corpo, até o *dantian* inferior.
- Quando suas mãos atingirem o nível do umbigo, vire as palmas de maneira que fiquem voltadas para o abdômen; abrace a bola de *chi* diante do *dantian* inferior.
- Depois de sustentar essa posição durante alguns momentos, leve as mãos em direção ao abdômen. Quando as mãos estiverem a dois centímetros e meio dele, conduza-as para a lateral do corpo e deixe que pendam naturalmente.
- Execute esses mesmos procedimentos de frente para o sul, associado à Fênix Vermelha, ao coração, sendo essa a direção da alegria e da expansão, da cor vermelha e do verão.

- Depois, execute-os mais uma vez de frente para o oeste, associado ao Tigre Branco, aos pulmões, à energia de colheita (produção da colheita), à cor branca e ao outono.
- Em seguida, execute-os uma vez mais de frente para o norte, associado à Tartaruga Negra, aos rins, à energia de "retorno à raiz" e ao do inverno.
- Mantenha uma imagem de si mesmo habitando o ponto central do círculo enquanto vai se virando para cada direção. Esse centro está associado ao Dragão Amarelo, ao baço, à energia de estabilização e de estar arraigado à Terra, à cor amarela e às estações do verão indiano ou ao período entre estações.

70º Passo

É fácil compreender e praticar minhas palavras,
porém sob o Céu ninguém as compreende
ou tenta praticá-las.
Meus ensinamentos têm origem antiga.
Minhas ações têm o próprio mestre.
A maioria das pessoas não compreende minhas palavras
de modo que não me compreendem.
Aqueles que me compreendem são poucos,
os que me seguem são em número ainda menor.
É por isso que o sábio se veste com trajes rudimentares
e carrega precioso jade no coração.

O comentário

Os ensinamentos de Lao-Tzu são, de fato, simples e fáceis de entender, porém difíceis de colocar em prática. Muitos milhares, ou até mesmo milhões, de pessoas leram seus textos nos últimos 2.500 anos. No entanto, quase todos os que encontram o texto podem se sentir inspirados por alguns dos capítulos, mas não os colocam em prática com seriedade. Para entender de verdade os ensinamentos de Lao-Tzu, não basta lê-los com a mente; precisamos lê-los também com o coração.

Chuang Tzu diz:

> Você precisa alinhar seu coração e sua mente em perfeita harmonia. Não ouça com os ouvidos, e sim com o coração. Não ouça com o coração, e sim com o *chi*. A audição detém os ouvidos, pensamentos

e ideias detêm a mente. No entanto, seu *chi* ou energia vital reside na quietude, sendo aberto e receptivo a todas as coisas. O verdadeiro conhecimento ou Tao reside na quietude e no vazio.*

Como mencionado antes, os ensinamentos de Lao-Tzu não se originaram com ele, tendo sido resultado de seu longo estudo e aperfeiçoamento ao longo de muitos anos. Neste passo ele admite que suas ideias não são apenas suas, mas também dos mestres, que já eram antigos na época de Lao-Tzu.

Ele prossegue explicando que suas ações ou feitos também têm origem no Tao. Se nossas ações ou feitos estiverem fundamentados no Tao, eles darão bons frutos. Não basta apenas estar familiarizados com as ideias e a filosofia do *Tao-Te King*; precisamos também estudar e aplicar todas as práticas encontradas dentro dele. Além disso, é preciso dedicar tempo ao estudo da obra de Lao-Tzu e compreendê-la de fato, ao mesmo tempo que mantemos em mente que, a cada vez que a lermos, veremos alguma coisa nova. De um ano para o outro, de uma vida para a outra, os ensinamentos dele trarão algo diferente para o nosso entendimento.

A PRÁTICA **No jardim**

Nossa jornada é de autodescoberta e autorrealização. É uma jornada de conscientização sempre crescente e de aprofundamento em nosso coração. Não podemos apenas ler as palavras do *Tao-Te King* e achar que as compreendemos. Também não devemos lê-las apenas com a mente, e sim inculcá-las no coração, como joias preciosas. Para compreendê-las de verdade, temos de vivê-las.

Como você pode fazer isso?

- Prestando atenção, lendo os passos com boa intenção e aplicando-os a cada aspecto de sua existência.

---

* Solala Towler, *Chuang Tzu: The Inner Chapters* (Londres: Watkins Publishing, 2010), p. 74.

- Sua vida não contém nenhuma parte à qual não se possa aplicar as orientações de Lao-Tzu, seja a vida espiritual, a vida emocional, psicológica, problemas de saúde, problemas financeiros, familiares, seus problemas ou com a sociedade, ou ainda problemas com seu próprio aperfeiçoamento pessoal.
- Você precisa cultivar seu jardim espiritual com cuidado e atenção.
- Você precisa prestar atenção não apenas à flor, mas também ao fruto.
- Você precisa prestar atenção não apenas ao fruto, mas também ao caule.
- Você precisa prestar atenção não apenas ao caule, mas também à raiz.
- E você precisa prestar atenção não apenas à raiz, mas também à planta inteira.
- Levará tempo para você realmente compreender o *Tao-Te King* e ser capaz de aplicar seus ensinamentos e práticas.
- Esta jornada será longa, mas também repleta de surpresas e aventuras.
- Ela não vai terminar rapidamente, talvez nem mesmo em uma única vida.
- No entanto, é a jornada mais gratificante, mais incrível e mágica que você poderá empreender.

71º Passo

Saber que não sabemos é melhor.
Não saber e no entanto achar que sabemos
causará sofrimento (*bing*).
O sábio está livre do sofrimento
porque vê o sofrimento como sofrimento,
de modo que não vivencia o sofrimento.

O comentário

Compreender que realmente não sabemos nada é o primeiro passo para o caminho do conhecimento. Por outro lado, achar que sabemos alguma coisa que não sabemos, prepara-nos para o sofrimento. A palavra usada neste passo é *bing*, que também pode ser traduzida como "doença mental".

Esse é um ponto importante. É por meio do *pensamento* que compreendemos a necessidade de nos prepararmos para o sofrimento. Saber que não sabemos nos conduz às portas do verdadeiro entendimento. Pode ser incômodo admitir que não sabemos tudo, mas o traço característico do sábio é admitir que não sabe *nada*.

Também é um traço característico do sábio admitir falhas e erros. Dessa maneira, o que o mundo encara como sofrimento, o sábio vê como oportunidades de aprendizado. Assim, ele está além do sofrimento e portanto não o vivencia como tal.

Como mencionado no passo anterior, a sabedoria de Lao-Tzu só pode nos ajudar se a aplicarmos à vida. Não encontramos a verdadeira sabedoria apenas lendo livros — nem mesmo este livro. A verdadeira sabedoria é proveniente da experiência e da prática.

A PRÁTICA Aplicação do conhecimento

Naturalmente, quando nos deparamos com o Tao pela primeira vez, é difícil saber como aplicar seus ensinamentos à nossa vida. Apenas com o decorrer do tempo produziremos os frutos de nossa prática de aperfeiçoamento. Mas este é um bom lugar para se começar.

- Pense em três problemas ou desafios em sua vida.
- Agora examine cada um deles e pense em como os ensinamentos de Lao-Tzu sobre o *wu wei*, o Caminho do Curso d'Água e a valorização do que é inútil podem ajudá-lo com relação a eles.
- Veja como você poderia abordar esses problemas ou desafios de uma nova maneira.
- Anote-os e depois escreva o princípio de Lao-Tzu que poderá ser mais útil em cada caso.
- É claro que apenas fazer uma anotação só lhe fará bem se você aplicar a sabedoria de Lao-Tzu à sua vida.
- Acredite que esses ensinamentos são valiosos, até mesmo inestimáveis.
- Experimente adotar uma abordagem diferente daquela que você comumente adotaria.
- Experimente personificar o princípio de Lao-Tzu em sua vida cotidiana.
- Você ficará surpreso com a facilidade desse processo, e é bem provável que também se sinta satisfeito com os resultados.

72º Passo

Quando as pessoas não temem o poder do governante,
promoverão a calamidade.
Se o governante não se impuser na casa delas
e não controlar seu meio de vida,
as pessoas não se rebelarão contra ele.
É por isso que o sábio conhece a si mesmo
e no entanto permanece oculto.
Ele respeita a si mesmo
mas não se exibe.
Ele deixa aquilo, mas toma isto.

O comentário

Assim como se deu em outros passos, este pode ser interpretado como a descrição da maneira como um governo deveria agir, ou pode ser interpretado como a descrição do estado interior daquele que está se aperfeiçoando. Vimos isso no 63º Passo, no qual recebemos o conselho de cuidar dos pequenos problemas antes que se tornassem grandes. Aqui também recebemos o conselho de cuidar dos pequenos temores, para que não voltem como outros ainda maiores.

Também recebemos o conselho de que não devemos interferir na vida dos outros. Não devemos nos impor na vida (casa) nem no estilo de vida (meio de vida) de ninguém. Não nos cabe criticar ou condenar os outros pela maneira como vivem. Só devemos oferecer conselhos se nos forem solicitados.

Ho Shang Kung traduz o terceiro e o quarto versos da seguinte maneira: "Isto significa que o coração funciona como uma morada de espíritos. Devemos ampliá-la, e não reduzi-la. Para viver, o homem deve possuir os espíritos. Os espíritos se apoiam no vazio e apreciam a quietude".*

Os taoistas acreditam em muitos espíritos. Dizem que eles vivem à nossa volta, até mesmo em nosso corpo. Alguns deles são espíritos-guia, atraídos pelos estudantes do autoaperfeiçoamento. A pureza de nossa prática os atrai para nós. Os espíritos desse tipo também vêm da natureza, do sol, da lua e das estrelas. Alguns podem vir até de outras formas de vida, como árvores e animais. Todos os supostos povos primitivos aprenderam formas de se comunicar com esses espíritos.

Os espíritos do segundo tipo podem ser considerados espíritos ancestrais. Eles chegam até nós com base em nossa herança ancestral.

Os do terceiro tipo são espíritos do corpo. Vieram conosco em nosso corpo quando encarnamos neste mundo. Vivem em vários órgãos e em outras partes do corpo também. Podem ainda influenciar nossa saúde mental, emocional e espiritual.

Ho Shang Kung fala a respeito de trabalharmos com nosso *shen*, o centro espiritual, que reside na parte central do coração. Se pudermos reunir alguns desses espíritos de várias partes do corpo no centro do coração, seremos bastante beneficiados. O mestre Xuezhi Hu diz: "Disciplinar o coração é um princípio muito importante para os praticantes que buscam o Tao".** É óbvio que, quando ele diz "disciplinar o coração", também se refere a disciplinar a mente. Em muitos casos, é a mente pouco desenvolvida e ainda pouco compreendida que causa os nossos problemas na vida. Sem dúvida existem limitações por vivermos em um corpo físico, mas até mesmo estas podem ser afetadas de modo considerável pela mente, tanto de maneira positiva quanto de maneira negativa.

---

* Eduard Erkes, *Ho-Shang-Kung's Commentary on Lao-Tse* (Zurique: Artibus Asiae Publishers, 1950), p. 122.
** Xuezhi Hu, *Revealing the Tao Te Ching* (Los Angeles: Ageless Classics Press, 1995), p. 202.

A PRÁTICA Trabalho com os espíritos

A intenção da mente permite-nos reunir os três níveis de espíritos no coração, para que possam nos guiar e proteger ao longo de nossa jornada.

- Sente-se ou deite-se, feche os olhos e comece a respirar, sentindo o *dantian* inferior.
- Depois de alguns momentos, conduza a atenção para o centro do coração.
- Abra a mente para receber orientação de seus espíritos residentes.
- Como mencionado, alguns deles são seus ancestrais. Podem ser ancestrais espirituais, não apenas parentes genéticos. Podem até vir de um país ou uma cultura muito diferentes dos de seus antepassados.
- Outros são compostos por vários espíritos do corpo, que residem nos diversos sistemas de órgãos ou mesmo em outras áreas do corpo.
- Em práticas taoistas posteriores, havia meditações que visualizavam esses espíritos do corpo como deuses e deusas.
- Esses deuses e deusas eram visualizados em uma jornada interior e tinham efeito positivo em todo o sistema de órgãos do meditador.
- Reúna esses espíritos no coração, preenchendo o centro dele com luz e energia de cura.
- Sinta a energia desses minúsculos espíritos enchendo seu coração-mente.
- Este não é apenas um exercício que usa a imaginação.
- Esses espíritos são reais.
- Você também pode encará-los como entidades espirituais.
- Estão presentes para respaldar sua vida.
- Sinta esses espíritos-guia prestimosos enquanto eles se juntam no centro do coração.
- Você pode experimentar uma sensação física, mas também pode não sentir nada.

- Pode-se visualizar essa reunião de espíritos como cores ou por meio de algum outro símbolo, por exemplo, uma presença angélica ou até mesmo Kuan Yin (Guan Yin), a deusa da compaixão.
- Ou você pode não ver nada.
- Saiba que o que quer que sinta, mesmo que pareça estar recebendo a visita de seres de outro lugar, trata-se de projeções de sua preciosa energia espiritual.
- Esses prestimosos espíritos podem assumir a forma de outros seres espirituais a fim de se comunicar com você.
- Deleite-se com eles, dê-lhes atenção, absorva sua orientação e, depois, quando tiver encerrado a meditação, permita o suave retorno de todos esses espíritos ao lugar de residência anterior dentro do corpo, ou à natureza.
- Se tiver recebido uma orientação ou cura, agradeça aos espíritos que o ajudaram — os da natureza, os de seus ancestrais espirituais ou os do próprio sistema de energia.

73º Passo

Aqueles que são valentes porém impetuosos serão mortos.
Aqueles que são valentes mas não impetuosos viverão.
Desses dois,
um traz benefício e o outro causa malefício.
Quem sabe por que o Céu desdenha o primeiro.
Nem mesmo o sábio compreende isso.
O Tao do Céu não luta
contudo permanece sempre vitorioso.
Não usa palavras
contudo é sempre responsivo.
Não força nada
mas tudo lhe é favorável.
É sempre calmo, porém sempre criativo.
A rede do Céu é vasta.
Sua trama é larga, mas nada passa por ela.

O comentário

As pessoas que são valentes, porém impetuosas ou que carecem de autocontrole serão derrotadas, ao passo que aquelas que são valentes mas possuem autocontrole não o serão. Isso também diz respeito à pessoa que pratica o autoaperfeiçoamento e trabalha para ficar em harmonia com o Tao e àquela que não faz isso.

Não é possível usar palavras para descrever o Tao, contudo ele é sempre suscetível ao coração desimpedido e à mente calma. Não força nada, de modo que tudo prossegue de maneira natural e harmoniosa. Sua energia pode ser descrita como calma, serena e infinitamente criativa. A realidade do Tao é uma vasta rede de trama larga — mas nada escapa dela.

Vemos neste passo que apenas ser valente não é suficiente. Precisamos também ter autocontrole. Se quisermos percorrer o caminho do Tao, a estrada da vida, precisamos ser valentes o bastante para nos valer da não ação em todas as nossas ações.

É preciso muita coragem para percorrer esse caminho. Ele não é para todos. Não é para aqueles que gostam de seguir ordens e desejam ingressar em uma organização ou culto religioso onde lhes será dito o que devem fazer, o que devem comer, o que devem vestir ou em que devem acreditar.

Este caminho é criado de uma nova forma a cada passo. Requer valentia nessa jornada rumo à unidade, perspicácia nas escolhas, fidelidade à busca de autoconhecimento e autodesenvolvimento. Requer que mantenhamos os olhos e o coração-mente bem abertos, os sentidos atentos a cada momento que se revela, e um comprometimento completo e profundo de nossas intenções.

O Tao do Céu não usa palavras para se comunicar, mas sua mensagem é sempre clara: avance devagar, seja humilde, siga o Caminho do Curso d'Água, seja simples, natural e receptivo. Ele não força nada a acontecer, e no entanto tudo se desenrola exatamente como deveria ser. Não seria maravilhoso se nossa vida se desdobrasse dessa maneira?

Isso é possível se formos fiéis à nossa busca; se mantivermos as linhas de comunicação abertas entre o eu superior e o eu inferior; se perseverarmos e desistirmos de ser os primeiros, sentindo-nos felizes em ser os últimos.

A PRÁTICA Como engolir o sol e a lua

Como podemos dar conta de tudo isso? Conectar nossa pequena natureza com a grande natureza exterior é algo que vai nos ajudar. Eis um exercício simples.

- Fique em pé de frente para o sol pela manhã.

- Feche os olhos e inspire — "engula" a luz do céu pelo menos nove vezes, embora 36 vezes seja ainda melhor. Você pode fazer isso imaginando o ato de engolir, ou efetivamente engolindo.
- Conduza a luz do sol até o *dantian* inferior.
- Preencha seu campo do elixir com essa energia *yang* vigorosa.
- O sol não precisa estar brilhando para que esta prática funcione. Limite-se a ficar de frente para o sol, mesmo que ele esteja atrás das nuvens, e visualize a luz dele brilhando com sua visão interior.
- Outra maneira de realizar esta prática é "engolir" a lua, de 9 a 36 vezes.
- De novo: você não precisa ver efetivamente a lua para que esta prática funcione.
- Mesmo que ela esteja atrás das nuvens ou de uma névoa, ainda assim você poderá visualizar a energia revigorante da lua preenchendo o *dantian* inferior com sua energia *yin* tranquilizadora.
- Você também pode lançar mão deste exercício se sentir que sua energia *yin* precisa de um incremento ou se perceber que sua energia *yang* está forte demais e desejar equilibrá-la com a energia *yin*.
- Esta prática pode parecer fantasiosa, mas lembre-se de que tanto o sol quanto a lua afetam muito cada coisa viva na Terra, inclusive você.
- Ao trazer essa energia do sol e da lua de modo consciente para o seu ser, você potencializa o efeito deles sobre a sua pessoa.

74º Passo

Quando as pessoas não temem a morte
como pode a ameaça da morte assustá-las?
Se o governante toma medidas para que
as pessoas temam a morte
e quando uma delas infringe a lei
ele a executa,
quem ousará infringir a lei?
Sempre há um carrasco a postos.
Mas tentar tomar o lugar do carrasco
será como tomar o lugar de um mestre entalhador.
Se tentares tomar o lugar de um mestre entalhador,
dificilmente conseguirás impedir que sejas ferido.

O comentário

Uma vez mais encontramos a analogia ou metáfora do governante poderoso que ameaça os membros de seu povo com a morte se eles infringirem a lei. Se essas pessoas não temerem a morte, como ele poderá ter poder sobre elas? No entanto, esse governante insiste em executar aqueles que desobedecem a lei. Ele sempre tem um carrasco a postos.

Claro que esses versos também podem ser interpretados com o significado de, se não temermos a morte, esta não terá poder sobre nós. Se o espírito for forte e a mente límpida, ninguém conseguirá exercer controle sobre nós. Se formos contra o Tao, se nos opusermos ao fluxo da vida, haverá consequências. O "carrasco" nada mais é do que a lei do karma ou a lei de causa e efeito. Esta é uma lei da qual nenhum de nós consegue escapar. No entanto, costumamos assumir o papel de carrascos em nossa vida. Mantemos a ameaça da punição sobre nós mesmos até ficarmos assustados demais para agir seja da maneira que for, temendo a retaliação do céu.

Se tentarmos assumir o papel de um mestre entalhador sem termos sido treinados adequadamente como um, a probabilidade de que acabemos nos machucando com os cinzéis e os martelos é enorme.

O que quer que nos amedronte tem controle sobre nós. A vida não seria muito mais agradável se não tivéssemos medo de ser punidos — por Deus, pelos nossos pais, pela sociedade, por nós mesmos?

Existe uma rede de resposta universal através do tempo e do espaço. Qualquer tipo de energia que emitamos nos dará uma resposta equivalente. Se não emitirmos nada além de negatividade e medo, receberemos apenas negatividade e medo. Se emitirmos alegria e energia positiva, receberemos o mesmo.

De modo geral, a energia que emitimos contém uma mescla de elementos positivos e negativos. A maioria das pessoas não tem sequer consciência do tipo de mensagem que está enviando. Sendo assim, é proveitoso ter um professor ou parceiro amoroso que nos chame a atenção para isso. Precisamos ser humildes e corajosos o bastante para reconhecer nossas falhas ou erros.

É preciso muito tempo para nos tornarmos sábios. É preciso um longo tempo apenas para nos tornarmos bons alunos. A paciência é uma das melhores ferramentas a se possuir. Paciência e senso de humor são essenciais na jornada, assim como coragem diante do fato de sermos considerados obtusos ou desajeitados, como mencionado no 20º Passo.

A PRÁTICA Abraçando as ferramentas do mestre

Não devemos afirmar que temos habilidades ou conhecimentos que, de fato, não temos. Isso equivale a nos estabelecer como um mestre entalhador sem realmente saber como usar as ferramentas. É inevitável nos ferirmos.

Como então saber quando se está pronto para abraçar as ferramentas do mestre?

- Você receberá sinais das pessoas à sua volta, bem como dos espíritos interiores.

- Se tiver consciência de seus espíritos interiores, e eles forem reunidos da maneira correta, você conseguirá receber mensagens e orientação deles.
- Se, em vez disso, eles estiverem dispersos, essa linha de comunicação ficará bloqueada.
- Você precisa "manter a fé" de que está no caminho certo, no momento certo, da maneira certa.
- "Fé" na prática taoista significa estar totalmente envolvido com a prática.
- Há um antigo provérbio chinês que diz: "Embora a chuva regue tudo com abundância, ela não pode salvar a planta que não tem raízes. Embora o portão do budismo esteja totalmente aberto, o Buda não pode ajudar quem se recuse a entrar".
- Isso também diz respeito à rede do Tao.
- Embora sua trama seja larga, se você não realizar as práticas com sinceridade, não será capaz de passar através dela.
- Você também precisa ser persistente em sua prática.
- A persistência é como o rio que corre para o oceano, sem nunca voltar para trás.
- Isso também se chama "espírito indomável".
- Isso também significa ser flexível e não rígido, firme e determinado, justo e honrado.
- Para o praticante de alto nível, outro princípio crucial é o de *wu*, compreensão ou poder do entendimento.
- Não basta seguir seu mestre às cegas nem fazer os movimentos sugeridos nas práticas, internos ou externos, de forma automática.
- Você precisa dedicar tempo para compreender de verdade tanto os princípios do Tao quanto a aplicação deles em sua vida.
- Esse é o verdadeiro entendimento.

75º Passo

O povo passa fome quando o governante
cobra impostos excessivos.
É por isso que o povo tem fome.
É difícil governar o povo
porque o governante interfere demais.
Por isso é árduo governar o povo.
As pessoas não dão importância à morte
porque o governante exige demais da vida delas.
É por isso que as pessoas dão tão pouca importância à morte.
Somente aqueles que praticam a não ação (*wu wei*)
são capazes de dar valor à própria vida.

O comentário

Se o governante cobra impostos excessivos, não resta nada para comprar comida, e as pessoas passam fome. Se o governante interfere demais na vida delas, as pessoas ficam desesperadas e é difícil governá-las. Se o governante exige demais das pessoas, elas deixam de ter vontade de viver.

Isso também pode ser interpretado como preterir o cuidado com o corpo físico e espiritual. Ao "sobrecarregar" o corpo, ficamos esgotados. Quando "interferimos" no corpo físico, o corpo emocional sofre. Quando o *chi* está baixo, não conseguimos pensar com clareza. Quando ficamos esgotados fisicamente, nossas emoções também sofrem. O que é um desafio moderado quando estamos em equilíbrio pode parecer intransponível quando o *chi* está baixo demais.

Além disso, se nosso emprego, nosso relacionamento ou nossa família nos fizerem exigências demais, não daremos valor à vida da maneira como damos quando as coisas vão bem. É por isso que é muito importante praticar o *chi gong* e a meditação da quietude. Por meio de práticas desse tipo, teremos as ferramentas que nos permitirão lidar com épocas difíceis ou desafiadoras.

Como sempre, Lao-Tzu recomenda que levemos a vida com base no princípio do *wu wei*. Desse modo, seremos capazes de valorizar e desfrutar todos os aspectos de nossa existência, dos mais fáceis aos mais desafiadores.

Um dos meus professores disse que é possível descrever o estilo de vida taoista em três palavras: "Vá com calma!". É claro que isso não significa ser preguiçoso ou inútil. Significa o seguinte: não seja duro demais consigo mesmo, não se leve excessivamente a sério nem torne as coisas mais difíceis do que já são.

Às vezes podemos pensar que ser "espiritualizado" significa ser sério e severo em todos os momentos. Afinal de contas, a espiritualidade é algo sério — pelo menos, é o que achamos. Mas, quando nos levamos excessivamente a sério, perdemos toda a alegria e o prazer de caminhar.

A jornada que estamos empreendendo é de alegria e aceitação, de criatividade e receptividade à mudança, de magia e milagres. Ela deve ser uma dança, não uma árdua caminhada. Deve nos fazer felizes, e não sombrios. Deve nos apresentar a novas maravilhas e visões incríveis. Deve nos conduzir a lugares onde nunca estivemos antes, ou que talvez nunca tenhamos imaginado.

Esta jornada é apenas um passo diante do outro. Não precisamos viajar em uma velocidade especial — cada um de nós avança no próprio ritmo. Não podemos nos comparar a ninguém. Cada um de nós está na própria e exclusiva jornada.

A PRÁTICA Meditação andando

Por falar em passos, eis um exercício da tradição taoista que envolve caminhar. Experimente-o na próxima vez que fizer uma caminhada ou estiver apenas atravessando um estacionamento.

- Comece andando, prestando especial atenção enquanto coloca um pé diante do outro.
- Avance lentamente, mas não tão devagar.
- Permaneça consciente de seus pés, que se conectam com a Terra, e do seu peso, quando ele se desloca de um pé para o outro enquanto você exerce pressão sobre a "bola" do pé, o ponto *yong chuen* (rim 1).
- Ao exercer pressão nesse local, você estimula o canal do rim e, com isso, os rins e as glândulas suprarrenais.
- Dobre os polegares em direção ao centro da palma das mãos, fechando os dedos frouxamente sobre eles.
- Mantenha a cabeça erguida e absorva o ambiente. (Este é um bom conselho que vale para praticamente tudo na vida.)
- Permaneça consciente de seu peso, que se desloca de um lado para o outro, e da conexão com a Terra a cada passo.
- Movimente os braços com naturalidade nas laterais do corpo, porém não com vigor excessivo. Tudo é uma questão de equilíbrio. Essa é outra excelente maneira de descrever o estilo de vida taoista — tudo é uma questão de equilíbrio!

76º Passo

Quando nascemos, somos tenros e brandos
como uma planta jovem.
Quando morremos, tornamo-nos rígidos e inflexíveis.
Os dez mil seres,
inclusive plantas e gramíneas,
são macios e flexíveis quando jovens.
Quando morrem, ficam secos e quebradiços.
Sendo assim, dizemos que a rigidez e a inflexibilidade
são companheiras da morte.
A maciez e a flexibilidade são as seguidoras da vida.
Desse modo, um exército pode ser forte,
mas será derrotado.
Uma árvore imensa pode ser forte,
mas seus galhos podem se partir.
A rigidez e a inflexibilidade sucumbirão
enquanto a maciez e a flexibilidade vencerão.

O comentário

Este é um dos passos mais importantes de todo o livro. Se aprendermos a aplicar suas ideias, toda a nossa vida poderá mudar.

Quando somos jovens, somos tenros e flexíveis, como uma planta nova. Quando nossa mente é maleável e ainda não está formada, ficamos receptivos a coisas novas. Nos primeiros anos de vida, precisamos aprender a falar a língua dos nossos pais. Precisamos aprender a engatinhar e depois a andar. Precisamos aprender a comer. Precisamos aprender a nos diferenciar de nosso ambiente. Precisamos aprender o que é ser humano.

Nem tudo o que aprendemos é bom para nós. Também aprendemos a mentir, a ocultar, a ter um acesso de raiva quando não conseguimos o que queremos. Aprendemos sobre doenças, sobre a dor. No entanto, também aprendemos sobre o amor, a alegria e como é adorável compartilhar coisas. Estamos em uma grandiosa aventura, aprendendo todas as maneiras de crescer que existem no mundo. Aprendemos a dar e a celebrar. Aprendemos a rir e a dançar.

Depois, à medida que os anos vão passando, nosso corpo, que costumamos considerar algo natural na juventude, nem sempre tratando-o com o máximo de respeito, começa a envelhecer e a ficar, de repente, repleto de problemas, dores e até mesmo doenças. Apegamo-nos a velhos hábitos e perdemos o interesse por novas aventuras. Ficamos rígidos e passamos a nos queixar o tempo todo.

Nosso interesse pelo mundo encolhe, bem como nossos horizontes. Ficamos apreensivos e preocupados. E depois, quando o corpo fica esgotado ou doente, morremos.

Às vezes, morremos antes do corpo físico. Morremos porque nos tornamos tão rígidos e inflexíveis que nosso espírito de aventura, diversão e entusiasmo definha, tornando-se quase inexistente. No entanto, se conseguirmos manter um inocente espírito de aventura, interesse e entusiasmo a respeito da vida e de tudo o que estamos aprendendo e fazendo, talvez não venhamos a morrer antes do tempo. Ou então, quando chegar nossa hora, talvez estejamos prontos e sejamos capazes de deixar este plano de existência sem arrependimento e sentimentos de desapontamento com relação à vida. Isso seria a harmonização com a suavidade e a flexibilidade, o que Lao-Tzu chama de "seguidores da vida".

Podemos passar muito tempo construindo o que consideramos paredes sólidas entre nós mesmos e os outros, mas, como uma árvore imensa, nossos galhos, uma vez secos, podem se partir com facilidade. No entanto, se formos capazes de permanecer brandos e flexíveis como uma planta jovem, conseguiremos levar a vida com um sentimento de graça e gratidão, de alegria e realização, como um galho que se curva, mas não se quebra quando confrontado pela adversidade.

De que maneira podemos permanecer como a jovem planta que Lao-Tzu enaltece? Podemos começar por não prejudicar nem o corpo nem o espírito com a má alimentação e um estilo de vida inadequado. Em vez disso, podemos alimentar todo o nosso eu com uma boa nutrição, física e espiritual. Podemos praticar yoga, *dao-in*, *tai chi* ou *chi gong*. Cada uma dessas práticas pode ajudar nosso corpo a permanecer forte e flexível. Podemos ficar menos tempo sentados e nos mexer mais. Podemos aprender a dançar ou apenas liberar o espírito para que ele se mova da maneira como sentimos que ele deve se mover. Podemos nos envolver em práticas sexuais saudáveis que não esgotem nossa energia.

Mais importante de tudo: podemos deixar a mente receptiva e interessada, alerta e sintonizada com o que está acontecendo ao redor e dentro de nós. Podemos ficar abertos a novas pessoas, novos lugares, novas comidas, novas ideias, novos pensamentos e novas experiências. Depois, mesmo que o corpo comece a envelhecer, sofra algum dano ou adoeça, sofreremos menos.

A PRÁTICA Como permanecer jovem com o *chi gong*

Eis alguns exercícios de *chi gong* para mantê-lo jovem:

Abraçando o sol e a lua

- Fique em pé e permita que suas raízes penetrem a Terra em uma extensão equivalente a pelo menos três vezes o comprimento de seu corpo.
- Forme um grande círculo com os braços, como se abraçasse a lua.
- Traga essa boa energia *yin* da lua para todo o corpo.
- Sinta-se repleto de boa energia.
- Em seguida, forme um novo círculo ainda maior com os braços, abraçando agora o sol.
- Traga toda essa forte energia *yang* do sol para seu corpo.
- Você pode formar cada círculo 3, 9 ou até mesmo 36 vezes.

- Você também pode realizar esta prática de frente para cada uma das quatro direções, começando pelo leste e depois voltando-se para o sul, o oeste e, por fim, o norte.
- Ao terminar, junte as palmas das mãos sobre o *dantian* inferior e respire profundamente 9 vezes, sentindo esse importante centro de energia.
- Por fim, passe as palmas das mãos sobre o abdômen em movimentos circulares — 9 vezes em uma direção e 9 vezes na outra.

Dragão Sinuoso

Este exercício, chamado Dragão Sinuoso ou Dança do Dragão, origina-se da antiga prática do *dao-in*. É uma boa maneira de relaxar a coluna e a cintura.

- Sente-se confortavelmente em uma almofada ou no chão.
- Junte as mãos sobre a cabeça, com as palmas das mãos se tocando.
- Dobre a cintura para a direita ao mesmo tempo que conduz os cotovelos para fora e para a direita.
- Em seguida, dobre a cintura e os cotovelos para a esquerda.
- Faça isso pelo menos de 9 a 36 vezes de cada lado.
- Você pode abaixar os braços enquanto fizer o exercício, mas mantenha sempre as palmas juntas.
- Sua coluna ficará sinuosa como uma cobra enquanto fizer isso.
- Você também pode aumentar o ritmo do exercício à medida que prossegue.
- Para encerrar, junte as palmas diante do *dantian* do meio e respire lentamente 9 vezes.
- Este exercício expandirá sua coluna e também o canal *du mai*, que sobe pela coluna vertebral, sendo um dos canais de energia mais importantes do corpo.

77º Passo

O Caminho do Céu não é como retesar um arco?
O que está alto demais precisa ser abaixado
e o que está baixo precisa ser levantado.
O que está apertado demais precisa ser afrouxado
e o que está frouxo demais precisa ser apertado.
O Caminho do Céu
é diminuir o excessivo
e aumentar o insuficiente.
O caminho da humanidade não é assim.
Ele tira daqueles que têm menos
e dá para os que têm demais.
Quem tem mais do que o suficiente
e está disposto a compartilhá-lo com o mundo?
Somente aqueles que têm o Tao.
O sábio age, mas não busca reconhecimento.
Ele realiza muito,
mas não fica obcecado por isso.
Ele não exibe sua virtude.

O comentário

O Caminho do Céu ou do Tao é como retesar um arco. Neste caso, Lao-Tzu nos fala a respeito do aspecto autorregulador do Tao. O Tao regula a si mesmo de maneira natural e fácil, semelhante ao retesamento e afrouxamento de um arco. Sempre em busca do equilíbrio. Ele diminui o que é excessivo e aumenta o que é insuficiente.

No entanto, não somos assim. A sociedade costuma tirar daqueles que têm pouco e dar mais aos que têm muito. Vemos isso com clareza no mundo econômico moderno, onde o 1% superior possui a maior parte do dinheiro e do poder. É claro que isso já vem acontecendo há muito tempo, até mesmo desde os dias de Lao-Tzu.

Quem está disposto a compartilhar o que tem e não levar a vida em uma posição de medo e escassez? Somente aqueles que não têm medo de compartilhar o que têm, o que sabem e o que vivenciaram com os demais. Pessoas desse tipo praticam boas ações, mas os outros não lhes dão muita importância. Realizam grandes coisas no mundo, mas não buscam reconhecimento. Não exibem sua virtude nem realizações espirituais. Pessoas desse tipo, que são raridade hoje em dia, também eram raridade há 2.500 anos.

Às vezes, podemos nos sentir retesados como um arco. Nossas emoções, nossa energia física, nossos processos mentais — tudo pode parecer sobrecarregado e tenso. Uma maneira de aliviar essa sensação é estudar o que é ensinado em qualquer templo taoista na China pelos mestres do chá. São pessoas que aperfeiçoaram a arte do *Cha Tao*, ou Caminho do Chá. O Caminho do Chá envolve diminuir o ritmo e prestar atenção aos detalhes — uma xícara de chá, a interação com outra pessoa, uma caminhada montanha abaixo ou montanha acima, a prática de *tai chi* ou *chi gong*, além de várias outras coisas. Como escrevi no meu livro *Cha Dao: The Way of Tea*, este é o caminho da introspecção, da meditação e da profunda harmonia com a Terra e as plantas, como forma de nos comunicarmos com o espírito do chá e o espírito do Tao.

Uma das maneiras praticadas pelos mestres do chá é a cerimônia do chá *gongfu*. Nessa cerimônia, usamos minúsculas xícaras e um minúsculo bule de chá, ambos os quais são em geral feitos com uma argila especial chamada *yixing*, que há centenas de anos é usada para fabricar esses utensílios. Há também uma quantidade razoável envolvida de líquido vertido, por isso usamos uma mesa de chá especial, com uma bandeja fixa embaixo que faça parte de sua estrutura ou um tubo que desça até a tigela sob a mesa para reter a água que possa escoar durante a cerimônia.

A experiência que trazemos conosco das cerimônias do chá taoistas pode melhorar a prática da meditação e acentuar nossa paz de espírito em geral. Beber chá também encerra muitos benefícios para a saúde. Muitos chás contêm grandes quantidades de vitamina C e vários minerais repletos de antioxidantes. Tanto o chá-verde quanto o chá *puer* (fermentado) também contêm muito menos cafeína do que o café ou o chá-preto.

Levar a vida segundo o Caminho do Chá nos permite diminuir o ritmo e prestar atenção a qualquer experiência que se apresente em determinado momento. Também aprendemos a dedicar tempo a compreender e responder harmoniosamente a ele. Isso nos permite vivenciar a vida sob o ponto de vista de um aluno do Caminho do Chá, do Caminho do Curso d'Água.

A PRÁTICA O Caminho do Chá

É claro que não precisamos ser mestres em servir chá para ter prazer em compartilhá-lo com a família ou os amigos. Assim como na maioria das práticas taoistas, existem algumas regras e passos simples envolvidos. O primeiro é começar com um chá de boa qualidade. Como a cerimônia usa uma pequena quantidade de chá, investir em um produto de boa qualidade vale realmente a pena.

Existem vários tipos de chá; aproveite essa diversidade para escolher aquele de que você gosta mais. O chá *puer* costuma ser usado na cerimônia do chá *gongfu*. Esse chá fermentado e escuro, de sabor terroso, geralmente é apresentado na forma de blocos duros. Para praticar o Caminho do Chá:

- Use a mesa de chá especial com uma bandeja embaixo para reter a água.
- Comece por esquentar a água até quase ferver, ou leve-a ao ponto de fervura e depois deixe que esfrie um pouco.
- Enquanto espera a água ferver, sente-se em silêncio e medite ou reflita.
- Isso possibilitará que você chegue com delicadeza ao momento presente, o momento infinito do Tao.
- Comece derramando um pouco de água quente sobre o bule e as xícaras.

- Em seguida, depois de jogar fora a água, coloque algumas folhas de chá dentro do bule e, depois de tampá-lo, verta um pouco mais de água quente sobre o bule.
- Remova a tampa e verta a água dentro do bule.
- Jogue fora a primeira infusão de chá depois de apenas alguns instantes. Isso se chama "lavar as folhas" e remove qualquer impureza que haja nelas.
- Também chamo isso de "despertar as folhas", o que é especialmente útil no caso do chá *puer*, já que as folhas são compactadas com firmeza.
- Depois disso, verta uma nova infusão e a compartilhe com os outros em minúsculas xícaras de chá.
- Costuma haver um pequeno ritual envolvendo essa primeira xícara. Você pode, por exemplo, segurá-la entre o polegar e o indicador, com o terceiro dedo apoiando-a embaixo.
- Segure a xícara na frente do peito por alguns momentos, a fim de conectar o *cha chi*, ou *chi* do chá, com a parte central de seu coração.
- Em seguida, olhe para o chá e aprecie a cor dele. (Uso com frequência xícaras de vidro transparente exclusivamente para essa finalidade.)
- Sinta o cheiro do chá, deixando que a fragrância penetre em seu corpo através do nariz.
- Inspire assim as qualidades do chá, para que o *cha chi* penetre profundamente em você.
- Em seguida, dê três pequenos goles no chá — o primeiro com a ponta da língua, o segundo com o meio da língua e o terceiro com a parte de trás da língua.
- Você notará um sabor diferente em cada gole.
- Depois disso, as coisas devem ficar bem descontraídas; apenas desfrute esses momentos enquanto beber seu chá, sozinho ou com outras pessoas.
- A cerimônia chinesa do chá é muito mais descontraída e informal do que a japonesa.
- Trata-se de uma ocasião para compartilhar histórias, talvez um pouco de poesia, e desfrutar de modo geral da companhia uns dos outros.

- Ou vocês podem se sentar juntos e desfrutar o chá em silêncio. (Você ficará impressionado com quanto consegue se comunicar ficando sentado em silêncio.)
- Talvez também fique impressionado com a quantidade de infusões que será capaz de obter de um chá de boa qualidade.
- Este é um bom tipo de prática para acalmar o coração-mente e aguçar os sentidos, em particular o olfato, o paladar e até mesmo o tato, enquanto lida com as xícaras e o bule de barro.

78º Passo

Sob o Céu, não há nada mais suave
e brando do que a água.
No entanto, para lidar com o que é duro e rígido
não há nada melhor.
Dessa maneira, o fraco pode vencer o forte
e a suavidade pode superar a rigidez.
Sob o Céu, não há ninguém que não saiba disso,
no entanto ninguém o pratica.
Por essa razão, diz o sábio,
aquele que deseja se tornar um verdadeiro senhor
precisa sofrer a desonra e a desgraça.
Aquele que compartilha o sofrimento do seu país
merece ser chamado de Senhor do Tudo sob o Céu.
Isto é verdade, embora pareça paradoxal.

O comentário

Neste passo, temos outra descrição do Caminho do Curso d'Água. Embora a água em si seja dócil e suave, ela possui grande poder e força. Ela é um bom exemplo da virtude de sermos dóceis e tenros. As pessoas em geral consideram esses atributos um sinal de fragilidade ou ineficácia, mas eles encerram uma força que durará muito mais do que a energia agressiva e esmagadora. Todos sabem disso, afirma Lao-Tzu, mas muito poucos o põem em prática.

Ho Shang Kung diz: "A água é capaz de aniquilar o fogo. O *yin* é capaz de dissolver o *yang*. A língua é fraca, os dentes são fortes, mas os dentes perecem antes da língua".*

A fim de sermos mestres de alto nível, precisamos estar dispostos a vivenciar os aspectos negativos da vida. Se não soubermos o que é sofrer como os que à nossa volta sofrem, nunca seremos bons líderes ou professores. Isso pode soar estranho, mas é verdade.

O Caminho do Curso d'Água é um ensinamento fundamental no taoismo. A água tem a capacidade de correr para baixo, de superar obstáculos, de se adaptar a qualquer forma que a contenha — todos esses também são atributos do sábio.

Lao-Tzu vai ainda mais além, afirmando que o "verdadeiro senhor" ou sábio precisa sofrer a desonra e a desgraça. Aquele que compartilha o sofrimento de seu povo pode ser chamado um bom governante. Naturalmente, também podemos interpretar isso como se nos tornássemos um "bom governante" de nosso país pessoal.

Como podemos nos tornar bons governantes? Seguindo o Caminho do Curso d'Água, sendo flexíveis e constantes, sendo humildes e persistentes, sendo receptivos e presentes. Honrando nossos defeitos e imperfeições. Tornando-nos "unos com a perda". Sofrendo desonra e desgraça com um espírito gracioso e acolhedor. Superando a rigidez com a suavidade. Cedendo ou usando a força do *yin*, o espírito do vale, o feminino misterioso.

A PRÁTICA *Chi gong* espontâneo

Para muitas pessoas, o Caminho do Curso d'Água soa paradoxal e até mesmo estranho. No entanto, os seguidores do Tao vêm trabalhando com essas práticas e conceitos há milhares de anos. Eis uma maneira de se conectar com a docilidade e a fluidez:

---

* Eduard Erkes, *Ho-Shang-Kung's Commentary on Lao-Tse* (Zurique: Artibus Asiae Publishers, 1950), p. 130.

- Fique em pé, com os pés plantados com firmeza na Terra, as raízes se estendendo para baixo, o alto da cabeça estendido para o Céu.
- Sinta sua natureza da água à medida que começa aos poucos a se mover em ondulações graciosas.
- Não pense a respeito de como você está se movendo, apenas se mova.
- Deixe que o *chi* de seu corpo o mova. Deixe a mente fora do caminho e permita que a inteligência inata do corpo lhe mostre o que fazer.
- A isso denominamos "*chi gong* espontâneo" e pode ser um ponto de profunda cura.
- Se quiser colocar música de fundo, deixe que ela seja lenta, sensual e só instrumental. Permita que ela seja a inspiração do seu movimento.
- É claro que você não precisa de música. Sua própria música interior será seu fundo musical, uma vez que esteja relaxado e tenha deixado sua mente terrena fora do caminho.
- Você poderá sentir liberdade emocional nessa ocasião — poderá rir ou chorar.
- Não se preocupe com nada; apenas se entregue.
- Se as coisas ficarem excessivamente opressivas, você pode parar dizendo a si mesmo que pare.
- Seus movimentos podem ser mais contidos ou mais alongados.
- Você pode se mover lenta ou rapidamente.
- Pode se mover graciosa ou abruptamente.
- Desde que não seja sua mente a lhe dizer como se mexer, tudo é aceitável.
- Deixe que o espírito e o *chi* digam ao seu corpo como se mover.
- Ao sentir que terminou, ou se se sentir cansado ou fora de controle, apenas diga à sua mente para interromper os movimentos.
- Mantenha-se alguns instantes em pé, imóvel e tranquilo, respirando enquanto sente o *dantian* inferior. Não se preocupe se sentir que não alcançou nada com este exercício.
- Sua mente não precisa entender o que o *chi* do seu corpo está fazendo nessa ocasião. Apenas relaxe e desfrute.

79º Passo

> Depois de uma briga, permanece certo ressentimento.
> Como isso pode ser bom?
> É por isso que o sábio cumpre seu lado do contrato,
> mas não exige nada do outro.
> Pessoas virtuosas não
> se preocupam com contratos.
> Quem não é virtuoso se certifica
> de estar recebendo sua parte do contrato.
> Embora o Tao do Céu não seja parcial,
> ele sempre apoia o que tem virtude.

O comentário

Depois de uma briga entre duas pessoas ou até mesmo entre duas nações, alguns sentimentos desagradáveis permanecem. Como isso pode ser bom? É por esse motivo que o sábio não precisa estar sempre certo. Ele não precisa sair vitorioso de todas as controvérsias. Pessoas comuns querem sempre sair ganhando. Mas, para o seguidor do Tao, não existe a necessidade de "estar" certo o tempo todo.

Chuang Tzu afirma o seguinte: "Deixe que as diferenças se harmonizem de forma espontânea, deixando os diferentes pontos de vista como estão. De sua parte, viva no irrestrito e no ilimitado. Dessa maneira, seremos capazes de viver o resto da vida em paz".*

---

* Solala Towler, *Chuang Tzu: The Inner Chapters* (Londres: Watkins Publishing, 2010), p. 72.

Como podemos dar a nós mesmos o grande presente de não precisar estar "certo" em todas as circunstâncias? Essa necessidade de estar certo é proveniente do medo, que tem origem na mente dualista, ou ego. Temos um medo enorme de que, se admitirmos estar errados, perderemos alguma coisa, desistiremos de alguma coisa. Ao ceder a outra pessoa, receamos deixar algo para trás.

No entanto, se formos corajosos o bastante; se formos humildes o bastante; se formos fortes o bastante, podemos admitir que nossas ideias de "certo e errado" costumam se basear em suposições falsas de "certo e errado". Isso só pode acontecer quando buscarmos a luz do verdadeiro entendimento.

A PRÁTICA Abrir mão da necessidade de estar certo

O passo para desistir da necessidade de estar certo é grande. Para muitas pessoas, ele pode até ser impossível. Mas, para o viajante do Tao, ele é crucial. Se não dermos esse passo importante, nosso caminho não será claro, nossa jornada estará repleta de confusões e dúvidas, e poderemos nos perder facilmente em um mar de desespero.

Como você pode desistir da necessidade de estar certo?

- Respirando, mantendo-se centrado, estabilizando-se, equilibrando-se, ficando em harmonia com o mundo ao redor.
- "Pegando leve" consigo mesmo quando estiver errado.
- Não tendo medo de estar errado.
- Aprendendo com seus "erros" e usando cada interação com os outros para praticar o "verdadeiro entendimento".
- A meditação e o relaxamento também ajudam, bem como seguir o fluxo do Caminho do Curso d'Água, entregar-se a cada momento interminável, ser humilde, simples e natural, dançar com o *tai chi* ou o *chi gong*, ler as obras dos grandes mestres e aplicar o que leu ao que você faz na vida.
- Esse ponto central do Tao — entre o certo e o errado — é o que Lao-Tzu vem revelando o tempo todo.

- Ao ler as palavras dele e aplicá-las à sua vida, com tempo, paciência e perseverança, você se tornará o tipo de pessoa que habita o irrestrito e o ilimitado e que viverá o resto da vida em paz.

> Se procurares teu *shen* (espírito),
> ele desaparecerá.
> Se praticares seres tu mesmo,
> ele se reunirá a ti!
> É uma realidade muito simples,
> mas um tolo leva
> um milhão de anos para ser iluminado.*

---

* Hua-Ching Ni, *Mystical Universal Mother* (Santa Monica, CA: SevenStar Communications, 1991), p. 165.

80º Passo

Um país pequeno tem poucos habitantes.
Tem soldados, mas escolhe não usá-los.
Seus habitantes dão valor à vida
e não têm desejo de viajar para longe.
Embora haja barcos e carroças,
ninguém os utiliza.
Embora haja armas e armaduras,
ninguém as ostenta.
O povo voltou a fazer nós em cordas
e usá-los como escrita.
Saboreiam sua comida
e seus trajes são belos.
Vivem em paz em suas casas.
Encontram alegria na vida cotidiana.
As aldeias vizinhas conseguem se avistar;
seus cães e galinhas conseguem ser ouvidos uns pelos outros.
No entanto, as pessoas envelhecem e morrem
sem se procurar.

O comentário

Temos aqui uma encantadora descrição do tipo de vida ideal, de acordo com os antigos princípios taoistas. A população é pequena. Embora ela tenha soldados, não os utiliza. Os habitantes têm armas de guerra, mas escolhe não ostentá-las. O povo desse país aprecia tanto sua vida que não sente necessidade de viajar para outros lugares. Existem meios de transporte disponíveis, porém as pessoas não os utilizam, valendo-se provavelmente dos próprios pés.

Em vez de métodos sofisticados de calcular, voltaram a usar nós em cordas como forma de comunicação. Eles se alimentam bem, ingerindo alimentos naturais de qualidade. Vestem-se bem, porém com simplicidade.

Vivem em paz em suas casas e encontram alegria na vida cotidiana. Há outras aldeias perto deles, e eles conseguem ouvir os sons dos animais uns dos outros, embora não sintam necessidade de visitar os vizinhos. Em vez disso, envelhecem com graça e morrem de maneira tranquila.

É claro que esse passo é uma metáfora para uma existência vivenciada em sintonia com o Caminho. O número de pessoas que efetivamente seguem o ensinamento de Lao-Tzu sempre foi pequeno. Dentre os milhares de pessoas que leram e até mesmo estudaram sua obra, pouquíssimas a colocaram em prática na própria vida: aquelas que efetivamente vivem uma existência de graça e simplicidade, de felicidade e conhecimento interior.

Não é necessário viajar para o outro lado do mundo, para a China, a fim de aprender a filosofia e as práticas taoistas. Afinal de contas, o Tao no Ocidente é o mesmo Tao do Oriente. É óbvio que nosso mundo é muito mais complicado e fragmentado que o mundo de Lao-Tzu. A sociedade moderna está muito acelerada, e a capacidade de nos concentrarmos na simplicidade e na lentidão ficou bastante comprometida. Com o advento das redes sociais, diversas pessoas estão perdendo a capacidade de passar momentos de qualidade uns com os outros.

Não precisamos voltar no tempo para ser capazes de trabalhar com as ideias e práticas de Lao-Tzu. Podemos começar onde quer que estejamos, da forma que estivermos, em qualquer época da vida.

Embora não precisemos voltar a fazer nós em cordas para nos comunicar, ainda assim podemos passar menos tempo *on-line* e mais tempo de qualidade com nossos amigos e a família. A internet é uma coisa maravilhosa e tem ajudado muitos de nós em pesquisas, possibilitando que permaneçamos em contato com velhos amigos e que façamos novos amigos em todo o planeta, mas, se só nos comunicarmos *on-line*, ficaremos *off-line* do mundo ao redor.

Se não nos dedicarmos a estudar, a assimilar e a nos aprofundar o máximo possível, nunca obteremos os benefícios de nossa prática. Se tentarmos aprender rápido demais, a base ficará frágil. Quando as tempestades da vida golpearem nossas paredes, o edifício da vida se despedaçará e ruirá.

É importante procurar bons professores e mais ainda praticar o que ensinam. Quanto mais simples for nosso estilo de vida, mais fácil será mantê-lo. Quando nos alimentamos de pratos simples e naturais, nosso *chi* fica mais forte e mais bem regulado. Podemos então manter a paz em casa, no coração e na mente. Fica muito mais fácil apreciar e desfrutar a vida cotidiana.

Neste passo, a descrição de uma pequena aldeia na qual as pessoas vivem uma existência simples e plena, sem brigar com os vizinhos, é uma bela imagem. Embora seja impossível que todo mundo neste planeta abarrotado viva em pequenas aldeias, *podemos* levar uma vida de simplicidade e calma interior, de paz e prosperidade interior, de gratidão e graça, não importa onde estejamos.

Eis como Chuang Tzu descreve esse tipo de pessoa:

> Aquele que deseja equilibrar o Céu e a Terra; que abraça os dez mil seres; que considera seu corpo uma morada temporária; que considera seus sentidos apenas imagens passageiras; que une seu conhecimento e não experimenta a morte. Mais tarde, em um momento de escolha, ele deixará o mundo do pó e retornará à origem de toda a vida.*

Podemos nós, na era pós-moderna, ser como esses sábios de quem Lao-Tzu e Chuang Tzu falam? Podemos viver uma existência de "perambulação livre e descontraída"? Podemos retornar à simplicidade e à naturalidade e mesmo assim viver em um mundo complicado e nada natural? Podemos nos tornar como os antigos mestres, que dominavam a arte da vida e voavam nas costas de dragões? Hua-Ching Ni diz:

> A realização espiritual, quando descrita em um livro, é como a imagem de um dragão, uma poderosa criatura espiritual desenhada com cores vivas no papel. Mas um dia, quando sua energia for refinada

---

* Solala Tower, *Chuang Tzu: The Inner Chapters* (Londres: Watkins Publishing, 2010), p. 99.

ao nível de um ser elevado, é como se você se transformasse em um verdadeiro dragão.*

A PRÁTICA Conselhos taoistas para os tempos modernos

Lao-Tzu viveu em uma sociedade e época muito mais simples do que a nossa, porém ele já se preocupava com quanto o mundo ao redor dele era complicado, vazio e violento. Ainda há esperança de que nós, na condição de viajantes do cenário interior, sejamos capazes de encontrar nosso caminho no emaranhado de um mundo perdido em ganância e ódio e nos encontremos no fim de nossa jornada mais fortes e puros, mais equilibrados e mais alegres do que quando começamos. Nossa época é muito mais complicada, vazia e violenta do que a de Lao-Tzu, mas ele nos indicou o caminho para fora do emaranhado:

- É tudo uma questão de equilíbrio, afirma Lao-Tzu; de equilíbrio e de prestar atenção às pequenas coisas — como ficar em paz em casa e apreciar a vida cotidiana.
- De aprender as lições da ausência de esforço e da não ação; de falar sem usar palavras e de estar satisfeito com o que *está* acontecendo em vez de com o que você *quer* que aconteça.
- De aprender como escutar seu guia interior e como respirar profundamente, com todo o corpo e com todo o seu ser.
- De confiar e entrar em contato com a força vital do universo, de estar unido com o mundo ao redor e satisfeito com o que você tem, com o que é e com o que sabe.

---

* Hua-Ching Ni, *Enlightenment: Mother of Spiritual Independence* (Santa Monica, CA: SevenStar Communications, 1989), p. 165.

81º Passo

Palavras verdadeiras não são necessariamente belas.
Belas palavras não são necessariamente verdadeiras.
Os sábios não discutem.
Aqueles que argumentam não são sábios.
Aqueles que têm o verdadeiro conhecimento
são diferentes dos que têm o conhecimento dos livros.
Aqueles que têm o conhecimento dos livros não são sábios.
O sábio não acumula posses.
Como ele age a favor dos outros, tem mais para si mesmo.
Quanto mais ele dá aos outros,
mais ganha para si mesmo.
O Tao favorece a todos e não faz mal a ninguém.
A pessoa que segue o Tao age mas não briga;
está em harmonia com todos sob o Céu.

O comentário

O 81º Passo é o clímax do livro. A verdade nem sempre se apresenta em embrulhos atraentes, afirma Lao-Tzu. As palavras verdadeiras não são necessariamente belas. Do mesmo modo, belas palavras nem sempre são verdadeiras.

Como Chuang Tzu nos faz lembrar: "O Tao está oculto atrás de um entendimento parcial, e o significado de nossas palavras está oculto atrás de um biombo de retórica floreada".* É muito fácil ocultar-se atrás desse biombo de retórica floreada e falar sem dizer nada de verdadeiro valor. Há também mui-

---

* Solala Towler, *Chuang Tzu: The Inner Chapters* (Londres: Watkins Publishing, 2010), p. 99.

tos professores loquazes que sabem como falar de forma a impressionar sem revelar muito sobre a verdade efetiva. O sábio ou o verdadeiro mestre espiritual, por outro lado, não precisa de tantas palavras para apontar a verdade. Esse tipo de professor sabe ensinar sem usar palavras. Seus ensinamentos se expressam por intermédio do próprio ser dele.

Esse tipo de professor não defende pontos religiosos ou espirituais abstratos. O verdadeiro conhecimento não é encontrado apenas em livros, e tampouco se alcança o verdadeiro entendimento apenas com a mente. Ele é sentido e vivenciado na barriga, no *dantian*, nosso "campo do elixir". Não se encontra a verdadeira sabedoria apenas em buscas intelectuais, mas também nas pequenas interações cotidianas com o mundo ao redor.

Quando iniciamos nossa jornada, podemos ler livros sagrados que descrevam a vida de seres iluminados. Esses livros podem ser muito inspiradores, mas, quando atingimos certo nível de realização espiritual, eles se tornam uma descrição de nossa própria vida.

É o sábio ou ser autorrealizado que vive no ponto central do Tao. Uma vez que nos identificamos com o ponto central, estamos verdadeiramente em harmonia com todas as coisas.

De que maneira podemos saber como distinguir os verdadeiros sábios ou professores quando os encontrarmos? Em primeiro lugar, eles serão humildes e não se vangloriarão das suas realizações espirituais. Sorrirão prontamente e rirão com frequência. Eles nos olharão nos olhos quando falarem conosco. Não afirmarão ser "especialistas" na área em que atuam. Não exigirão ser venerados como "santos".

Na realidade, não afirmarão que são iluminados. Serão saudáveis. Eles se comunicarão de maneira simples e clara. Não cobrarão muito pelos seus livros, cursos ou ensinamentos. Não desenvolverão relacionamentos pouco saudáveis com os alunos. Por último, serão vistos como pessoas que estão dando continuidade às próprias práticas de aperfeiçoamento.

Ho Shang Kung nos diz que "as palavras sinceras são palavras verdadeiras", mas que aquele que fala palavras falsas "cria sofrimento por meio da sua língua".* Prossegue dizendo que o erudito, ou aquele que tem o conhe-

---

* Eduard Erkes, *Ho-Shang-Kung's Commentary on Lao-Tse* (Zurique: Artibus Asiae Publishers, 1950), p. 134.

cimento dos livros, "vê e ouve muito, mas, como é ignorante, perde o que é importante e verdadeiro".*

Estamos aqui, no último passo de nossa jornada, mas na verdade ela não tem fim. Esta jornada durará pelo resto da nossa vida, ou talvez ainda mais tempo. Todos os conselhos e práticas que tivermos aprendido enriquecerão e iluminarão nossa vida de modo a levarmos anos para compreendê-los de fato. Nossa jornada, assim como todas as verdadeiras jornadas, tem sido um retorno para casa. Ela é o retorno da complexidade para a simplicidade. O desemaranhar dos laços que nos prendem. É a libertação de nossa alma para que ela possa andar por onde não há caminhos, embora seja onde todos os caminhos levam para casa.

A PRÁTICA Pequena Órbita Celestial

Esta última prática é antiga e se chama Pequena Órbita Celestial (*xiao zhou tian*) ou Circuito Celestial Menor. Este exercício é projetado para abrir os principais canais de *chi* e possibilitar que nosso *chi* circule sem obstruções e com mais força, conduzindo a um estado de paz e transformação interior. Esta prática também é usada para restaurar a ordem universal dentro de nós a fim de que recuperemos a unidade com o Tao.

Esta prática foi concebida para iniciar o processo de transformação da energia mundana ou terrena do *jing* na energia mais pura do *chi*. Chama-se também "retorno à essência para reabastecer o cérebro". Este é o começo do processo de transformação do *chi* em espírito (*shen*) e depois do *shen* no vazio, ou *wuji*.

Quando estamos no útero, respiramos através do estômago (*dantian*), e os canais *du mai* (que sobe pelas costas) e *ren mai* (que desce pela parte frontal) estão interligados. Mas, quando saímos do útero, os canais se desconectam. Esta prática, assim como muitas práticas taoistas, é uma maneira de restabelecer a conexão original.

---

* *Ibidem.*

O *du mai* e o *ren mai* podem ser considerados as principais estradas do sistema do *chi*. Esses dois, junto com o *chong mai* (o canal central), contêm o maior fluxo de *chi* em nosso corpo. No entanto, assim como as principais estradas no mundo, podem ficar superlotados e congestionados, com o *chi* acumulado como em um grande tráfego de automóveis. Isso fará com que o *chi* se desloque de forma rígida e lenta, podendo causar muitos problemas de saúde, de moderados a graves.

Precisamos fazer com que essas estradas fiquem livres de novo guiando o *chi* com a mente e a respiração, para que o trânsito possa avançar com liberdade e velocidade. Há um antigo provérbio do *chi gong* que diz: "Use a mente (*yi*) para movimentar o *chi*" ou "O *chi* flui para onde a mente vai". Esta prática usa esse princípio da intenção mental para provocar uma verdadeira mudança no corpo, tanto física como espiritual.

O *du mai*, que sobe pelas costas, é *yang*, ao passo que o *ren mai*, que desce pela parte frontal, é *yin*. Um bloqueio ou estagnação em qualquer um desses dois canais causará desequilíbrio em nossa energia *yin/yang*, o que também pode causar os mais diversos tipos de problemas.

Ao executar esta prática, é muito importante tocar o céu da boca com a ponta da língua, como você vem fazendo em outras práticas. Isso unirá o *du mai* e o *ren mai*, completando o circuito.

- Comece por se sentar em silêncio, com a respiração indo e vindo, como uma porta que abre e fecha.
- Leve a intenção da mente (*yi*) para o *dantian* inferior.
- Respire lenta e profundamente, sentindo seu "campo do elixir" ficar repleto de *chi*.
- Guie esse *chi*, lenta e delicadamente, através do períneo (*hui yin*) e também para cima, através da região lombar, indo até o ponto *bai hui* no topo da cabeça.
- Lembre-se de fazer isso com muita delicadeza; é importante não forçar nada a acontecer. Forçar é contra o *wu wei* e pode causar problemas energéticos.

- Na realidade, alguns professores dizem que não devemos sequer tentar guiar a energia; que devemos apenas relaxar profundamente e usar a intenção da mente para abrir o caminho de maneira que o *chi* possa de deslocar com naturalidade, a seu modo.
- O *chi* precisa se deslocar através de nove pontos principais que existem ao longo das costas e da parte frontal do corpo.
- Alguns deles, como o ponto *wei lu*, no cóccix; o ponto *ling tai*, localizado entre a sexta e a sétima vértebras torácicas, em frente ao centro do coração; e o ponto *yu gen*, ou Almofada de Jade, na base do crânio, são lugares que o *chi* pode ter dificuldade em atravessar.
- Mais uma vez: não force nada; apenas leve seu foco para esses lugares à medida que o *chi* subir pelas suas costas.
- Uma vez que o *chi* tenha chegado ao topo da cabeça, guie-o com delicadeza para que desça pela frente do rosto, passe através do *dantian* superior e desça até o palato superior.
- Com a língua que repousa no palato superior atuando como um canal, direcione a energia de maneira que ela desça pela parte frontal do corpo, passe através do *dantian* do meio e chegue até o *dantian* inferior.
- Em seguida, com a próxima respiração, ou série de respirações, direcione a energia através do *hui yin*, subindo com ela pelas costas e depois descendo de novo pela frente.
- A cada vez, é importante que a energia retorne ao *dantian* inferior.
- Repetindo: é extremamente importante não tentar forçar nada a acontecer.
- A maneira ideal de executar esta prática é definir a intenção de sua mente, começar a respirar profunda e lentamente, reunir seu *chi* ou força vital no *dantian* inferior e depois deixar que ele se mova a partir daí, de forma lenta e natural, a seu modo e tempo.
- É comum, após um tempo de realização desta prática, sentir um formigamento ou uma sensação de calor enquanto o *chi* sobe e desce.

- No início, você estará usando a imaginação para mover o *chi*, mas, com o tempo, se sua prática for constante, você sentirá o *chi* se mover sozinho.
- Para encerrar, leve a intenção da mente de volta à barriga, para o *dantian* inferior, e relaxe em um estado de atenção plena e gratidão.

Epílogo

Aqui estamos nós no final de nossa jornada conjunta. Espero que ela tenha sido proveitosa para você. Na realidade, a jornada que compartilhamos é perene, com várias experiências maravilhosas ao longo do caminho.

Quero agradecer aos mestres taoistas ao longo do tempo e da história, bem como aos meus professores, por sua orientação e inspiração. Já estou neste caminho há mais de 25 anos e sinto-me tão entusiasmado e inspirado por ele agora quanto me sentia quando comecei.

Espero ter sido capaz de compartilhar parte desse entusiasmo e inspiração com vocês, queridos leitores. Esforcei-me para oferecer, da melhor maneira possível, uma amostra do que aprendi e vivenciei em minha jornada.

Que seu caminho seja juncado de flores; sua jornada, repleta de surpresas e encantos; que suas práticas de aperfeiçoamento o conduzam a lugares incríveis e desafiadores; e que seu trajeto ao longo do Caminho seja de alegria e realização.

Agradecimentos

Agradeço à minha editora, Sounds True — um grupo de pessoas incríveis e encantadoras com quem espero continuar a trabalhar por anos a fio.

Agradeço especialmente a Jennifer Brown, que enxergou o valor deste projeto, e a minhas editoras — Jennifer Holder, que tornou a revisão do meu livro um retiro espiritual e uma prática do *wu wei*, e Alice Peck, que interveio e o conduziu ao seu término. Sou grato também à minha parceira, Shanti, por dar uma olhada em tudo no final.

Na verdade, são necessárias muitas pessoas para produzir um livro como este, e sou grato a cada uma delas!